Den inneren Kritiker entmachten
für Dummies

Eva Kalbheim

Den inneren Kritiker entmachten

für dummies®

WILEY
WILEY-VCH GmbH

Den inneren Kritiker entmachten für Dummies

Bibliografische Information der Deutschen Nationalbibliothek

Die Deutsche Nationalbibliothek verzeichnet diese Publikation in der Deutschen Nationalbibliografie; detaillierte bibliografische Daten sind im Internet über `http://dnb.d-nb.de` abrufbar.

1. Auflage 2025

Coverillustration: © Dzianis Vasilyeu - stock.adobe.com
Korrektur: Frauke Wilkens, München
Satz: Straive, Chennai, India
Druck und Bindung: CPI Group (UK) Ltd, Croydon, CR0 4YY

Print ISBN: 978-3-527-72247-1
ePub ISBN: 978-3-527-84978-9

C9783527722471_260625

Über die Autorin

Dr. med. Eva Kalbheim ist Fachärztin für Psychiatrie und Psychotherapie, zertifizierte Coachin, Kommunikationsexpertin und Paartherapeutin. Sie beschäftigt sich seit über 40 Jahren mit den Auswirkungen von Stress, Anspannung und Krisen auf die Gesundheit. In ihrer Arbeit als Pressesprecherin, Geschäftsführerin, Chefärztin und Klinikdirektorin sammelte sie umfangreiche Erfahrungen in der Mitarbeiterführung und -motivation. Mit einem innovativen Gesundheitscoaching-Konzept unterstützt sie Menschen, die eine bessere Arbeit-Freizeit-Balance erreichen möchten. In Führungskräftetrainings betont sie die Bedeutung der Kommunikation und Selbstfürsorge für entspannte, angstfreie und inspirierende Arbeitsbedingungen. Sie hat zahlreiche Bücher verfasst, die dem interessierten Leser helfen, gesund zu bleiben, seine Persönlichkeit weiterzuentwickeln, sich realistische Ziele zu stecken, authentisch und erfolgreich zu sein. Dr. Eva Kalbheim führt eine Praxis für ärztliche Psychotherapie in Bonn. Mehr Informationen über ihre Arbeit gibt es im Internet unter `www.eva-kalbheim.de`.

Widmung der Autorin

Dieses Buch widme ich meinen Patienten und Patientinnen, meinen Klienten und Klientinnen, deren Themen und Nöte sehr oft mit einem allzu strengen inneren Kritiker zu tun haben.

Danksagung der Autorin

Meiner Lektorin Esther Neuendorf, Wiley-VCH, danke ich für die wie immer aufmerksame, konstruktive und zuverlässige Unterstützung: Die Zusammenarbeit mit Ihnen ist eine Freude!

Meinen lieben Korrekturlesern Robert Egg und Dr. Bernhard Koch danke ich für kluge Rückfragen, kritische Anmerkungen und hilfreiche Impulse: Ihr seid eine große Bereicherung in meinem Leben!

Für die Erstellung der Grafiken danke ich Barbara Floer.

Meiner Familie danke ich für Liebe, Zuwendung und Interesse: Ihr helft mir dabei, meinen inneren Kritiker zu entmachten!

Über die Autoren

Auf einen Blick

Inhaltsverzeichnis

Einführung

»Nichts machst du richtig! Wann lernst du es endlich? Schon wieder ein Fehler!«, schimpft der innere Kritiker mit erhobenem Zeigefinger. Und prompt fühlen Sie sich klein und dumm. Der innere Kritiker schläft nie. Er beobachtet Sie und weist Sie auf Ihre Unzulänglichkeiten hin. Eigentlich will er Ihnen nur helfen: Er hat das Ziel, dass Sie unbeschadet durchs Leben kommen und möglichst viele Anforderungen erfüllen. Aber oft schießt er übers Ziel hinaus und verunsichert Sie. Seine Dauerkritik zermürbt oder sabotiert Sie möglicherweise. Wenn Sie mit Ihrem inneren Kritiker Frieden schließen und selbst die Macht übernehmen, gewinnen Sie Zuversicht und Lebensfreude. Ihr Selbstwertgefühl steigt und Sie können besser für Ihre Bedürfnisse sorgen. Sie werden gelassener, können sich selbst besser einschätzen und Ihre innere Widerstandskraft verbessern.

Über dieses Buch

In diesem Buch lernen Sie, die Anliegen des inneren Kritikers zu verstehen und zu hinterfragen. Sie erfahren, wie Sie Kontakt mit Ihrem inneren Kritiker aufnehmen und Abmachungen mit ihm treffen können. Sie bekommen Unterstützung, um Ihre Ziele zu erreichen, ohne sich selbst zu sabotieren oder unnötig zu stressen. Zahlreiche Checklisten und Übungen helfen Ihnen dabei, Ihren inneren Kritiker in seine Schranken zu weisen. Außerdem bekommen Sie Tipps für die Kindererziehung, damit die nächste Generation mit weniger strengen inneren Kritikern aufwächst. Mit einem 100-Tage-Programm können Sie sich bewusst und zielgerichtet auf Ihre Persönlichkeitsentwicklung konzentrieren und zu konstruktiver innerer Kritik finden. Dadurch erhöhen Sie Ihre Lebensfreude, verbessern Ihr Lebensgefühl und werden freier und selbstbewusster.

Konventionen in diesem Buch

Internetadressen sind in `Maschinenschrift` dargestellt, damit Sie sie leicht erkennen können. Wenn ein Link aus Layoutgründen auf zwei Textzeilen verteilt werden muss, werden keine zusätzlichen Zeichen wie Bindestriche oder Ähnliches eingefügt. Sie können die Internetadresse so eingeben, wie sie im Buch steht, als wäre der Zeilenumbruch gar nicht vorhanden. Der besseren Lesbarkeit halber wähle ich bei Berufs- und Personenbezeichnungen oft die männliche Form. Selbstverständlich sind immer alle Geschlechter gemeint.

Was Sie nicht lesen müssen

In diesem Buch finden Sie eine Fülle von Informationen über den inneren Kritiker. Jeder Teil dieses Buches enthält alle für das Verständnis notwendigen Informationen, sodass Sie das Buch nicht unbedingt von vorn nach hinten durchlesen müssen. Sie können sich die Kapitel heraussuchen, die für Sie besonders wichtig sind. Durch dieses Konzept ergeben sich unweigerlich einige Wiederholungen, damit jedes Kapitel auch ohne umfangreiches Vorwissen verständlich bleibt. Daher bitte ich um Nachsicht bei allen Leserinnen und Lesern, die das Buch chronologisch lesen und gelegentlich feststellen: »Das kenne ich doch schon!«

In Textkästen und neben dem Beispielsymbol gibt es weiterführende Informationen oder anschauliche Erläuterungen, die Ihnen zusätzliches Wissen vermitteln. Diese Passagen können Sie überspringen, wenn Sie möchten, ohne etwas ganz Wesentliches zu verpassen.

Törichte Annahmen über den Leser

Beim Schreiben habe ich einige Annahmen über Sie vorausgesetzt, um Ihnen die Informationen zu geben, die Sie wirklich brauchen. Dies sind meine Annahmen:

- ✔ Ich gehe davon aus, dass Sie oft sehr kritisch mit sich sind und eher auf Ihre Fehler als auf Ihre Stärken schauen.
- ✔ Ich vermute, dass Sie Glaubenssätze in sich tragen, die Ihren Selbstwert mindern oder Ihre Selbstwirksamkeitserwartung senken können.
- ✔ Ich nehme an, dass Sie sich rasch umsetzbare Tipps wünschen, um wohlwollender und konstruktiver mit sich selbst umgehen zu lernen.
- ✔ Ich vermute, dass Sie sich dafür interessieren, wie Sie Ihre Persönlichkeit lebenslang weiterentwickeln, und dass Sie sich konstruktiv mit sich beschäftigen möchten.

Wie dieses Buch aufgebaut ist

Den inneren Kritiker entmachten für Dummies ist in fünf Teile eingeteilt, in denen das Thema aus verschiedenen Blickwinkeln und in unterschiedlichen Zusammenhängen beleuchtet wird. Hier ein kurzer Überblick über das, was Sie in den einzelnen Teilen dieses Buches finden.

Teil I: Den inneren Kritiker kennenlernen – die Grundlagen

Die kritische Stimme in Ihrem Inneren, die sich in unterschiedlichen Situationen zu Wort meldet und Ihr Denken, Fühlen und Handeln kommentiert, ist ein Persönlichkeitsanteil, den Sie in diesem Teil besser kennenlernen. Sie erfahren, wodurch dieser innere Kritiker geprägt wurde und welche hilfreichen Eigenschaften er hat. Ich erläutere aber auch die dunkle Seite des inneren Kritikers: Manchmal mindert er Ihren Selbstwert, verurteilt Sie oder hemmt Ihr Tun. In diesem Teil lesen Sie, wie Sie realistische Ziele definieren und Projekte planen können, um den inneren Kritiker in Schach zu halten. Ich gebe Ihnen Impulse für Ihre Persönlichkeitsentwicklung und ermutige Sie dazu, sich mit Ihren Ängsten und Zweifeln zu beschäftigen. Sie erfahren, wie Sie konstruktiv mit sich selbst im Dialog bleiben und dadurch handlungsfähig und zukunftsorientiert sind.

Teil II: Den inneren Kritiker in Alltag und Privatleben bändigen

Selbstwertgefühl, Selbstakzeptanz und Selbstfürsorge sind wichtig Werkzeuge im Umgang mit dem inneren Kritiker. Ein gelassener, wohlwollender Umgang mit sich selbst unterstützt Sie dabei, die innere Kritik zu bremsen und sich von wenig hilfreichen Glaubenssätzen zu lösen. Ich erläutere die Bedeutung der Intuition und ermutige Sie, sich auf Ihre Stärken und Fähigkeiten zu konzentrieren. Sie erfahren, wie Sie Ihre innere Widerstandskraft erhöhen können und sich in jedem Lebensalter weiterentwickeln. Ein wichtiges Thema für den inneren Kritiker ist der eigene Körper. Die meisten Menschen sind unzufrieden mit sich. In diesem Teil lesen Sie, wie Sie sich gut um Ihren Körper kümmern und dadurch die Selbstakzeptanz steigern können. Der Alltag bietet Ihnen viele Möglichkeiten, um Ihren inneren Kritiker zu einem hilfreichen Persönlichkeitsanteil umzuprogrammieren.

Teil III: Den inneren Kritiker im Berufsleben zähmen

Im beruflichen Umfeld ist es oft eine Herausforderung, den inneren Kritiker in Schach zu halten. Perfektionismus, hohe äußere Ansprüche oder erheblicher Stress führen oft dazu, dass Sie unzufrieden mit sich sind und sich überfordert fühlen. Wenn dann noch Zeit- und Energiefresser Ihnen die Kraft rauben, hat der innere Kritiker leichtes Spiel. Ich lade Sie ein, Ihre aktuelle berufliche Situation aufmerksam zu hinterfragen und Ihr Selbstmanagement zu prüfen.

Finden Sie heraus, in welchen Situationen Ihr innerer Kritiker aktiv wird, und begegnen Sie ihm selbstbewusst. Verabschieden Sie sich vom Perfektionismus und üben Sie Fehlertoleranz. Sorgen Sie dafür, dass Sie Ihre Akkus regelmäßig aufladen, und durchbrechen Sie negative Gedankenspiralen.

Teil IV: Die persönliche Erfolgsformel finden

Eine realistische Einschätzung der eigenen Fähigkeit und Fertigkeiten führt dazu, dass Sie künftig konstruktiv mit Ihrem inneren Kritiker umgehen werden. Ich erläutere in diesem Teil, wie Sie Ihre Selbstwirksamkeitserwartung erhöhen, Ihre Komfortzone vergrößern und Ihr Selbstwertgefühl verbessern können. Sie erfahren, wie Sie die Ihnen anvertrauten Kinder in ihrer Entwicklung unterstützen und ihnen angemessene Selbstkritik beibringen. Ein 100-Tage-Programm soll Sie dabei unterstützen, sich fokussiert und intensiv mit Ihrem inneren Kritiker zu beschäftigen und ihn zu entmachten. Dadurch erhöhen Sie Ihre Lebensfreude, verbessern Ihr Lebensgefühl und werden freier.

Teil V: Der Top-Ten-Teil

Der innere Kritiker begleitet Sie Ihr Leben lang. Je besser Sie seine Intention verstehen, desto konstruktiver können Sie mit ihm umgehen. Selbstkritik ist hilfreich, solange sie angemessen und wertschätzend bleibt. Destruktive oder gar vernichtende Selbstkritik schadet hingegen Ihrem Selbstwertgefühl und Ihrer Handlungsfähigkeit. Im Top-Ten-Teil stelle ich Ihnen zehn Fakten über den inneren Kritiker vor. Sie können sich aus zehn Übungen für die Selbstfürsorge und zehn Alltagstipps für Veränderungen und Persönlichkeitsentwicklungen diejenigen Impulse heraussuchen, die am besten zu Ihnen passen. Außerdem bekommen Sie zehn Hinweise für die Kindererziehung, damit die nächste Generation ebenfalls gut mit dem inneren Kritiker zurechtkommt.

Symbole, die in diesem Buch verwendet werden

Über das Buch verteilt finden Sie zahlreiche Symbole. Sie weisen auf zusätzliche Informationen hin.

Der Text neben diesem Symbol liefert Ihnen wichtige Informationen über die Zusammenhänge zwischen Selbstwertgefühl, Selbstbewusstsein, Selbstakzeptanz und Selbstkritik.

Hier finden Sie Begriffsklärungen, Herleitungen und die Übersetzung oder Erläuterung von Fachbegriffen.

Dieses Symbol steht für hilfreiche Tipps und praktische Hinweise für den Umgang mit Ihrem inneren Kritiker.

Mit diesem Symbol möchte ich Ihre Aufmerksamkeit auf schwierige Situationen, Fallstricke oder Gefahren im Umgang mit dem inneren Kritiker lenken.

Neben diesem Symbol finden Sie eine Übung, die Sie sofort und ohne großen Aufwand ausprobieren können.

Dieses Symbol leitet ein Alltagsbeispiel ein, das die vorangegangenen Textpassagen konkretisiert oder illustriert. Sie können es überspringen, ohne wichtige Informationen zu verpassen.

Wie es weitergeht

Wollen Sie mehr über den inneren Dialog erfahren, lesen Sie Kapitel 2. Darin lernen Sie, wie Sie Ihren inneren Kritiker direkt adressieren können. Wenn Sie sich für die Bedeutung der Intuition interessieren, blättern Sie zu Kapitel 5. Darin lernen Sie die Macht Ihres Bauchgefühls kennen, bekommen Tipps, um sich besser auf Ihren inneren Ratgeber zu konzentrieren, und erfahren, wie Sie Ihre Intuition trainieren und dadurch Ihr Leben positiv beeinflussen können. Stehen Sie unter großem Stress und wünschen Sie sich mehr Entspannung? Dann ist Kapitel 10 für Sie richtig. Darin erfahren Sie, wie Sie durch konsequentes Selbstmanagement Ihre Stressfaktoren minimieren und sich auch im Arbeitsalltag wirksam entspannen können. Wenn Sie zehn rasch umsetzbare Übungen für Ihre Selbstfürsorge kennenlernen möchten, schlagen Sie Kapitel 16 auf.

Durch die Entmachtung Ihres inneren Kritikers befreien Sie sich von Ballast und finden zu mehr Leichtigkeit und Lebensfreude – ich wünsche Ihnen dabei viel Erfolg und Freude.

Teil I

Den inneren Kritiker kennenlernen – die Grundlagen

IN DIESEM TEIL …

Die kritische Stimme in Ihrem Inneren, die sich in unterschiedlichen Situationen zu Wort meldet und Ihr Denken, Fühlen und Handeln kommentiert, ist ein Persönlichkeitsanteil, den Sie in diesem Teil besser kennenlernen. Sie erfahren, wodurch dieser innere Kritiker geprägt wurde und welche hilfreichen Eigenschaften er hat. Ich erläutere aber auch die dunkle Seite des inneren Kritikers: Manchmal mindert er Ihren Selbstwert, verurteilt Sie oder hemmt Ihr Tun.

In diesem Teil lesen Sie, wie Sie realistische Ziele definieren und Projekte planen können, um den inneren Kritiker in Schach zu halten. Ich gebe Ihnen Impulse für Ihre Persönlichkeitsentwicklung und ermutige Sie dazu, sich mit Ihren Ängsten und Zweifeln zu beschäftigen.

IN DIESEM KAPITEL

Die eigene Persönlichkeit kennenlernen

Der innere Kritiker als Wirkfaktor

Die dunkle Seite des inneren Kritikers

Mehr Lebensfreude und Selbstwert gewinnen

Kapitel 1
Das innere Team der Persönlichkeitsanteile

Sie haben den Geburtstag Ihrer Mutter vergessen, bei einer Projektvorstellung vor dem Kunden falsche Daten genutzt oder Ihren Hausschlüssel verloren. Schon geht es in Ihrem Inneren los: »Nichts machst du richtig – wann lernst du es endlich – schon wieder ein Fehler!«, sagt Ihr innerer Kritiker mit erhobenem Zeigefinger. Und prompt haben Sie nicht nur den Ärger mit Mutter, Chef oder Hausverwaltung am Hals, sondern Sie fühlen sich auch noch klein und dumm. Kommt Ihnen das bekannt vor? Der innere Kritiker ist hellwach. Er beobachtet Sie und weist Sie auf Ihre Unzulänglichkeiten hin.

Eigentlich will er – wie all Ihre anderen Persönlichkeitsanteile auch – nur helfen: Er hat das Ziel, dass Sie unbeschadet durchs Leben kommen und möglichst viele Anforderungen erfüllen. Aber oft schießt er übers Ziel hinaus und verunsichert oder sabotiert Sie.

In diesem Kapitel lernen Sie Ihren inneren Kritiker kennen und erfahren, warum er so ist, wie er ist. Sie bekommen erste Impulse, um mit diesem Persönlichkeitsanteil Frieden schließen zu können, damit Sie künftig mehr Zuversicht und Lebensfreude gewinnen. In den nächsten Kapiteln erläutere ich weitere Details über den Umgang mit Ihrem inneren Kritiker, damit Sie sich immer besser kennenlernen und destruktive innere Kritik neutralisieren können. Außerdem empfehle ich Ihnen eine Challenge: Entmachten Sie Ihren inneren Kritiker in 100 Tagen! Das alltagstaugliche Programm dafür finden Sie in Kapitel 14.

In diesem Buch stelle ich Ihnen drei Typen von inneren Kritikern vor: den konstruktiven Kritiker, den nörgelnden Kritiker und den vernichtenden Kritiker. Sie lernen, diese drei Stimmen in Ihrem Inneren zu unterscheiden, zu verstehen und künftig besser mit ihnen umzugehen. Denn alle drei Kritiker wollen Ihnen helfen, Ihr Leben gut zu meistern – auch wenn sie dabei meist negative Gefühle in Ihnen auslösen.

Sich selbst besser kennenlernen

Sie sind von Geburt an eine einzigartige, unverwechselbare Persönlichkeit. Und genauso unverwechselbar ist Ihr innerer Kritiker, denn er ist Teil Ihrer Persönlichkeit. Daher liegt es auf der Hand, dass es nicht ein einziges Allheilmittel für den Umgang mit inneren Kritikern gibt. Sonst hätte ich kein dickes Buch geschrieben, sondern meinen Rezeptblock gezückt und Ihnen »dreimal täglich Anti-Kritiker-Pillen« verordnet. Lassen Sie sich also ein auf eine kleine Reise durch das faszinierende Feld der Persönlichkeitstheorien, denn anschließend wird Ihnen klar sein, an welchen Punkten Sie ansetzen können, um sich mit Ihrem inneren Kritiker in seinen unterschiedlichen Erscheinungsformen zu versöhnen. Detaillierte Hinweise, viele Tricks und alltagstaugliche Übungen finden Sie in den weiteren Kapiteln dieses Buches, bezogen auf verschiedene Lebenssituationen.

Persönlichkeit bezeichnet die Gesamtheit aller sicht-, fühl- und erkennbaren Eigenschaften eines Menschen, also seine äußeren Merkmale, sein angeborenes Temperament, seinen Charakter, seine geistigen und intellektuellen Fähigkeiten, sein Verhalten, seine Weltsicht, seine Identitätsbildung und seine Wechselwirkung mit der Umwelt, insbesondere mit seinen Mitmenschen.

Die Persönlichkeit ist nicht statisch, sondern dynamisch, entwickelt sich also in der gesamten Lebensspanne eines Menschen weiter und passt sich kontinuierlich an die Umweltbedingungen an. Für die Persönlichkeitsentwicklung unverzichtbar sind Lernprozesse, das heißt die Aneignung von Wissen, Fertigkeiten und Fähigkeiten, und zwar im körperlichen, intellektuellen, seelischen und sozialen Bereich. Die Persönlichkeit ist somit zum Teil genetisch bestimmt, zum Teil aber auch durch die Wechselwirkung zwischen Individuum und Umwelt erworben.

Mit dem *inneren Kritiker* bezeichnet man eine innere Stimme, die kritisch auf das Denken, Fühlen und Handeln des Menschen schaut. Sie kommentiert das Verhalten, das Aussehen, die Kommunikation, die inneren Nöte – kurz jede Lebensäußerung.

Je nach Prägung und Lebenssituation ist der innere Kritiker strenger oder nachsichtiger, lauter oder leiser, allgegenwärtig oder zurückhaltend. Um die Beschäftigung mit den verschiedenen Ausprägungen der inneren Kritik zu vereinfachen, konzentriere ich mich auf drei verschiedene Typen:

1. den konstruktiven Kritiker, der Sie aufmerksam, aber wohlwollend begleitet,
2. den nörgelnden Kritiker, der immer etwas zu meckern findet, und
3. den vernichtenden Kritiker, der kein gutes Haar an Ihnen lässt.

Sie haben unterschiedliche Ziele, unterschiedliche Herangehensweisen und unterschiedlich große Macht.

Die eigene Prägung erkennen

Von besonderem Interesse für die Auseinandersetzung mit dem inneren Kritiker sind die eigenen Stärken und Schwächen, Werte, Motivatoren und Glaubenssätze. Diese werden in der Kindheit und Jugend wesentlich geprägt.

Können Sie sich an Ihre Kindheit und Jugend erinnern? Bestimmt fallen Ihnen einige wichtige Erlebnisse oder Lebensereignisse ein. Überlegen Sie:

- ✔ Wie waren Sie als kleines Kind?
- ✔ Wem waren oder sind Sie ähnlich?
- ✔ Was hat man über Sie erzählt oder als typisch für Sie bezeichnet?
- ✔ Haben Sie in Ihrer Pubertät rebelliert?
- ✔ Welche Auswirkungen hatte die Pubertät auf Ihre Persönlichkeit?
- ✔ Wofür wurden Sie gelobt? Und wofür kritisiert?
- ✔ Was wollten Sie unbedingt haben oder erreichen?
- ✔ Erinnern Sie sich an typische Aussagen Ihrer Eltern?
- ✔ Was wurde Ihnen verboten? Und was haben Sie trotz der Verbote getan?
- ✔ Wie haben Sie Hindernisse überwunden?
- ✔ Haben Sie gelernt, sich zu strukturieren, anzustrengen und Ziele konsequent zu verfolgen? Wenn ja: wann, von wem und wie?

- ✔ An welche Belohnungen erinnern Sie sich? Und an welche Strafen?
- ✔ Welchen Vorbildern haben Sie nachgeeifert?

Vielleicht haben Sie durch die Fragen Lust bekommen, in Fotoalben zu blättern, mit Ihren Eltern, Geschwistern oder anderen Verwandten zu sprechen oder Ihre alten Schulhefte aus dem Keller zu holen. Geben Sie diesen Impulsen nach und lernen Sie sich Schritt für Schritt besser kennen.

Durch die Antworten auf die genannten Fragen erfahren Sie etwas über Ihre

- ✔ **Stärken und Schwächen:** Was können Sie gut, was fällt Ihnen schwer? Welche Talente und Fähigkeiten haben Sie, was macht Sie stark?
- ✔ **Werte:** Was ist Ihnen im Leben wichtig? Worauf stützt sich Ihre Weltsicht? Wie sieht Ihr moralischer Kompass aus?
- ✔ **Motivatoren:** Ziehen Sie eher Befriedigung aus Ihrem Tun (intrinsische Motivation) oder eher aus den Belohnungen oder Erfolgen, die Sie für Ihre Anstrengung erwarten (extrinsische Motivation)?
- ✔ **Glaubenssätze:** Mit welchen inneren Überzeugungen gehen Sie durchs Leben? Was sind Ihre persönlichen Wahrheiten? Welches Bild haben Sie von sich?

Zahlreiche Informationen und weitere Details zu diesen Aspekten finden Sie im Verlauf dieses Buches.

Unterschiedliche Anteile identifizieren

Ihre Persönlichkeit ist charakterisiert durch viele verschiedene Merkmale beziehungsweise Anteile. Sie können sich Ihre Merkmale oder Persönlichkeitsanteile vorstellen wie ein inneres Team: Sie selbst sind Chef dieses Teams und Ihre verschiedenen Anteile sind Teammitglieder, die wichtige Aufgaben haben.

Dieses Persönlichkeitsmodell stammt von dem deutschen Psychologen Friedemann Schulz von Thun, der mit der Metapher »inneres Team« die Vielschichtigkeit einer Persönlichkeit anschaulich beschrieb. Die Teammitglieder sind unterschiedlich groß und stark, spielen in Alltagssituationen jeweils verschiedene Rollen, werden nach außen hin mehr oder weniger sichtbar und sind Ihnen selbst teils gut, teils weniger gut bekannt. Einige Anteile mögen Sie besonders gerne, andere sind Ihnen lästig oder sogar peinlich.

Typische Persönlichkeitsanteile lassen sich folgendermaßen personifizieren:

- **Der Anführer:** Dieser Anteil hat gerne das Sagen, geht voran, übernimmt Verantwortung und kann die anderen Anteile mitreißen.
- **Der Mitläufer:** Dieser Anteil bleibt gerne in der zweiten Reihe, setzt Impulse des Anführers um und erledigt die Dinge lieber im Stillen.
- **Der Mutige:** Dieser Anteil schätzt Herausforderungen, geht an oder über Grenzen, probiert gerne Neues aus und wagt sich auf unbekanntes Terrain.
- **Der Angsthase:** Dieser Anteil braucht viel Sicherheit, warnt vor Gefahren und rechnet immer mit dem Schlimmsten.
- **Der Mahner:** Dieser Anteil verkörpert Ihr Gewissen. Er hat klare Wertvorstellungen, setzt Normen und weiß, was gut und was böse ist.
- **Der Kreative:** Dieser Anteil hat viele verrückte Ideen, stellt ungewöhnliche Verbindungen her und ist sehr spontan.
- **Der Angepasste:** Dieser Anteil befolgt gerne Befehle, achtet darauf, dass Regeln und Absprachen eingehalten werden und ist sehr konservativ.
- **Der Zaghafte:** Dieser Anteil zweifelt viel, ist sehr vorsichtig, macht einen Schritt vor und sofort zwei Schritte zurück.
- **Der Clown:** Dieser Anteil findet in jeder Situation etwas zum Lachen, macht Späße, ist optimistisch und hält die anderen Anteile bei Laune.
- **Der Polizist:** Dieser Anteil sorgt für Ruhe und Ordnung, leuchtet in dunkle Ecken und nimmt Störenfriede in Gewahrsam.
- **Der Kümmerer:** Dieser Anteil möchte, dass es allen Teammitgliedern gut geht. Er fragt nach, lobt andere, kocht Tee und hält immer eine warme Decke bereit.
- Und nicht zu vergessen – **der innere Kritiker:** Dieser Anteil überwacht und kommentiert Ihr Denken, Fühlen und Handeln, damit möglichst wenig Fehler passieren und möglichst viele äußere und innere Anforderungen erfüllt werden.

BEISPIEL

Andreas Riemann hat eine neue Stelle als Lehrer angetreten und die ersten Wochen in seiner neuen Schule hinter sich gebracht. Er denkt viel darüber nach, wie seine Kollegen und Schüler ihn bewerten könnten und versucht, möglichst alles richtig zu machen. Er hat einen inneren Anteil, der voller Zweifel ist und seine Kompetenzen ständig infrage stellt. Andererseits ist Andreas aber auch voller Tatendrang und möchte in seiner neuen Position etwas bewegen. Er setzt sich bewusst mit seinem inneren Zweifler und seinem inneren Anpacker auseinander und sucht sich ein Tätigkeitsfeld, auf dem er sich sicher fühlt: den Sport. Er knüpft Kontakte zwischen den Sport-AGs seiner alten und seiner neuen Schule und organisiert ein Fußballturnier. Dadurch fühlt er sich zunehmend sicher im neuen Umfeld und spürt, dass sein innerer Zweifler sich beruhigt.

Die Aufmerksamkeit nach innen lenken

Bestimmt fallen Ihnen noch weitere Persönlichkeitsanteile ein, die in Ihrem inneren Team eine wichtige Rolle spielen. Jedes Teammitglied will das Beste für den Teamchef, also die Gesamtpersönlichkeit, doch die Ziele der einzelnen Mitglieder sind zum Teil sehr unterschiedlich oder schließen sich sogar gegenseitig aus. Wenn Sie ausgeglichen, gelassen und mit sich im Reinen sind, werden Sie als Chef Ihres inneren Teams die einzelnen Teammitglieder wertschätzend behandeln, ihre Meinung anhören und einen Konsens finden, mit dem alle zufrieden sind. Wenn Sie hingegen im Stress sind, sich unwohl fühlen oder an Ihre Grenzen kommen, neigen Sie vermutlich dazu, bestimmte Persönlichkeitsanteile bevorzugt zur Geltung zu bringen und andere an den Rand zu drängen. Beobachten Sie in Alltagssituationen, wie Ihr inneres Team arbeitet und interagiert, beispielsweise wenn es um Routinetätigkeiten, Konfliktbewältigung oder die Durchsetzung eigener Interessen geht, beispielsweise:

- ✔ **Routine:** Ist der Kümmerer froh, dass sich alle ein bisschen erholen können, oder schimpft der Anführer, dass die Arbeit todlangweilig ist?
- ✔ **Konflikte:** Befürchtet der Angsthase, dass es Ärger und Liebesentzug geben könnte, oder rechnet der Mutige damit, dass der Konflikt Lernchancen und Entwicklungsmöglichkeiten bietet?
- ✔ **Eigene Interessen:** Freut sich der Kreative über die Möglichkeit, sich in Szene zu setzen, oder warnt der Angepasste davor, sich zu weit aus der Deckung zu trauen?

Prüfen Sie, unter welchen Bedingungen Ihr innerer Kritiker die Oberhand im Team gewinnt und welche Ausprägung des Kritikers sich zeigt, zum Beispiel:

- ✔ **Peinliche Situationen:** Sie werfen eine Kaffeetasse um, treten einem Mitmenschen auf den Fuß oder haben vergessen, Ihren Hosenstall zu schließen. Der vernichtende Kritiker sagt dann vielleicht: »Du bist unfassbar peinlich, alle lachen über dich, niemand nimmt dich ernst.« Oder der nörgelnde Kritiker quengelt: »Wie konnte das nur passieren? Nie passt du vernünftig auf!« Möglicherweise meldet sich aber auch der konstruktive Kritiker zu Wort: »Tja, mal wieder zu hektisch gewesen? Mach künftig doch mal etwas langsamer und achte besser auf Details.«

- **Missgeschicke:** Sie haben Ihr Portemonnaie vergessen oder einen Termin verwechselt. Der konstruktive Kritiker könnte sagen: »Dumm gelaufen, jetzt brauchst du eine gute Ausrede oder jemanden, der dir aushilft.« Der nörgelnde Kritiker sagt vielleicht: »Wenn du deine fünf Sinne besser beisammenhättest, würde so etwas nicht passieren!« Und der vernichtende Kritiker verdreht die Augen und meint: »Du bist der letzte Depp. War ja klar, dass du dich wieder mal in eine solche Situation bringst.«

- **Fehler:** Sie haben eine Situation falsch eingeschätzt, sich in einem Menschen getäuscht oder ein fehlerhaftes Arbeitsergebnis erzielt. Der nörgelnde Kritiker meldet Bedenken an, ob Sie sich überhaupt auf sich selbst verlassen dürfen. Der vernichtende Kritiker hält Sie für unzurechnungsfähig, schwachsinnig oder chancenlos. Der konstruktive Kritiker rät Ihnen, dass Sie künftig andere Menschen um Rat fragen, bevor Sie eine Entscheidung treffen.

Versuchen Sie, künftig bewusst darauf zu achten, welcher der drei Kritikertypen bei Ihnen besonders aktiv ist. Sammeln Sie die inneren Kommentare und schreiben Sie sie auf. So unterstützen Sie Ihre Selbstreflexion und ermöglichen die intensive Auseinandersetzung mit dem inneren Kritiker.

Jedes Teammitglied, also auch Ihr innerer Kritiker, meint es gut mit Ihnen. Um sich mit Ihrem Kritiker zu versöhnen, sollten Sie seine Absichten grundsätzlich ernst nehmen und mit ihm in Dialog treten.

Erläutern Sie Ihrem inneren Kritiker, dass er sich möglicherweise irrt, übervorsichtig oder zu ängstlich ist, und dass es andere Persönlichkeitsanteile (also Teammitglieder) gibt, die in der jeweiligen Situation einen besseren Überblick haben. Daraufhin wird der Kritiker möglicherweise noch ein bisschen schimpfen oder nörgeln, aber Sie als Chef des Teams könnten ihn in seine Schranken weisen und mithilfe konstruktiver innerer Teammitglieder Ihr Vorhaben ungestört umsetzen. Das klingt in der Theorie leichter, als es in der Praxis ist. Wie Sie es ganz konkret tun, lernen Sie in diesem Buch.

Die Bedeutung des inneren Kritikers

Der innere Kritiker spiegelt das eigene Idealbild wider. Dieses Idealbild wird in Kindheit und Jugend angelegt und im Laufe des Lebens weiterentwickelt. Durch den Erziehungsstil Ihrer Eltern, Ihre Position in der Geschwisterreihe und die

Erlebnisse in Ihrer Ursprungsfamilie haben Sie Werte übernommen, Zuschreibungen erhalten und Glaubenssätze entwickelt:

- ✔ Leistungsorientierte Eltern haben Ihnen vielleicht vermittelt: »Du musst dich immer anstrengen und etwas Besonderes leisten.«
- ✔ Als ältestes von mehreren Geschwistern haben Sie vielleicht früh Verantwortung übernommen und sich daran gewöhnt, Ihre Bedürfnisse zurückzustellen.
- ✔ Wenn es in Ihrer Familie von Bedeutung war, nach außen ein gutes Bild abzugeben, haben Sie vielleicht gelernt, Ihr wahres Ich hinter einer Maske zu verstecken und Konflikte zu vermeiden.

Der innere Kritiker wacht darüber, dass Sie Ihr Idealbild verwirklichen und die inneren und äußeren Ansprüche, die damit verbunden sind, zuverlässig erfüllen. Insofern hat dieser Persönlichkeitsanteil eine wichtige Bedeutung, denn er unterstützt Sie dabei, Ihre Position in der Welt zu sichern und Anerkennung zu bekommen. Andererseits hemmt er möglicherweise Ihre Weiterentwicklung und bewirkt, dass Sie Ihre Bedürfnisse vernachlässigen, Ihre Grenzen überschreiten und eigene Ziele missachten – nur, um nicht kritisiert zu werden. Daher lade ich Sie ein, Ihre Bedürfnisse und Lebensziele zu hinterfragen. So erarbeiten Sie eine Grundlage für Ihre Persönlichkeitsentwicklung und sammeln Argumente, um dem inneren Kritiker souverän begegnen zu können.

Legen Sie ein Tagebuch an, in dem Sie Ihre Persönlichkeitsentwicklung dokumentieren. Notieren Sie Ihre Reflexionen, halten Sie Ihre Erkenntnisse fest und schreiben Sie auf, wie Sie sich fühlen. Je nach persönlicher Vorliebe kann es ein virtuelles oder ein analoges Tagebuch sein, also eine Datei im Computer oder ein schönes Notizbuch.

Bedürfnisorientierte Persönlichkeitsentwicklung

Um Ihre Persönlichkeit weiterzuentwickeln, brauchen Sie innere Motivation und Freude an Erkenntnis- und Veränderungsprozessen. Jede menschliche Motivation entsteht aus dem Antrieb heraus, ein Bedürfnis zu befriedigen. Die Psychologie unterscheidet Defizit- und Wachstumsbedürfnisse:

- ✔ **Defizitbedürfnisse** beschreiben Notwendigkeiten, die der Mensch zum Überleben braucht. Die körperlichen Grundbedürfnisse drehen sich um Nahrung, Wärme und Schutz; seelische Grundbedürfnisse sind der Wunsch nach Sicherheit, Liebe und Zugehörigkeit zu einer Gruppe.

- **Wachstumsbedürfnisse** hingegen sind zwar nicht lebensnotwendig, doch sie sind wichtig für die Entfaltung der Persönlichkeit: Anerkennung, Wertschätzung, Selbstverwirklichung und -entfaltung gehören dazu.

Die Wachstumsbedürfnisse der Menschen sind individuell sehr unterschiedlich in ihrer Ausprägung, und genauso unterschiedlich sind die Motivatoren, also die inneren und äußeren Rahmenbedingungen, die dazu führen, dass man sich besonders anstrengt.

Kennen Sie Ihre persönlichen Motivatoren? Dazu gehören in Anlehnung an die Forschungen des US-amerikanischen Psychologen und Arbeitswissenschaftlers Frederick Herzberg die in Tabelle 1.1 genannten zehn Hauptmotivatoren.

Motivator	Zugehörige Bedürfnisse
Lob	Anerkennung durch andere, Zuwendung, positives Selbstwertgefühl
Lernchancen	neue Erkenntnisse, Erwerb von Fertigkeiten, Verstehen, Logik
Leistung	Selbstwirksamkeitserleben, sichtbare Ergebnisse, Veränderung der äußeren Umstände, Einfluss auf die Gesellschaft
Verantwortung	Gerechtigkeitsempfinden, Solidarität, Einsatz für andere, Verbesserung der Welt
Wachstum	Erfüllung von Träumen und Wünschen, Selbstverwirklichung
Macht	Einfluss, Stärke, Gestaltungsfreiheit
Wettbewerb	Vergleich mit anderen, Konkurrenz, Verlassen der Komfortzone
Erfolg	Selbstwirksamkeit, Ansehen, materielle Belohnung
Aufstieg	persönliche Weiterentwicklung, Karriere, materielle Verbesserung, Einfluss
Faszination	Reiz des Außergewöhnlichen, Flow-Erleben, neue Erlebnisse, Risiken eingehen

Tabelle 1.1: Hauptmotivatoren nach Frederick Herzberg

Versuchen Sie, aus den genannten zehn Hauptmotivatoren und den dahinterstehenden Bedürfnissen die drei für Sie wichtigsten Punkte zu benennen.

Abhängig von Ihrer Lebenssituation, Ihren Erfahrungen, Ihrem Umfeld und Ihrer Selbstreflexion können sich die Motivatoren im Laufe des Lebens verändern. Konzentrieren Sie sich daher auf Ihre aktuelle Situation und prüfen Sie, was Ihnen besonders wichtig ist und was Sie antreibt.

Der konstruktive innere Kritiker will, dass Sie Ihre Bedürfnisse befriedigen und Ihre Ziele erreichen. Der nörgelnde innere Kritiker möchte, dass Sie nach außen gut dastehen und die Erwartungen anderer erfüllen. Der vernichtende innere Kritiker befürchtet, dass Sie die Glaubenssätze Ihrer Ursprungsfamilie infrage stellen und Ihre Komfortzone verlassen könnten.

Ihre drei Hauptmotivatoren können Ihnen helfen, mit Ihrem inneren Kritiker im Gespräch zu bleiben und Sicherheit zu gewinnen.

- ✔ Notieren Sie, in welchen Lebensbereichen (Familie, Freundeskreis, Berufsleben, Ehrenamt, Hobbys) Sie Ihre Hauptmotivatoren verwirklichen und Ihre Bedürfnisse befriedigen können.
- ✔ Halten Sie fest, wie es sich anfühlt, wenn Sie sich als wirksam und gestaltend erleben können.
- ✔ Prüfen Sie, wann und wie intensiv Sie Gefühle wie Stolz, Freude, Zufriedenheit, Zuversicht oder Gelassenheit erleben.

Diese Reflexion hilft Ihnen dabei, sich immer besser kennenzulernen.

Verzichten Sie bei Ihrer Selbstreflexion auf Bewertung, denn diese engt den Blick ein und wirkt wie eine Schere im Kopf. Beobachten Sie aufmerksam, ohne zu bewerten – so bleibt Ihr Blick offen, erfahrbereit und differenziert.

Ziele und Prioritäten benennen

Zur Selbstreflexion gehört innere Klarheit – über Ihre Werte, Ihre Gefühle, Ihre Ziele und Prioritäten. Nehmen Sie sich etwas Zeit und beantworten Sie ganz in Ruhe folgende Fragen:

- ✔ Was haben Sie im Leben schon erreicht und was möchten Sie noch erreichen?
- ✔ Welche Menschen sind Ihnen besonders wichtig und warum?
- ✔ Welche Ihrer Werte können Sie im Alltag konsequent umsetzen, welche nicht?
- ✔ Was macht Sie unverwechselbar?
- ✔ Wofür stehen Sie und was treibt Sie an?

Notieren Sie Ihre Antworten und werden Sie sich dadurch Ihrer Stärken, Ihrer Einzigartigkeit, Ihrer Ziele, Ihres Netzwerks, Ihrer Werte und Ihrer Gefühle bewusst.

Versuchen Sie Ihre Ziele in einen zeitlichen Kontext zu stellen: Was ist kurz-, mittel- und langfristig besonders bedeutsam für Ihr Leben? Verknüpfen Sie Ihre Werte und Ziele außerdem mit Ihren Gefühlen und finden Sie heraus, was Sie wirklich glücklich und zufrieden macht:

- ✔ Worauf sind Sie stolz?
- ✔ Wann fühlen Sie sich leicht und frei?
- ✔ Worüber können Sie lachen?
- ✔ Was macht Sie froh?
- ✔ Wann fühlen Sie sich besonders verbunden mit der Welt und Ihren Mitmenschen?
- ✔ Woraus schöpfen Sie Kraft und Zuversicht?
- ✔ Worauf sind Sie neugierig?
- ✔ Was erhoffen Sie, worauf freuen Sie sich?
- ✔ Was vermittelt Ihnen Sicherheit?

Die Antworten auf all diese Fragen lenken Ihren Blick auf das, was in Ihrem Leben jetzt gerade bedeutsam ist.

Um sich Gewissheit über die eigenen Prioritäten zu verschaffen, ist es hilfreich, die Endlichkeit des Lebens zu berücksichtigen: Am Ende des Lebens zählt, inwieweit Sie Ihr Potenzial ausgeschöpft und Ihre Träume verwirklicht haben. Der römische Kaiser Marc Aurel sagte: »Man bereut nur die Dinge, die man nicht getan hat.« Folgende Übung hilft Ihnen, Klarheit über Ihre Prioritäten zu gewinnen: Beantworten Sie so ehrlich wie möglich die Frage, was Sie unbedingt noch tun wollen würden, wenn Sie nur noch ein Jahr zu leben hätten. Leiten Sie aus Ihrer Reflexion ab, welche Ihrer Wünsche und Bedürfnisse Sie derzeit zu wenig berücksichtigen. Passen Sie Ihre Prioritäten entsprechend an.

Wahrscheinlich stellen Sie fest, dass sich Ihre Prioritäten im Laufe Ihres Lebens immer wieder verändert haben: In der Ausbildung oder im Studium stehen vielleicht Wissenszuwachs und Lebensfreude im Vordergrund, in der Phase der Familiengründung sind Sicherheit und Nähe besonders wichtig, im mittleren Lebensalter rücken Individualität, Nachhaltigkeit und Gesundheitspflege in den Fokus und im höheren Alter haben zwischenmenschliche Kontakte und Sinnstiftung möglicherweise die größte Bedeutung. Nehmen Sie sich Zeit für Ihre Standortbestimmung und trennen Sie Wichtiges von Unwichtigem.

Die Rolle der Herkunftsfamilie

Bei der Entwicklung der eigenen Persönlichkeit haben Vorbilder eine wichtige Funktion, denn das Lernen am Modell ermöglicht lebenslange Veränderungsprozesse. Die ersten Vorbilder eines Menschen sind zunächst seine Eltern und engen Bezugspersonen. Im Laufe des Lebens kommen weitere Rollenmodelle dazu, beispielsweise Erzieherinnen, Lehrer, Freunde, Verwandte, Bekannte, Nachbarn, Trainer, Idole, Vorgesetzte, Kollegen, Mentoren, Therapeuten, Berater, Berühmtheiten, Romanfiguren, Filmhelden, Politiker, aber auch Persönlichkeiten der Vergangenheit. Überlegen Sie, welche Vorbilder Sie bislang geprägt haben:

- ✔ Welche Eigenschaften dieser Personen haben Sie bewundert?
- ✔ Was hat Ihnen an diesen Personen besonders gefallen?
- ✔ Welche Handlungsweisen oder Charakteristika haben Sie nachgeahmt?
- ✔ Wie hat sich diese Nachahmung konkret auf Sie ausgewirkt?

Sicher fällt Ihnen bei dieser Reflexion auf, dass Sie das Verhalten Ihres Vorbilds aufmerksam beobachtet und es sich gut gemerkt haben. So können Sie sich Jahre später noch gut daran erinnern. Außerdem waren Sie vermutlich motiviert, Ihr eigenes Verhalten zu verändern, und zwar möglichst so, dass Sie Ihrem Vorbild ähnlicher wurden. Wenn dieses für Sie neue Verhalten günstige Auswirkungen auf Sie hatte, wurde es verstärkt und Sie haben die neuen Verhaltensweisen so lange eingeübt, bis sie zu Ihrem eigenen Verhaltensmuster geworden sind. Solche Lernprozesse durchziehen Ihr ganzes Leben und prägen Ihr Denken und Handeln.

Gehen Sie nun noch einen Schritt weiter zurück und reflektieren Sie Ihre ersten Vorbilder, also Eltern, Großeltern, ältere Geschwister oder andere sehr nahe Bezugspersonen aus Ihrer frühen Kindheit. Überlegen Sie:

- ✔ Welches Verhalten Ihrer frühen Vorbilder hat Sie besonders geprägt?
- ✔ Welches Verhalten haben Sie bewundert?

- ✔ Welche Eigenschaften erschienen Ihnen besonders positiv?
- ✔ Wie wollten Sie auch gerne einmal sein?
- ✔ Vor welchen Eigenschaften Ihrer frühen Vorbilder hatten Sie Angst?
- ✔ Welche Eigenschaften fanden Sie störend oder abstoßend?
- ✔ Wie wollten Sie auf keinen Fall werden?
- ✔ Wie haben Ihre Vorbilder mit Ihnen interagiert? Wofür wurden Sie gelobt oder bestraft?

So nähern Sie sich den Prägungen durch Ihre Ursprungsfamilie und stellen fest, woran Sie sich orientiert haben. Vielleicht erinnern Sie sich an konkrete Äußerungen Ihrer Vorbilder und Bezugspersonen, möglicherweise klingt sogar noch die Stimme eines nahen Verwandten in Ihnen nach.

Wenn sich Ihr innerer Kritiker zu Wort meldet, treten Sie innerlich einen Schritt zurück und versuchen Sie herauszufinden, wessen Stimme da spricht: Ist es vielleicht Ihr kritischer Vater? Oder Ihre unzufriedene Mutter? Oder ein anspruchsvoller Onkel? Identifizieren Sie unterschiedliche Ausprägungen Ihres inneren Kritikers und ordnen Sie diese den Bezugspersonen aus Ihrer Herkunftsfamilie zu. Dies kann Ihnen bei der Auseinandersetzung mit dem inneren Kritiker dabei helfen, Abstand zu gewinnen und die Beweggründe des inneren Kritikers besser zu verstehen.

Mit dem inneren Kritiker ins Gespräch kommen

Der innere Dialog mit eigenen Persönlichkeitsanteilen ist etwas ganz Alltägliches: Immer wenn Sie sich selbst gut zureden (»Ich schaffe das!«), sich an etwas erinnern (»Das darf ich nicht vergessen!«), sich regulieren (»Keine Sorge!«) oder kritisieren (»Oh nein, wie blöd!«), sind Sie im Kontakt mit Ihren unterschiedlichen inneren Anteilen. Vielleicht sind Ihnen diese inneren Dialoge bewusst, vielleicht haben Sie sie bisher aber noch nicht aufmerksam wahrgenommen. Um mit Ihrem inneren Kritiker langfristig Frieden zu schließen, ist es hilfreich, wenn Sie künftig Ihre inneren Dialoge bewusst wahrnehmen und konstruktiv steuern.

Versuchen Sie, im Alltag immer wieder innezuhalten und Ihre Aufmerksamkeit nach innen zu richten:

- ✔ Wie gehen Sie in unterschiedlichen Situationen mit sich um – nachsichtig oder streng? Ermutigend oder bewertend?
- ✔ Wann ist welche innere Stimme aktiv?
- ✔ An welche realen Personen oder Situationen erinnern bestimmte innere Dialoge Sie?
- ✔ In welchen Situationen sind Ihre inneren Dialoge fair und auf Augenhöhe?
- ✔ Wann fühlen Sie sich im inneren Dialog eher klein und hilflos?

Vielleicht können Sie so eine Bestandsaufnahme Ihrer Persönlichkeitsanteile erheben und Ihren ganz persönlichen inneren Kritiker in seinen unterschiedlichen Erscheinungsformen besser kennenlernen.

Wenn Sie möchten, geben Sie Ihrem inneren Kritiker einen oder mehrere Namen, um ihn oder seine verschiedenen Ausprägungen besser adressieren zu können. Der konstruktive Kritiker könnte vielleicht »Karl«, der nörgelnde Kritiker »Norbert« und der vernichtende Kritiker »Veit« heißen, oder – wenn Ihre inneren Kritiker eher eine Frauenstimme haben – es sind »Karola, Nancy und Veronika«. Sie können auch Tiernamen benutzen, beispielsweise »Koala, Nasenbär und Vogelspinne«. Oder Sie zählen die Kritiker durch – der konstruktive Kritiker ist »Nummer eins«, der Nörgler »Nummer zwei« und der vernichtende Kritiker »Nummer drei«. Was auch immer Ihnen passend erscheint, um den inneren Dialog zu vereinfachen – nutzen Sie es!

Im Kern geht es bei der Analyse und Regulation des Inneren-Kritiker-Dialogs um drei Schritte:

1. die Intention des inneren Kritikers erkennen und verstehen,
2. prüfen, ob diese Intention sinnvoll und hilfreich ist,
3. eine sinnvolle Intention auf konstruktive Weise umsetzen beziehungsweise sich von einer wenig hilfreichen Intention distanzieren.

Solange Sie den inneren Kritiker nicht reflektieren, laufen in Ihnen unbewusste Muster ab, nach denen Sie schon Ihr Leben lang denken, fühlen und handeln. Diese Muster haben Ihnen schon oft geholfen, Herausforderungen zu meistern und Erwartungen zu erfüllen. Darum haben sie sich verfestigt und laufen ganz automatisch ab. Manche dieser Muster sind im Hier und Jetzt aber nicht mehr hilfreich, sondern führen im Gegenteil vielleicht zu einer Verringerung Ihres Selbstwerts, einer Abwertung Ihrer Fähigkeiten oder einer Einschränkung Ihrer Lebensfreude.

Wenn Sie künftig mit Ihrem inneren Kritiker in Kontakt sind und seine Äußerungen hinterfragen, vergrößern Sie Ihre Entscheidungsfreiheit – denn Sie denken, fühlen oder handeln dann nicht mehr automatisch, sondern bewusst.

Den Selbstwert stärken

Jeder Mensch ist einzigartig. Er hat individuelle Fähigkeiten, Talente, Charaktereigenschaften und Merkmale. Wenn ein neugeborenes Kind von seinen Eltern bedingungslos geliebt wird und beschützt aufwächst, entwickelt es Urvertrauen und ein sicheres Gefühl für den eigenen Wert.

Der Selbstwert ist ein subjektives Gefühl der eigenen Bedeutung und Wirksamkeit sowie des Vertrauens in sich selbst. Er wird auch geprägt von der Rückmeldung anderer sowie der Identifikation mit Bezugspersonen oder Vorbildern. Im Laufe des Lebens ist der Selbstwert nicht statisch, sondern verändert sich in positive oder negative Richtung. Wissenschaftlichen Studien zufolge hängt er mit vielen Faktoren zusammen, beispielsweise mit

- ✔ der Zufriedenheit mit dem eigenen Äußeren,
- ✔ der Zufriedenheit mit den eigenen Lebensumständen,
- ✔ dem Erfolg im Arbeitsleben,
- ✔ der Selbstsicherheit und
- ✔ der Selbstwirksamkeitserwartung.

Der deutsch-griechische Psychoanalytiker Stavros Mentzos beschreibt den reifen Selbstwert als »realistisch korrigierte positive Vorstellung von sich selbst«.

Je nach Prägung durch Ihre Herkunftsfamilie fühlen Sie sich entweder grundsätzlich wertvoll oder grundsätzlich wertlos.

- ✔ Wenn Ihre Eltern Sie ermutigt, gefördert, gelobt, bestärkt und konstruktiv kritisiert haben, konnten Sie vermutlich ein stabiles Selbstwertgefühl entwickeln und fühlen sich den Herausforderungen Ihres Lebens zumeist gut gewachsen.
- ✔ Wurden Sie hingegen durch Ihre wichtigsten Bezugspersonen abgewertet, misshandelt, vernachlässigt oder bestraft, ist Ihr Selbstwertgefühl wahrscheinlich eher niedrig und Sie fühlen sich oft unsicher und ohnmächtig.

Entsprechend dieser frühen Prägung haben Sie einen inneren Kritiker, der entweder überwiegend konstruktiv oder zumeist nörgelnd oder gar vernichtend ist.

Wertvoll wie ein Diamant

Zur Veranschaulichung Ihres Selbstwerts können Sie die Imaginationsübung »Diamant« nutzen:

1. Setzen oder legen Sie sich an einem ruhigen, ungestörten Ort hin, kommen Sie zur Ruhe, richten Sie Ihre Aufmerksamkeit nach innen und atmen Sie einige Male tief in Ihren Bauch ein und aus.
2. Lassen Sie Ihren Atem fließen, lassen Sie alle Gedanken kommen und gehen, halten Sie nichts fest.
3. Stellen Sie sich nun vor Ihrem inneren Auge einen Diamanten vor, in dem sich die Sonnenstrahlen brechen. Dieser Diamant ist wunderschön und sehr wertvoll. Genauso einzigartig, schön und wertvoll sind auch Sie. Auch wenn der Diamant im Staub liegt oder in einer Schublade vergessen wurde – sein Wert bleibt bestehen. So ist es auch mit Ihrem Selbstwert: Er kann durch äußere Einflüsse zwar verdeckt, aber nicht vermindert werden.
4. Erfreuen Sie sich an diesem Bild, lassen Sie Ihren Selbstwert funkeln wie einen Diamanten und nehmen Sie sich vor, gut auf diesen Diamanten aufzupassen.
5. Sagen Sie sich einige Male laut oder im Stillen: »Ich bin so wertvoll wie ein Diamant.«
6. Kehren Sie dann langsam mit Ihrer Aufmerksamkeit wieder nach außen zurück, atmen Sie tief ein und aus, recken und strecken Sie sich, öffnen Sie die Augen und nehmen Sie das Bild des Diamanten mit in Ihren Alltag.

Wann immer Sie sich wertlos oder vernachlässigt fühlen, rufen Sie sich den Diamanten und damit Ihren Selbstwert in Erinnerung. Durch regelmäßige Wiederholung der Übung bilden sich in Ihrem Gehirn neue Verbindungswege zwischen den Nervenzellen und Sie festigen dadurch Ihr Selbstwertgefühl.

Doch auch wenn Ihr Selbstwertgefühl seit der Kindheit eher niedrig ist, können Sie es als Erwachsener bewusst stärken und weiterentwickeln. Dafür brauchen Sie Erfolgserlebnisse, inneren und äußeren Zuspruch, Selbstakzeptanz und bewusste Persönlichkeitsentfaltung. Es gilt, die innere Abwertung durch den nörgelnden oder vernichtenden inneren Kritiker zu stoppen und sich durch den konstruktiven inneren Kritiker unterstützen zu lassen. Wie das funktioniert, erfahren Sie in den folgenden Kapiteln.

Die Lebensfreude erhöhen

Wer mit sich und der Welt im Reinen ist, empfindet Lebensfreude und kann die Schönheit des Lebens in vollen Zügen genießen. Wer aber mit sich hadert, unzufrieden ist oder sich von den Herausforderungen seines Alltags überfordert fühlt, hat wenig Freude am Leben. Lebensfreude ist verbunden mit Optimismus, Glück und Vitalität. Sie schützt vor negativen Gedankenspiralen, senkt das Stressniveau, erleichtert die körperliche und seelische Regeneration und fördert die Selbstwirksamkeitserwartung, also das Gefühl, mit den Anforderungen des Lebens gut zurechtzukommen.

Mit der Lebensfreude ist es wie mit einem Bankkonto: In guten Zeiten zahlen Sie ein und das Lebensfreudekapital trägt Zinsen. In schlechten Zeiten heben Sie ab und nutzen das Kapital, um sich Ihr Leben zu erleichtern.

In schwierigen Lebensphasen gerät Ihr Lebensfreudekonto vielleicht ins Minus und Sie können auf nichts mehr zurückgreifen. Aber Ihre Erinnerungen sind noch da – sozusagen die Kontoauszüge mit den Einzahlungen. Denn die Erinnerung an Lebensfreude nimmt Ihnen niemand weg. Sobald Sie sich damit beschäftigen, werden Sie fühlen, wie ein Teil der Lebensfreude zurückkehrt. Denn unsere Gedanken sind so mächtig, dass sie auch dort etwas entstehen lassen können, wo eigentlich nichts mehr ist.

Ihr innerer Kritiker ist kein Experte für Lebensfreude und Glück, sondern er orientiert sich vor allem an den Erwartungen anderer. Wie ein Bilanzbuchhalter ist er mit strengen Bewertungsmaßstäben unterwegs und prüft Gewinn und Verlust, um Rechenschaft nach außen ablegen zu können. Wenn Sie ihn künftig im inneren Dialog dazu bringen können, immer mal wieder eine Kaffeepause zu machen und den Rechenschieber wegzulegen, kann sich langfristig Ihre Lebensfreude erhöhen. Denn ohne nörgelnde oder vernichtende innere Kritik werden Sie zunehmend in der Lage sein, Ihre eigenen Werte zu leben und Ihre Prioritäten zu verwirklichen. Sie können sich besser entfalten, Ihren individuellen Weg gehen und Neues wagen.

Überprüfen Sie die Macht der Gedanken

1. Setzen Sie sich vornübergebeugt hin, lassen Sie den Kopf hängen und denken Sie an etwas Trauriges oder Enttäuschendes. Sie werden rasch spüren, wie Ihr Herz schwer wird, die Stimmung sich eintrübt und die Lebensfreude verschwindet.
2. Richten Sie sich dann bewusst auf, heben Sie Ihren Kopf, nehmen Sie die Schultern nach hinten, richten Sie den Blick nach oben und lächeln Sie.
3. Denken Sie an ein schönes Erlebnis aus dem letzten Urlaub oder an eine angenehme Begegnung mit einem lieben Menschen.
4. Genießen Sie die Lebensfreude, die Sie nun durchströmt, spüren Sie Ihre Kraft und Zuversicht.
5. Vergleichen Sie, wie sich Ihr Körpergefühl durch Körperhaltung und Gedanken verändert.

Entscheiden Sie sich im Alltag immer wieder bewusst für positive Gedanken und eine Haltung der Lebensfreude. Denn auch wenn Sie gerade nicht gut drauf sind – Ihr Körper reagiert auf Ihre positiven Gedanken und Ihre kraftvolle Körperhaltung mit der Ausschüttung von Glückshormonen und dem Abbau von Stresshormonen.

Die Entscheidungsfreiheit vergrößern

Jeder Mensch trägt ein Handlungsmuster aus der Steinzeit in seinem genetischen Code: Sobald ein als bedrohlich empfundener Reiz auf ihn wirkt, schaltet sich das archaische Kampf-oder-Flucht-Programm ein, das ihm hilft, sich zu wehren oder in Sicherheit zu bringen. Sein Körper bereitet sich auf Kampf oder Flucht vor, indem sich der Herzschlag erhöht und die Muskulatur anspannt. Das alles passiert in Sekundenbruchteilen und bedarf keiner bewussten Entscheidung. Denn wenn sich der Steinzeitmensch hätte überlegen müssen, wie er sich kampf- oder fluchtbereit machen kann, hätte ihn der Säbelzahntiger längst aufgefressen. In der heutigen Zeit sind Säbelzahntiger zum Glück ausgestorben und lebensbedrohliche Situationen selten geworden. Dennoch gibt es viele Situationen, in denen Sie unter Druck geraten, sich bedroht und gestresst fühlen oder Angst bekommen. Dazu gehören nicht zuletzt auch Situationen, in denen Sie kritisiert, abgewertet oder gekränkt werden. Ganz unbewusst schaltet sich bei solchen Gelegenheiten Ihr Kampf-oder-Flucht-Programm (ergänzt durch den Totstellreflex) ein und Ihr Handlungsspielraum ist begrenzt: Sie können sich wehren, fliehen oder sich tot stellen. Auch innere Kritik oder Abwertung kann dieses Steinzeitprogramm aktivieren.

Um eine bewusste Handlungsentscheidung treffen zu können, brauchen Sie zwischen Reiz und Reaktion einen kurzen Moment der Reflexion (siehe Abbildung 1.1).

Abbildung 1.1: Reiz – Reflexion – Reaktion

Dadurch unterbrechen Sie das Muster und eröffnen sich neue Spielräume. Der Dialog mit dem inneren Kritiker eröffnet Ihnen genau diese Chance: Sie halten kurz inne, nehmen die innere Kritik wahr und hinterfragen sie. Anschließend können Sie Ihre Handlungsoptionen prüfen, Ihre Gedanken fokussieren, Ihre Gefühle analysieren und sich bewusst entscheiden, wie es weitergeht.

Denken, Fühlen und Handeln stehen in ständiger Wechselwirkung: Ihre Gedanken beeinflussen, wie Sie fühlen und handeln; Ihre Gefühle verändern, wie Sie denken und handeln; Ihre Taten nehmen Einfluss darauf, wie Sie fühlen und denken. Sie können Ihr Denken, Fühlen und Handeln aktiv regulieren, modifizieren und umlenken. Übernehmen Sie bewusst Verantwortung für Ihre Gedanken, Gefühle und Handlungen!

Der innere Kritiker, insbesondere in seiner nörgelnden oder vernichtenden Erscheinungsform, setzt Sie unter Stress und aktiviert Ihr Kampf-oder-Flucht-Programm. Ihr Blick verengt sich, Sie werden von negativen Gefühlen überflutet und können nicht mehr klar denken. Sie ziehen sich zurück, trauen sich nichts mehr zu, halten sich für wertlos und ohnmächtig. Wenn Sie lernen, diesen Automatismus zu unterbrechen und die innere Kritik zu reflektieren, eröffnen Sie sich ungeahnte Handlungsmöglichkeiten. Sie befreien sich von Zuschreibungen, Glaubenssätzen und Projektionen, lernen sich zunehmend besser kennen und gewinnen innere Freiheit.

IN DIESEM KAPITEL

- Selbstreflexion positiv gestalten
- Die Macht übernehmen
- Sich selbst verstehen und wertschätzen
- Im Hier und Jetzt eigene Maßstäbe setzen

Kapitel 2
Umgang mit dem inneren Kritiker

Der innere Kritiker meldet sich in unterschiedlichen Alltagssituationen immer wieder bei Ihnen. Manchmal sind seine Anmerkungen hilfreich, nicht selten bewirken sie jedoch, dass Sie sich schlecht fühlen. In diesem Kapitel lernen Sie, wie Sie innere Dialoge künftig aktiv gestalten und den inneren Kritiker direkt adressieren können. Ich erläutere, wie Sie gut gemeinte Absichten des inneren Kritikers auf freundlichere Weise formulieren können. Außerdem lade ich Sie dazu ein, Ihre Bewertungsmaßstäbe zu hinterfragen und weniger streng mit sich zu sein.

Innere Dialoge führen

Das menschliche Gehirn verarbeitet den ganzen Tag Sinnesreize, um Handlungsoptionen abzuleiten, die das Überleben des Einzelnen sichern sollen. Das Gehirn unserer Vorfahren hat sich vor allem auf diejenigen Reize konzentriert, die Bedrohungen angekündigt haben. In unserer modernen Zeit ist das Leben nicht mehr ständig in Gefahr, daher bleibt viel Raum, um sich auf die unterschiedlichsten Reize einzulassen.

Die Reizverarbeitung wird quasi von einer Tonspur begleitet: von den Gedanken. Alles, was Sie denken, baut aufeinander auf – aus jedem Gedanken entwickeln sich weitere, Sie kommen also sozusagen »vom Hölzchen aufs Stöckchen«. Beeinflusst werden die Gedanken von den in Ihrem Gedächtnis und in Ihrem Unbewussten abgespeicherten Eindrücken und Erlebnissen, Lernerfahrungen und Prägungen.

Oft fühlt es sich so an, als kämen die Gedanken von allein und als hätten Sie keinen Einfluss auf sie. Das ist jedoch ein Trugschluss – denn Sie denken aktiv und können Ihre Gedanken zu jedem Zeitpunkt bewusst verändern. Das ist ein bisschen mühsam und erfordert Training, wenn Sie altbewährte Denkmuster verlassen und neue Gedanken denken möchten. Aber es ist eine große Chance, um Ihren Umgang mit sich selbst zu verbessern.

Machen Sie sich klar, dass Ihr Denken ein bewusster Prozess ist, also nicht »Es denkt mich«, sondern »Ich denke«. Sie können Ihre Gedanken hinterfragen, verändern oder ihnen eine andere Richtung geben. Diese Erkenntnis hilft Ihnen, künftig aktiv Einfluss auf Ihren inneren Kritiker zu nehmen.

Manche Gedanken oder Gedankenketten richten sich als innerer Dialog an Sie selbst: Sie sprechen sich Mut zu, erinnern sich aktiv an etwas, fordern sich zum Handeln auf, loben oder kritisieren sich. Achten Sie einmal darauf, wie Sie mit sich selbst sprechen:

- ✔ Reden Sie sich mit Ihrem Vornamen an? (»Gut gemacht, Martin!«)
- ✔ Nutzen Sie im inneren Dialog Ihren Nachnamen? (»Oh nein, Frau Meier, schon wieder was vergessen!«)
- ✔ Oder sprechen Sie innerlich in der dritten Person, möglicherweise sogar mit Schimpfworten, über sich? (»Wie peinlich, immer redet diese blöde Kuh dummes Zeug« oder allgemeiner: »Wie dumm kann man sich anstellen …«)

Vielleicht adressieren Sie sich in unterschiedlichen Situationen auf verschiedene Weise. Prüfen Sie, ob bestimmte Selbstansprachen überwiegend positiv sind (vielleicht immer dann, wenn Sie Ihren Vornamen nutzen), während andere Anreden (beispielsweise mit Nachnamen oder Schimpfworten) negativ getönt sind. So erhalten Sie einen ersten Ansatzpunkt, um Ihren inneren Dialog zu verändern. Sie könnten sich beispielsweise angewöhnen, auch kritische oder negative Ansprachen freundlicher zu verpacken, indem Sie Ihren Vornamen oder ein Kosewort benutzen: »Ach Schätzchen, das war jetzt keine gute Idee!« klingt auf jeden Fall angenehmer als »Meine Güte, dieser Idiot hat völlig bescheuerte Einfälle«.

In Kapitel 1 stelle ich drei Erscheinungsformen des inneren Kritikers vor: den konstruktiven, den nörgelnden und den vernichtenden Kritiker. Prüfen Sie, ob diese verschiedenen Kritiker bei Ihnen unterschiedliche Stimmen und Ansprachen haben. Vielleicht erkennen Sie den konstruktiven Kritiker daran, dass er Ihren Vornamen nutzt, während der nörgelnde Kritiker Sie mit Nachnamen anspricht und der vernichtende Kritiker in der dritten Person über Sie herzieht.

Je aufmerksamer Sie Ihre Gedanken verfolgen, desto klarer können Sie erkennen, wann und wie der innere Kritiker aktiv wird und Ihr Handeln, Ihre Umgebung oder Ihre Person kommentiert.

Den Kritiker direkt ansprechen

Durch die Selbstreflexion kommen Sie zunehmend in Kontakt mit Ihren inneren Anteilen und lernen sie besser kennen. Vielleicht fällt Ihnen auf, dass in bestimmten Alltagssituationen ein Persönlichkeitsanteil die Führung übernimmt, der durch äußere oder innere Trigger aktiviert wurde, mit der Situation aber überfordert ist. Beispielsweise könnte der Polizist, der Sie in einer Verkehrskontrolle anhält, Sie an Ihren strengen Vater erinnern und Ihr kindliches Ich aktivieren. Prompt schauen Sie den Polizisten unterwürfig an, fühlen sich ertappt und kommen ins Stottern. Halten Sie kurz inne, atmen Sie ruhig ein und machen Sie sich bewusst, dass Sie erwachsen sind und schon lange Auto fahren. Vielleicht handelt es sich nur um eine Routinekontrolle – schauen Sie den Polizisten freundlich an und holen Sie in aller Ruhe Ihren Führerschein und die Autopapiere aus der Tasche. So können Sie Ihr kindliches Ich beruhigen (gerne mit einem inneren Kommentar wie: »Ganz ruhig, ich hab's im Griff!«) und als erwachsene Gesamtpersönlichkeit adäquat auf die Situation reagieren.

Ähnlich verhält es sich mit dem Dialog mit Ihrem inneren Kritiker. Denn er kann in Ihnen bestimmte Persönlichkeitsanteile triggern, die durch die Kritik entmutigt, traurig, verzweifelt oder handlungsunfähig werden. Wenn diese Persönlichkeitsanteile mit ihren Emotionen dann in den Vordergrund treten, können Sie nicht mehr klar denken, fühlen und handeln. Stattdessen verfallen Sie in ein Muster, das Sie stresst und ohnmächtig macht.

Der innere Kritiker ist nur dann mächtig, wenn Sie ohnmächtig sind. Im Dialog mit dem inneren Kritiker geht es also vor allem darum, sich die Macht zurückzuerobern und handlungsfähig zu bleiben.

Wenn Sie im Alltag spüren, dass Ihr nörgelnder oder vernichtender innerer Kritiker aktiv wird und Sie niedermacht, nehmen Sie sich einen Moment Zeit, richten Ihre Aufmerksamkeit nach innen und sprechen den Kritiker direkt an:

- ✔ Sagen Sie Ihrem inneren Kritiker, dass Sie ihn gehört haben.
- ✔ Fragen Sie ihn, was er gerade erreichen möchte oder worum es konkret geht.
- ✔ Teilen Sie ihm mit, dass Sie seinen Ton nicht in Ordnung finden.
- ✔ Stellen Sie klar, dass Sie sein Anliegen in Ruhe prüfen und eine Entscheidung treffen werden.

- ✔ Bleiben Sie bewusst in Ihrer erwachsenen Gesamtpersönlichkeit aktiv und setzen Sie sich mit der aktuellen Situation auseinander.

Durch diese direkte Ansprache unterbrechen Sie unbewusste, automatisch ablaufende Gedanken- und Handlungsmuster und bekommen die Chance, Ihr Leben bewusst zu gestalten. Sie distanzieren sich Schritt für Schritt von Ihrem nörgelnden oder vernichtenden Kritiker und können als Persönlichkeit wachsen und sich entfalten.

Funktionale Persönlichkeitsanteile aktivieren

Welche Ihrer Persönlichkeitsanteile erscheinen Ihnen besonders hilfreich?

- ✔ **Ihr mutiger Anteil**, der sich etwas zutraut,
- ✔ **Ihr geschäftstüchtiger Anteil**, der für Sie das Beste rausholt,
- ✔ **Ihr empathischer Anteil**, der viel Verständnis hat und sich in Sorgen und Nöte einfühlen kann,
- ✔ **Ihr humorvoller Anteil,** der auch in schwierigen Situationen noch irgendetwas Skurriles oder Lustiges sieht.

Diese Persönlichkeitsanteile sind funktional, also lösungsorientiert und unterstützend. Im Gegensatz dazu ist der innere Kritiker oft dysfunktional, also eher lähmend und abwertend.

Sie sind als Gesamtpersönlichkeit Chef aller Anteile und können sich angewöhnen, aktiv Ihre funktionalen Persönlichkeitsanteile anzusprechen. Fokussieren Sie sich in schwierigen Situationen auf diejenigen Anteile, die Sie gut kennen und die möglichst robust sind. Führen Sie diese Anteile ins Feld, wenn der innere Kritiker laut wird, und gestalten Sie eine innere Konferenz, um gute Lösungen zu finden. Lassen Sie dabei alle Anteile zu Wort kommen.

BEISPIEL

Antonia Schiller wurde von ihren Eltern dazu erzogen, stets Rücksicht auf andere zu nehmen und keine Fehler zu machen. Ihr innerer Kritiker ist oft barsch und streng, wodurch sie sich klein und dumm fühlt. Wenn Antonia in ihrem Beruf als Stadtverwaltungsangestellte mit einem fordernden Bürger zu tun hat, reagiert sie oft eingeschüchtert und glaubt, sich rechtfertigen zu müssen. Antonia hat aber auch einen fürsorglichen inneren Anteil, der durch ihre Patentante geprägt wurde: Dieser Anteil hat Verständnis und kann trösten. Durch intensive Auseinandersetzung sowohl mit ihrem inneren Kritiker als auch mit dem funktionalen Persönlichkeitsanteil lernt Antonia, in herausfordernden Situationen ruhig zu bleiben und ihren Standpunkt freundlich, aber bestimmt zu vertreten. Dabei aktiviert sie ganz bewusst ihren fürsorglichen inneren Anteil, der sowohl ihren eigenen Stress als auch die Nöte ihres Gegenübers erkennt. So kommt sie mit den Anliegen ihrer Kundschaft besser zurecht und nimmt den Druck, den manche Bürger ihr machen, nicht mehr persönlich.

Suchen Sie sich zwei oder drei besonders hilfreiche innere Anteile heraus, die Sie pflegen und kultivieren. Diese Anteile werden künftig Ihre Beschützer sein, wenn der innere Kritiker wieder einmal besonders nörgelnd oder vernichtend auftritt.

Akzeptanz für die Individualität

Wichtig in der Auseinandersetzung mit den eigenen Persönlichkeitsanteilen ist, dass Sie sich so akzeptieren, wie Sie sind. Versuchen Sie nicht, sich auf links zu drehen oder bestimmte Anteile zu unterdrücken. Das klappt sowieso nicht; Sie würden also nur Energie verschwenden. Sie sind mit einem bestimmten Temperament und definierten Charaktereigenschaften zur Welt gekommen und wurden durch Ihre Erziehung geprägt.

Nehmen Sie sich an – sagen Sie sich immer wieder, dass Sie völlig okay sind, wie Sie eben sind.

Das heißt natürlich nicht, dass Sie sich nicht weiterentwickeln können und sollen. Doch aus einer Haltung der Selbstakzeptanz heraus ist die Persönlichkeitsentwicklung konstruktiver und wirksamer als aus einer Haltung der Selbstverurteilung.

Abhängig von Ihrer Offenheit, Gewissenhaftigkeit, Wendung nach außen, Verträglichkeit und emotionalen Stabilität sind Ihre unterschiedlichen inneren Anteile individuell ausgeprägt. Sind Sie beispielsweise besonders gewissenhaft und zurückhaltend, werden Sie vermutlich kaum risikofreudige oder sprunghafte innere Anteile haben. Das ist völlig in Ordnung – konzentrieren Sie sich beispielsweise auf Ihre akribischen und verlässlichen Anteile, die Ihnen dabei helfen können, in Beruf und Privatleben Probleme zu lösen und zwischenmenschliche Beziehungen zu pflegen.

Die »Big Five« der Persönlichkeit: Das OCEAN-Modell

Persönlichkeitsforscher haben herausgefunden, dass fünf Faktoren gut geeignet sind, um eine Persönlichkeit zu charakterisieren (Fünf-Faktoren-Modell der Persönlichkeit). Diese Faktoren oder Eigenschaften werden »Big Five« genannt oder als englisches Akronym *OCEAN* abgekürzt:

- ✔ Offenheit für Erfahrungen (***o**penness*)
- ✔ Gewissenhaftigkeit (***c**onscientiousness*)
- ✔ Wendung nach außen (***e**xtraversion*)
- ✔ Verträglichkeit (***a**greeableness*)
- ✔ emotionale Stabilität (***n**euroticism*)

Die Begrifflichkeit des Fünf-Faktoren-Modells ist je nach Autor unterschiedlich – die emotionale Stabilität wird oft auch mit »Selbstsicherheit« oder »Neurotizismus« bezeichnet, die Wendung nach außen »Extraversion« oder »Begeisterungsfähigkeit«.

Jeder dieser Faktoren stellt eine Dimension dar, die bei jedem Menschen unterschiedlich stark ausgeprägt ist. Hilfreich sind daher Adjektive, die die Spannweite der einzelnen Dimensionen charakterisieren:

- ✔ Offenheit für Erfahrungen: neugierig versus vorsichtig
- ✔ Gewissenhaftigkeit: genau versus nachlässig
- ✔ Wendung nach außen (Extraversion): gesellig versus zurückhaltend
- ✔ Verträglichkeit: umgänglich versus streitlustig
- ✔ emotionale Stabilität (Neurotizismus): selbstsicher versus verletzlich

Einen Big-Five-Test in deutscher Sprache finden Sie im Internet unter `de.outofservice.com/bigfive/`.

Wohlwollender Umgang mit sich selbst

Vielen Menschen fällt es nicht schwer, Verständnis für ihre Mitmenschen zu zeigen, ihre Fehler zu akzeptieren und sie wohlwollend zu unterstützen. Insbesondere wenn es sich um Verwandte, Freunde, Bekannte oder vertraute Arbeitskollegen handelt, ist der Umgang mit anderen oft von Einfühlungsvermögen und

Nachsicht geprägt. Warum sind viele Menschen dann so streng mit sich selbst und erwarten viel zu viel von sich?

Die Gründe dafür sind vielfältig:

- ✔ Überbetonung von Bescheidenheit
- ✔ Perfektionismus
- ✔ unrealistische Erwartungen an sich selbst
- ✔ fehlender Selbstwert
- ✔ Prägungen aus der Kindheit
- ✔ Vergleich mit anderen
- ✔ psychische Störungen wie Depression, Angst, Traumafolgestörung oder Aufmerksamkeitsdefizit-Hyperaktivitätsstörung (ADHS)

Prüfen Sie, ob Sie Ihre Ansprüche an sich selbst anpassen können, um ein realistischeres Bild von sich selbst zu entwickeln. Bedenken Sie auch, dass Sie nur gut für andere sorgen können, wenn Sie auch gut für sich selbst sorgen. Vergleichen Sie sich nicht ständig mit anderen, sondern konzentrieren Sie sich auf Ihre Stärken, Fähigkeiten und Talente.

In meinem Buch *Selbstfürsorge für Dummies* stelle ich ein umfassendes Programm vor, das Ihnen dabei helfen kann, Zeit für sich zu finden und sich selbst Gutes zu tun. Sie lernen, Ihre Bedürfnisse besser zu erkennen und Grenzen zu setzen.

Wenn Ihr innerer Kritiker mal wieder besonders streng mit Ihnen ist, besinnen Sie sich darauf, wie Sie in einer vergleichbaren Situation mit einer guten Freundin umgehen würden: Wären Sie genauso vernichtend oder vorwurfsvoll mit ihr, wie Ihr innerer Kritiker mit Ihnen umgeht? Vermutlich nicht – also könnten Sie doch auch mit sich selbst freundlich, verständnisvoll und unterstützend umgehen, oder? Aktivieren Sie Ihre empathischen inneren Anteile und entmachten Sie den inneren Kritiker.

Die Absicht des Kritikers verstehen

Auch wenn es kaum zu glauben ist – der innere Kritiker meint es gut mit Ihnen. Er schießt aber leider oft über das Ziel hinaus und setzt Sie unter viel zu großen Druck oder wertet Sie ab. Verständlich wird dies, wenn Sie sich vor Augen führen, dass der innere Kritiker in Ihrer Kindheit und Jugend geprägt wurde: Sie mussten sich in Ihrer Ursprungsfamilie zurechtfinden, die Erwartungen Ihrer Eltern und Lehrer erfüllen, Leistung erbringen, Aufmerksamkeit heischen und sich an die äußeren Umstände anpassen. Der innere Kritiker hat diese Erfahrungen verinnerlicht und versucht, Sie auf der »richtigen« Spur zu halten, auch wenn sich Ihre Lebenssituation inzwischen verändert hat und Sie nicht mehr das hilflose Kind, sondern ein gestandener Erwachsener sind.

Ihr innerer Kritiker ist oft im falschen Film unterwegs und befürchtet, dass Sie ohne seine Kritik anecken, sich blamieren oder gar scheitern würden. Darum ist er wachsam und nicht selten gnadenlos.

Machen Sie sich bewusst, dass für das Hier und Jetzt andere Regeln gelten als für das Dort und Damals. Sie sind nicht mehr auf Gedeih und Verderb abhängig vom Wohlwollen Ihrer Bezugspersonen, sondern gestalten Ihren Lebensweg verantwortungsbewusst selbst. Sie definieren Ihre eigenen Ziele, vertreten Ihre eigene Meinung, haben sich einen Wertekanon erarbeitet und haben persönliche Prioritäten. Ihr innerer Kritiker kann Sie dabei unterstützen, indem er Sie konstruktiv begleitet und selbstkritisch hinterfragt. Wenn er allerdings nur nörgelt oder auf Ihnen herumhackt, ist er nicht hilfreich, sondern schwächend.

Versuchen Sie, in den verschiedensten Alltagssituationen die Absichten Ihres inneren Kritikers zu erkennen:

- ✔ Will er Sie vor Fehlern bewahren?
- ✔ Möchte er Ihnen eine Peinlichkeit ersparen?
- ✔ Sieht er eine Gefahr im Umfeld?
- ✔ Will er Sie anspornen?
- ✔ Befürchtet er, dass Sie sich oder anderen schaden könnten?
- ✔ Möchte er Sie an etwas erinnern?
- ✔ Will er Ihnen helfen, Ihren Platz zu behaupten?
- ✔ Ist er besorgt, dass Sie etwas übersehen haben könnten?

Wenn Sie eine solche oder ähnliche grundsätzlich gute Absicht erkennen, geht es darum, die innere Kritik zu modifizieren, um sie besser verdaulich zu machen.

Legt Ihr innerer Kritiker es ausschließlich darauf an, Sie klein oder mundtot zu machen, abzuwerten oder zu verunsichern, dann könnte dies auf eine psychische Störung hinweisen. Vielleicht haben Sie Depressionen, Ängste, eine posttraumatische Belastungsstörung, eine Persönlichkeitsstörung oder eine Entwicklungsstörung. Suchen Sie professionelle Hilfe bei einem Psychiater oder einer Psychotherapeutin.

Die innere Kritik modifizieren

Selbstkritik ist bedeutsam, um sich weiterzuentwickeln, Neues zu lernen und die Komfortzone verlassen zu können. Wenn Ihr innerer Kritiker zumeist konstruktiv, freundlich und verständnisvoll ist, sind Sie bereits auf dem richtigen Weg. Nehmen Sie hingegen häufiger auch den nörgelnden oder den vernichtenden inneren Kritiker wahr, können Sie versuchen, diese inneren Anteile zu verändern. Hilfreich dafür ist ein Perspektivwechsel:

- ✔ Wenn Sie wohlwollend auf die Situation und auf sich selbst schauen, was erkennen Sie?
- ✔ Wenn nicht Sie, sondern ein guter Freund in dieser Situation wäre, wie würden Sie reagieren?
- ✔ Wenn Sie Distanz zur aktuellen Situation gewinnen und überlegen, wie Sie in einem Monat oder in fünf Jahren darüber denken werden, könnte sich die innere Kritik verändern?
- ✔ Welche Maßstäbe legt Ihr innerer Kritiker an und sind diese gerechtfertigt?
- ✔ Können Sie aus der Situation etwas lernen?

Auf diese Weise können Sie aus vernichtender Kritik möglicherweise konstruktive Kritik machen. Sie könnten die Aufmerksamkeit des inneren Kritikers nutzen, um mehr über sich zu lernen und neue Sichtweisen zu entwickeln.

Für Erich Franken ist es unerträglich, wenn er jemandem einen Rat gibt und diese Person den Rat nicht befolgt. Sein innerer Kritiker tobt: »Du hast mal wieder völligen Blödsinn geredet, deine Sicht auf die Dinge ist total daneben und niemand will von dir irgendwelche Ratschläge hören, weil du so ein Hinterwäldler bist.« Hintergrund dieser vernichtenden inneren Kritik ist die Erfahrung, dass Erich als jüngstes von drei Kindern in seiner Familie immer »der Kleine« war, dessen Meinung wenig zählte. Er fühlte sich nicht gesehen, wertlos und überflüssig. Dieses Gefühl wird getriggert, wenn ein Arbeitskollege oder ein Freund seine Ratschläge ignoriert. Die Absicht des vernichtenden inneren Kritikers ist es, Erich vor solchen Situationen zu schützen. Allerdings sorgt die vernichtende innere Kritik dafür, dass Erich sich noch kleiner und dümmer fühlt. Im inneren Dialog mit dem Kritiker stellt er fest, dass die überschießende Kritik insbesondere dann laut wird, wenn er anderen Menschen ungefragt Ratschläge gibt. Er erkennt, dass die meisten seiner Mitmenschen Ratschläge nur dann annehmen, wenn sie darum gebeten haben. Er nimmt sich vor, in Zukunft nur dann Tipps zu geben, wenn er danach gefragt wird. Auf ungebetene Ratschläge verzichtet er bewusst – und in seinem Inneren wird es ruhiger.

Künftig könnte Ihr innerer Kritiker eine neue Rolle in Ihrem inneren Team spielen: Er könnte der Warner, der Mahner, der Aufmerksame, der Detektiv oder der Berater werden. Wichtig ist, dass Sie ihn immer wieder einem Realitätscheck unterziehen und ihn daran erinnern, mit Ihnen genauso wohlwollend umzugehen, wie Sie mit Ihren Liebsten umgehen.

Den richtigen Ton treffen

»Der Ton macht die Musik« bedeutet: Um im Gespräch ein bestimmtes Ziel zu erreichen, kommt es nicht nur darauf an, was man sagt, sondern auch, wie man es sagt. Eine unfreundlich oder anklagend vorgetragene Kritik kommt beim Gegenüber weniger gut an als ein wohlwollender, konstruktiver Hinweis. So funktioniert auch der Dialog mit dem inneren Kritiker: Wenn er Sie beschimpft, können Sie seine wohlmeinende Absicht nicht erkennen, sondern fühlen sich schlecht und verkriechen sich. Versuchen Sie, Ihren inneren Kritiker davon zu überzeugen, dass er seine Hinweise künftig freundlich und zielführend formuliert.

Da der innere Kritiker ein Teil Ihrer Persönlichkeit ist, geht es also darum, dass Sie lernen, anders mit sich selbst umzugehen. Achten Sie einmal bewusst darauf, wie Sie mit sich sprechen und wann Ihre Selbstgespräche besonders destruktiv oder negativ sind:

- ✔ Wie reden Sie mit sich, wenn Sie im Stress sind oder unter äußerem Druck stehen?
- ✔ Welche Trigger bewirken, dass Sie sich abwerten?
- ✔ In welchen Situationen wird Ihr vernichtender Kritiker aktiv?
- ✔ Welche Worte benutzt Ihr innerer Kritiker, um Sie abzuwerten?
- ✔ An welche realen Situationen erinnert Sie die innere Kritik?

Nehmen Sie sich vor, künftig mehr positive Selbstgespräche zu führen und die negativen inneren Dialoge zu stoppen. Dafür brauchen Sie Zeit und Geduld – Selbstreflexion ist Übungssache!

Hinterfragen Sie Ihre innere Kritik und formulieren Sie sie gegebenenfalls um. Überlegen Sie, ob die Kritik der Wahrheit entspricht oder irrational ist. Finden Sie Affirmationen, also kraftvolle positive Aussagen, die Ihren Selbstwert stärken. Stellen Sie sich vor, wie Sie Ihrem inneren Kritiker mit Selbstbewusstsein und Überzeugung begegnen können. Hilfreiche innere Formulierungen sind beispielsweise:

- ✔ Ich darf Fehler machen und lerne daraus.
- ✔ Ich bin gut so, wie ich bin.
- ✔ Ich bin stark und weiß, was ich will.
- ✔ Ich glaube an mich.
- ✔ Ich entwickele mich weiter und kann alles erreichen, was mir wichtig ist.

Prüfen Sie, ob Sie sich diese Formulierungen aneignen können. Bedeutsam ist dabei, dass Sie sich selbst Glauben schenken und Ihre Affirmationen ernst nehmen. Wenn der innere Kritiker weiterschimpft, bleiben Sie in Ihrem inneren Dialog und versuchen, die kritische Stimme zu beruhigen. Manchmal gerät der innere Kritiker grundlos in Panik oder Aufregung. Dann braucht er vielleicht selbst Unterstützung durch einen anderen, erwachseneren Persönlichkeitsanteil.

Achten Sie auf die Feinheiten, wenn Sie mit sich selbst sprechen. Es hat eine ganz andere Wirkung nach innen, wenn Sie statt »Das ist schwer« künftig sagen: »Das ist nicht leicht, aber vielleicht machbar.« Die Formulierung »Das schaffe ich sowieso nicht« könnten Sie ersetzen durch: »Ich werde mich anstrengen und versuchen, es zu schaffen.«

Bewertungsmaßstäbe hinterfragen

Wer Kritik übt, legt Bewertungsmaßstäbe an einen Menschen, ein Ding, eine Situation oder eine Handlung an und beurteilt den Gegenstand seiner Kritik. Es handelt sich bei Kritik also um den Abgleich zwischen »Soll« und »Ist«. Es bedarf des Urteilsvermögens, um Kritik üben zu können. Kritik kann positiv, neutral oder negativ ausfallen.

Um sich mit Ihrem inneren Kritiker auseinanderzusetzen, sollten Sie Ihre inneren Bewertungsmaßstäbe gut kennen:

- ✔ Was halten Sie für gut, richtig, wertvoll, erstrebenswert?
- ✔ Welches Bild haben Sie von sich, von der Welt und von Ihrer Zukunft?
- ✔ Nach welchen Kriterien bewerten Sie sich?

Überlegen Sie sich anhand konkreter Beispiele, ob Ihre Bewertungsmaßstäbe realistisch sind und Ihrer aktuellen Weltanschauung entsprechen. Vielleicht sind einige Maßstäbe überholt, andere zu streng und wieder andere gehören überhaupt nicht zu Ihrem persönlichen Wertekanon.

Wenn Sie aufmerksam hinterfragen, welche Auswirkungen Ihre verschiedenen Bewertungskriterien und -maßstäbe aktuell auf Sie haben, werden Sie vielleicht feststellen, dass einige Sie stark unter Druck setzen, verunsichern, beängstigen oder Ihr Selbstwertgefühl untergraben. Solche Maßstäbe sind offensichtlich nicht hilfreich, sondern überzogen oder fehlgerichtet.

Versuchen Sie, Ihre Bewertungsmaßstäbe so zu gestalten, dass sie Ihnen helfen und Sie unterstützen:

- ✔ Erwarten Sie nichts Unmögliches von sich, sondern passen Sie Ihre Vorstellungen an die Realität an.
- ✔ Unterziehen Sie Ihre Maßstäbe regelmäßig einer Überprüfung im Hinblick auf ihre Alltagstauglichkeit.
- ✔ Konzentrieren Sie sich auf die Kriterien, die für Ihre Lebensrealität bedeutsam sind und Sie voranbringen.
- ✔ Verabschieden Sie sich von Bewertungen, die für Ihr Wesen und Sein unwichtig oder gar hemmend sind.

BEISPIEL

Leah Schneider ist in einem kleinen Dorf aufgewachsen und hat gelernt, sich anzupassen und nicht aufzufallen. Zum Studium ist sie bewusst in eine Großstadt gezogen, um sich entfalten zu können und Neues auszuprobieren. Sie bemerkt jedoch, dass ihr innerer Kritiker heftig auf alles reagiert, was den Regeln ihres früheren Umfelds entgegenläuft. Wenn sie modische Kleidung trägt, sagt ihr innerer Kritiker: »Du siehst aus wie ein Flittchen!« Trifft sie sich mit männlichen Kommilitonen, warnt sie der Kritiker: »Männer wollen nur das eine – lass niemanden an dich ran!« Und die Seminare, die sie neben ihrem Pflichtprogramm belegt, kommentiert der innere Kritiker: »Das schaffst du sicher alles nicht, bleib lieber bei dem, was du kannst.« Leah ist verunsichert und fragt sich, ob sie sich zu viel vorgenommen hat. Bei intensiver Selbstreflexion stellt sie fest, dass der innere Kritiker genauso klingt wie ihre Mutter. Sie erinnert sich daran, dass sie die heimische Sicherheit mit voller Absicht verlassen hat, um sich weiterentwickeln zu können. Wenn sich künftig ihr innerer Kritiker meldet, beruhigt sie ihn und erklärt ihm die neue Realität: Sie ist eine verantwortungsbewusste Studentin, möchte das Leben kennenlernen und sich ausprobieren. Dazu gehört auch, manches falsch zu machen und Unbekanntes zu versuchen. »Ich werd's schon schaffen«, lautet ihre neue Affirmation.

Ressourcen fördern, Stärken ausbauen

In unserer Gesellschaft ist es weitverbreitet, Schwächen und Fehler in den Vordergrund zu stellen. Soziale Medien zeigen, wie der Einzelne sein sollte: schöner, schneller, erfolgreicher, interessanter, begehrter, reicher, entspannter, sportlich, schlanker, durchsetzungsfähiger und so weiter. Der Trend geht hin zu Selbstoptimierung, indem Fehler ausgemerzt und Schwächen bearbeitet werden. Dies ist das Feld vieler innerer Kritiker, denn es gibt immer jemanden, der etwas besser kann als man selbst. Verabschieden Sie sich von diesem Wettlauf und konzentrieren Sie sich auf Ihre Stärken. Denn das, was Sie gut können und gerne tun, ist Ihr Werkzeug für Ihre Lebensgestaltung. Je entspannter und zuversichtlicher Sie sind, desto leichter wird es, Ziele zu erreichen und wirksam zu handeln.

Wenn Ihr innerer Kritiker sich auf Ihre Fehler, Schwächen oder Defizite konzentriert, braucht er einen Gegenspieler in Ihrem inneren Team, der Ihre Stärken und Ressourcen benennt und fördert.

Machen Sie sich auf die Suche nach Ihren größten Stärken, wichtigsten Fähigkeiten und wirksamsten Talenten. Denn Ihre Stärken beeinflussen Ihre Lebensfreude, Ihre zwischenmenschlichen Beziehungen, die Sinnstiftung in Ihrem Leben, Ihr persönliches Engagement und Ihren Erfolg. Ihre Stärken sind ein bedeutsamer Schatz, den Sie nutzen und vergrößern können.

Einen kostenlosen Test Ihrer Stärken finden Sie im Internet unter `www.charakterstaerken.org`. Mit dem Fragebogen »Values in Action« (VIA), der 240 Fragen umfasst, bekommen Sie Einblick in Ihr Stärkenprofil. Der Test wurde seit seiner Veröffentlichung im Jahre 2004 bereits von fast 30 Millionen Menschen ausgefüllt.

Je besser Sie Ihre Stärken kennen und sich Ihrer Ressourcen bewusst sind, desto überzeugender können Sie Ihrem inneren Kritiker gegenübertreten. Durch Ihre Selbstreflexion werden Sie Wege finden, den inneren Kritiker zu beruhigen und Frieden mit ihm zu schließen. Denn Ihr Ziel ist klar: Sie möchten ein glückliches, erfülltes Leben führen, Ihr Potenzial entfalten und etwas bewirken. Dieses Ziel verfolgt auch der innere Kritiker – allerdings auf eine manchmal wenig hilfreiche Weise. Je konstruktiver er wird, desto besser unterstützt er Ihr inneres Team. Nehmen Sie sich Zeit, mit dem inneren Kritiker ins Gespräch zu kommen und ihm Ihre Welt zu erklären. Alles, was früher galt, heute aber nicht mehr von Bedeutung ist, kann getrost ins Archiv gelegt und durch neue Maßstäbe, Regeln und Prioritäten ersetzt werden.

IN DIESEM KAPITEL

- Werte und Bindungsstil beeinflussen den inneren Kritiker
- Sich seinen Ängsten und Zweifeln stellen
- Die Selbstwirksamkeitserwartung erhöhen
- Freundliche innere Kommentare fördern

Kapitel 3
Der innere Kritiker als Freund

Wer als Kind von seinen Bezugspersonen wertschätzend und unterstützend begleitet wurde, hat es als Erwachsener leichter, aus Fehlern zu lernen und Missgeschicke zu akzeptieren. Waren die Eltern hingegen übermäßig anspruchsvoll, abwertend oder vernachlässigend, ist die eigene kritische innere Stimme im Erwachsenenalter zumeist auch eher negativ.

In diesem Kapitel erkläre ich, wie Sie das Echo der Stimme Ihrer Eltern oder Bezugspersonen in sich identifizieren, wie Sie innerlich mutig und stark werden und wie Sie schließlich Freundschaft mit Ihrem inneren Kritiker schließen können. Es ist Ihre Entscheidung, ob Sie freundlich oder streng mit sich selbst umgehen – lernen Sie, sich bewusst für Persönlichkeitsentfaltung, Wachstum und Potenzialentwicklung zu entscheiden.

Die Stimme der Eltern erkennen

Der innere Kritiker hat bei vielen Menschen die Stimme der Eltern oder engsten Bezugspersonen. Deren Werte, Maßstäbe und Normen werden durch die Erziehung vermittelt und prägen sich als Bewertungsmuster in die Persönlichkeit ein.

Jedes Mal, wenn Sie sich selbst bewerten – egal ob positiv oder negativ –, können Sie kurz innehalten und sich fragen: Woran erinnert mich die aktuelle Situation? Wenn Sie eine Erinnerung an Ihre Kindheit oder Jugend haben, führen Sie sich die Situation aus dem Dort und Damals vor Augen und vergleichen Sie sie mit der Situation im Hier und Jetzt: Was ist gleich, was ist anders? Sammeln Sie Informationen über Ihre Prägungen und machen Sie sich bewusst, dass Sie heute ein erwachsener, unabhängiger und entscheidungsfähiger Mensch sind. Das waren Sie im Dort und Damals wahrscheinlich noch nicht, sondern Sie waren vom Wohlwollen Ihrer Bezugspersonen abhängig. Im Hier und Jetzt übernehmen Sie die Verantwortung für sich!

Das Wertesystem reflektieren

Das eigene Wertesystem hat üblicherweise drei Quellen:

1. die von den Eltern direkt übernommenen Werte,
2. die in Abgrenzung von den Eltern ins Gegenteil verkehrten Werte und
3. die unabhängig von den Eltern erlernten und angenommenen Werte.

Wer in der Pubertät besonders rebellisch und aufmüpfig war, hat vermutlich mehr ins Gegenteil verkehrte als direkt übernommene Werte. Wer in der Jugend hingegen eher angepasst war oder in einer Familie aufgewachsen ist, in der ausführlich gemeinsam über Werte und Normen reflektiert wurde, hat möglicherweise viele Werte von den Eltern übernommen. Bezugspersonen außerhalb der Kernfamilie sind die Quelle der dritten Wertegruppe – dazu gehören Lehrer und Erzieher, Trainer, Seelsorger, Rollenvorbilder und Idole sowie Gleichaltrige (die sogenannte Peergroup).

Der Wertekanon ist nicht statisch, sondern entwickelt sich im Laufe des Lebens kontinuierlich weiter. In Schule, Ausbildung, Studium, Beruf und Freizeit gibt es immer wieder neue Impulse, um die eigenen Werte zu hinterfragen und anzupassen.

Reflektieren Sie Ihre Werte und prüfen Sie, in welche Wertegruppe sie gehören. In Tabelle 3.1 finden Sie eine Auflistung von Werten im Umgang mit sich, mit anderen und mit der Welt. Diese Liste kann Ihnen helfen, Ihre Werte zu identifizieren – ergänzen Sie, was Ihnen in der Liste fehlt!

Werte im Umgang mit sich selbst	Werte im Umgang mit anderen	Werte im Umgang mit der Welt
Ausdauer	Akzeptanz	Bescheidenheit
Fantasie	Authentizität	Beständigkeit
Freiheit	Dankbarkeit	Engagement
Gelassenheit	Ehrlichkeit	Fairness
Glaubwürdigkeit	Freundlichkeit	Gestaltungswille
Güte	Geduld	Höflichkeit
Humor	Großzügigkeit	Idealismus
Integrität	Hilfsbereitschaft	Kreativität
Lernfreude	Klarheit	Mut
Optimismus	Loyalität	Ordnung
Stolz	Nächstenliebe	Realismus
Verantwortung	Toleranz	Sorgfalt
Willenskraft	Treue	Verbindlichkeit
Zuversicht	Zurückhaltung	Wertschätzung

Tabelle 3.1: Werte im Umgang mit sich, mit anderen und mit der Welt

Überlegen Sie, welche Werte Ihnen bedeutsam erscheinen – vielleicht finden Sie drei bis fünf »Topwerte«, die für Ihre Lebensgestaltung besonders wichtig sind. Diese Werte können eine Richtschnur werden für den Umgang mit Ihrem inneren Kritiker, weil Sie seine Kritik abgleichen können mit Ihren Topwerten: Verlangt Ihr Kritiker etwas von Ihnen, was mit diesen Werten nicht in Einklang zu bringen ist, haben Sie ein erstes Werkzeug in der Hand, um in Dialog mit dem inneren Kritiker zu gehen.

BEISPIEL

Zu den Topwerten von Birgit Schneider gehören Lernfreude und Toleranz – zwei Werte, die sie in ihrer Jugend angenommen hat. Ihr innerer Kritiker wird jedoch immer aktiv, wenn Birgit sich mit den Angelegenheiten ihrer Freunde beschäftigt und sich für deren Sorgen und Konflikte interessiert: »Halt dich raus, das geht dich nichts an, wenn du dich einmischst, bekommst du nur Ärger!«, warnt die innere Stimme. Birgit erkennt, dass diese Haltung ein Echo der Werte ihrer Mutter ist, für die der Wert »Zurückhaltung« besondere Bedeutung hatte. Durch die Wertereflexion kann Birgit inzwischen dagegenhalten: »Mir sind meine Freunde wichtig, ich lerne von ihnen und kann mich weiterentwickeln, wenn ich zuhöre und helfe.«

Die Rolle des Bindungsstils

Die allermeisten Eltern sind ihren Kindern wohlgesinnt, wollen das Beste für ihren Nachwuchs und geben sich bei der Erziehung alle Mühe. Sie möchten ihre Kinder mit den Kompetenzen ausstatten, die aus ihrer Sicht für die Lebensgestaltung wichtig sind. Dabei folgen sie mehr oder weniger bewusst den Mustern, die sie selbst von ihren Eltern erlernt haben. Manchmal sind Eltern jedoch sehr mit sich und ihren eigenen Problemen beschäftigt, haben wenig Zeit und Ruhe für ihre Kinder oder denken kaum über die Bedürfnisse und Eigenarten der Kinder nach. Dies prägt den Bindungsstil und damit die seelische Verfassung eines Menschen:

- ✔ **Sicher gebunden:** Eine fürsorgliche, verlässliche Erziehung bewirkt, dass Menschen sich auf langfristige, enge zwischenmenschliche Beziehungen einlassen und diese aufrechterhalten können.
- ✔ **Unsicher-vermeidend gebunden:** Eine strenge, emotional distanzierte Erziehung führt dazu, dass Menschen Angst vor Bindung und Nähe haben. Sie können sich kaum fallen lassen, nehmen nicht gerne Hilfe an oder öffnen sich nicht.
- ✔ **Unsicher-ambivalent gebunden:** Wenn Eltern oft widersprüchliche Signale senden, wenig verlässlich sind oder ihre Kinder oft bestrafen, entwickeln Menschen Verlustangst, einen geringen Selbstwert und große Sehnsucht nach Bestätigung. Sie klammern sich an andere Menschen und können nur schlecht allein sein.
- ✔ **Desorganisiert gebunden:** Eltern, die psychisch krank sind oder ihre Kinder missbrauchen oder vernachlässigen, vermitteln keine Sicherheit. Menschen mit diesem Bindungstyp fehlt das Vertrauen in ihre Mitmenschen und in sich selbst. Sie wünschen sich zwar enge Beziehungen, können sich aber nicht darauf einlassen.

Der Bindungsstil hat Einfluss auf den inneren Kritiker: Unsicher oder desorganisiert gebundene Menschen haben eher einen nörgelnden oder vernichtenden inneren Kritiker, während Menschen, die ein sicheres Bindungsverhalten haben, eher einen konstruktiven inneren Kritiker in sich tragen. Wenn Sie sich Ihres Bindungsstils bewusst werden, können Sie lernen, aktiv gegenzusteuern, Ihr Selbstwertgefühl zu erhöhen und Ihre Bedürfnisse besser zu erkennen. Dadurch werden Sie künftige Beziehungen anders gestalten und im Umgang mit sich selbst verständnisvoller sein.

Unsichere oder desorganisierte Bindungsmuster können zu psychischen Störungen führen. Eine Psychotherapie kann helfen, diese Störungen zu überwinden und den Bindungsstil zu verändern. Insbesondere die Tiefenpsychologie beschäftigt sich mit den Auswirkungen der Erziehung auf die eigene seelische Verfassung.

Ängste und Zweifel überwinden

Ihr innerer Kritiker hat verschiedene Aufgaben:

- ✔ Er möchte Sie vor Fehlern bewahren.
- ✔ Er will Ihnen Peinlichkeiten ersparen.
- ✔ Er möchte Sie in Sicherheit bringen.
- ✔ Er will dabei helfen, dass Sie sich an Regeln halten, Erwartungen erfüllen und Leistung abliefern.

Wenn er diese Aufgaben konstruktiv und wohlwollend übernimmt, haben Sie vermutlich ein weitgehend entspanntes Verhältnis zu Ihrem inneren Kritiker. Ist er jedoch ein Dauernörgler oder ein wütender Vernichter, dann steht zu vermuten, dass er von Ihren inneren Ängsten und Zweifeln angetrieben wird und übers Ziel hinausschießt.

Versuchen Sie in Situationen, in denen sich Ihr innerer Kritiker nörgelnd oder vernichtend äußert, etwas innere Distanz zu gewinnen und zu erkennen, welche Angst oder welcher Zweifel den Kritiker aktiviert haben könnten:

- ✔ Angst vor Strafe
- ✔ Verlassens- oder Verlustangst
- ✔ Angst vor zu viel Nähe
- ✔ Angst vor Kränkung oder Verletzung
- ✔ Selbstzweifel
- ✔ Zweifel an der eigenen Meinung
- ✔ niedriges Selbstwertgefühl
- ✔ Zweifel, ob Ihnen etwas (Gutes) zusteht
- ✔ Zweifel an der Berechtigung Ihrer Bedürfnisse und Gefühle

Oft ist es schmerzhaft oder verunsichernd, sich seiner Ängste und Zweifel bewusst zu werden. Aber es ist hilfreich.

Je besser Sie benennen können, was Sie beängstigt oder zweifeln lässt, desto besser können Sie für sich sorgen. Sie werden innerlich stark und fassen Mut.

Nehmen Sie sich und Ihre Gefühle ernst, begegnen Sie sich liebevoll und signalisieren Sie Ihrem inneren Kritiker, dass Sie Verantwortung für sich übernehmen. Dann kann er sich beruhigen und Ihnen mehr Spielraum lassen.

Wege aus der Angst

Eine wichtige Erfahrung sagt: »Der Weg aus der Angst führt durch die Angst.«

Wenn Sie Ängste vermeiden, verleugnen oder verdrängen, werden sie leider immer größer. Setzen Sie sich mit Ihren Ängsten bewusst auseinander, können Sie sie überwinden.

Wie funktioniert das? Zunächst versuchen Sie, Ihre Angst so detailliert wie möglich zu beschreiben:

- ✔ Was wäre das Schlimmste, das passieren könnte?
- ✔ Welche Vorerfahrungen haben Sie?
- ✔ Was ist in vergleichbaren Situationen früher passiert?
- ✔ Was löst die Angst körperlich in Ihnen aus?

Versuchen Sie anschließend, Ihre Handlungsmöglichkeiten einzuschätzen und eine Strategie zu entwickeln:

- ✔ Wer kann Sie unterstützen?
- ✔ Was hat Ihnen in ähnlichen Situationen geholfen?
- ✔ Wie sind vergleichbare Situationen früher ausgegangen?
- ✔ Wie können Sie sich durch Atemübungen, gutes Zureden oder Ablenkung selbst beruhigen?

Denken Sie daran: Sie sind Ihrer Angst nicht ohnmächtig ausgeliefert, sondern können sich durch die Beschäftigung mit der Angst und Ihren möglichen Wegen aus der Angst die Macht zurückerobern. Sie sorgen dadurch für innere Ruhe, Zuversicht und die Erwartung, dass Sie die Situation meistern werden. Dies alles erhöht Ihre Selbstwirksamkeitserwartung.

Das Konzept der *Selbstwirksamkeitserwartung* beschreibt die Zuversicht, mit den eigenen Ressourcen, Fähigkeiten und Fertigkeiten schwierige Situationen beherrschen und bewältigen zu können. Jede Herausforderung, die Sie erfolgreich bewältigen, erhöht Ihre Selbstwirksamkeitserwartung. Je höher sie ist, desto geringer sind Ihre Ängste und Zweifel.

Waren Ihre Eltern eher ängstlich oder überhütend, haben Ihnen wenig zugetraut und kaum Raum gelassen, eigene Erfahrungen zu machen, dann haben Sie vielleicht eine eher geringe Selbstwirksamkeitserwartung.

Machen Sie sich in diesem Fall immer wieder bewusst, was Sie in Ihrem bisherigen Leben erreicht haben, wann Sie mutig und zuversichtlich waren und wie Sie sich bewiesen haben, was Sie erreichen können. Wenn Sie Ihrem inneren Kritiker im inneren Dialog aufzeigen, wie oft Sie schon erfolgreich waren, welche Herausforderungen Sie gemeistert und wie viele Hindernisse Sie bereits überwunden haben, wird er sich beruhigen und bestenfalls aufhören, Sie zu kritisieren, abzuwerten oder gar zu beschimpfen.

Zweifel reflektieren und überwinden

Der innere Kritiker äußert offen oder versteckt Zweifel daran, dass Sie erfolgreich, überzeugend, kompetent, liebenswert, besonnen oder mutig sind. Zweifel sind grundsätzlich hilfreich, um sich in der komplexen Welt zurechtzufinden, denn sie tragen dazu bei, kritisch zu denken, Informationen zu sammeln, zu vergleichen und abzuwägen. Wer nicht zweifelt, rennt möglicherweise blindlings ins Unglück. In vielen Situationen gibt es keine einfachen Antworten, sondern zahlreiche mögliche Wege oder Lösungen.

Versuchen Sie, hilfreiche Zweifel von lähmenden Zweifeln zu unterscheiden:

- ✔ Hilfreiche Zweifel ermutigen Sie, genauer hinzuschauen und Meinungen kritisch zu hinterfragen.
- ✔ Hilfreiche Zweifel ermöglichen es Ihnen, Ihre Überzeugungen und Werte mit der Realität abzugleichen.
- ✔ Lähmende Zweifel verringern Ihre Energie und Ihre Zuversicht und lassen Sie zaudern.
- ✔ Lähmende Zweifel verunsichern Sie und behindern die Lösungsfindung.

Vielleicht können Sie lernen zu verstehen, woher Ihre Zweifel kommen und warum Ihr innerer Kritiker an Ihnen zweifelt. Möglicherweise sind es gar nicht Ihre eigenen Zweifel, sondern die Zweifel Ihrer Eltern oder anderer Bezugspersonen. Erinnern Sie sich daran, wie Ihre Eltern mit Situationen umgegangen sind, die der aktuellen Situation ähnlich sind: Waren sie zuversichtlich und handlungsorientiert? Oder haben sie gezögert, waren unsicher und abhängig davon, dass andere Menschen eine Richtung vorgeben? Durch solche Vergleiche verstehen Sie zunehmend besser, was Ihren inneren Kritiker antreibt und was er bezwecken will.

Gehen Sie in den inneren Dialog mit ihm und laden Sie ihn ein, gemeinsam zu überlegen, wie die Zweifel überwunden werden können.

Ängste und Zweifel verlieren ihren Schrecken, wenn Sie sie klar benennen und hinterfragen. Sobald Sie ängstlich werden oder zweifeln, nehmen Sie sich Zeit für die Reflexion: Schreiben Sie detailliert auf, was Sie befürchten. Sammeln Sie Informationen. Notieren Sie Argumente für und gegen die Ängste. Bestätigen oder widerlegen Sie die Zweifel. Fragen Sie sich, was Sie brauchen, um mit der Situation zurechtzukommen. Bitten Sie vertraute Menschen um Unterstützung. Analysieren Sie Ihre Ressourcen. Durch eine solche intensive Auseinandersetzung bekommen Sie wieder festen Boden unter den Füßen und finden einen Weg zurück zu Sicherheit und Zuversicht.

Die eigene Stimme erheben

Je besser Sie wissen, welche inneren Muster und Überzeugungen auf Ihre Erziehung und Prägung (also im weitesten Sinne auf die Stimme Ihrer Eltern) zurückzuführen sind, desto eher können Sie Ihre eigene Stimme erheben und für sich eintreten. Nutzen Sie Ihren Wertekanon, Ihre Selbsterkenntnis und Ihre Selbstwirksamkeitserwartung, um Ihrem inneren Kritiker entgegenzutreten:

- ✔ Sie sind eine einzigartige Persönlichkeit mit Stärken und Schwächen.
- ✔ Sie wissen, was Sie können, und sind sich Ihres Wertes bewusst.
- ✔ Sie übernehmen Verantwortung für sich und Ihr Handeln.
- ✔ Sie haben klare Ziele und Werte, die Ihnen helfen, Wege und Lösungen zu finden.
- ✔ Sie sind nicht allein.
- ✔ Sie begegnen der Welt mit Zuversicht und Optimismus.
- ✔ Sie lernen aus Fehlern.
- ✔ Sie verzeihen sich Unzulänglichkeiten.
- ✔ Sie müssen nicht perfekt sein.
- ✔ Sie gehen freundlich und wertschätzend mit sich um.

Was lösen diese Sätze in Ihnen aus? Können Sie ihnen zustimmen, finden Sie sich darin wieder?

Wenn Sie bei einzelnen Aussagen innere Widerstände spüren, nehmen Sie diese ernst, denn der Widerstand zeigt Ihnen, auf welchen Feldern Sie noch Persönlichkeitsentwicklungsbedarf haben:

Vielleicht sollten Sie

- ✔ an Ihrem Selbstwert arbeiten?
- ✔ sich um ein tragfähiges Netzwerk bemühen?
- ✔ Ihre innere Haltung optimistischer gestalten?
- ✔ versuchen, den Perfektionismus abzulegen?
- ✔ darauf hinwirken, dass Sie sich selbst ein guter Freund werden?

Zu all diesen Punkten bekommen Sie in den folgenden Kapiteln weitere Impulse.

Freundschaft mit dem inneren Kritiker schließen

Wenn Sie den inneren Kritiker als Gesprächspartner sehen und seine Intentionen verstehen, kann er Ihnen ein guter Freund werden. Insbesondere der konstruktive innere Kritiker meint es gut mit Ihnen und unterstützt Sie auf der Suche nach Verständnis für die Welt und Ihre Position darin. Der nörgelnde und der vernichtende Kritiker sind hingegen Abbilder Ihrer Ängste und Zweifel sowie Ergebnis der Prägung durch Ihre Bezugspersonen. Die Auseinandersetzung mit diesen Kritikertypen oder gar die Freundschaft mit ihnen ist etwas komplizierter. Denn es gilt, die Nörgelei und die Verachtung unwirksam zu machen, den Kritikern also die Macht zu entziehen.

Der nörgelnde innere Kritiker hat an allem etwas auszusetzen, findet überall ein Haar in der Suppe und ist nie ganz zufrieden. Können Sie sich erinnern, welche Ihrer Bezugspersonen mit einer solchen unzufriedenen Haltung durchs Leben gegangen sind? Gehen Sie mit diesen Menschen in inneren (oder realen) Dialog, um der Nörgelei etwas Positives entgegenzusetzen.

Der vernichtende innere Kritiker macht Sie klein, wertet Sie ab und entzieht Ihnen im schlimmsten Fall die Existenzberechtigung. Gab es Bezugspersonen, die Sie traumatisiert, missbraucht oder misshandelt haben? Distanzieren Sie sich von diesen Menschen und suchen Sie sich professionelle therapeutische Hilfe, um die Traumatisierung zu überwinden.

Wenn Sie durch Ihre Selbstreflexion den konstruktiven inneren Kritiker zum Freund und Berater machen, den nörgelnden inneren Kritiker positiv umprogrammieren und den vernichtenden inneren Kritiker zum Schweigen bringen können, sind Sie gut gerüstet, um Ängste zu überwinden, Zweifel auszuräumen, sich weiterzuentwickeln und Lösungen für Ihre Herausforderungen zu finden. Sie erhöhen dadurch auch Ihre Authentizität, also den Ausdruck Ihres wahren Ichs.

Authentizität bedeutet, sich von äußeren Erwartungen und Zuschreibungen zu lösen, wenig hilfreiche Denkmuster zu überwinden und Ihre Individualität zum Ausdruck zu bringen. Wenn Sie sich für dieses Konzept interessieren, empfehle ich Ihnen mein Buch *Authentisch leben für Dummies*. Darin erfahren Sie, wie Sie sich unverwechselbar und Ihrem Selbst gemäß entfalten können.

Freundschaft mit dem inneren Kritiker zu schließen bedeutet, wohlwollend und angstfrei mit sich selbst umzugehen, sich den eigenen Zweifeln und Unsicherheiten zu stellen, auf die eigene Wirksamkeit zu vertrauen und sich Fehler oder Unzulänglichkeiten nicht übel zu nehmen. Viele Menschen machen die Erfahrung, dass dieser Prozess lang und nicht immer leicht ist – aber es lohnt sich!

Wenn die innere Stimme, die an allem etwas auszusetzen hat, endlich verstummt beziehungsweise durch eine freundliche innere Tonspur ersetzt wird, lebt es sich deutlich entspannter.

Entscheidung für Wohlwollen

Gehen Sie mit Ihren Freunden wohlwollender um als mit sich selbst? Ermutigen Sie Ihre Liebsten, nachsichtig mit sich zu sein, bleiben aber bei Strenge und Kritik sich selbst gegenüber? Die Entscheidung liegt bei Ihnen – wenn Sie sich noch heute vornehmen, wohlwollend und nachsichtig mit sich zu sein, sich selbst also ein verständnisvoller Freund zu werden, dann haben Sie einen großen Schritt getan, um künftig gelassener zu leben.

Die Checkliste in Tabelle 3.2 kann Ihnen dabei helfen, diesen Schritt im Alltag zu gehen. Sie finden darin zwei konkrete Beispiele, wie ein wohlwollender Umgang mit sich selbst in bestimmten Situationen aussehen könnte. Tragen Sie Ihre Gedanken und Beobachtungen in die Checkliste ein und schreiben Sie Ihr Freundschaftsprogramm regelmäßig fort.

Situation	Bisherige innere Kritik	Wohlwollender Umgang mit sich selbst
Missgeschick im Alltag: Ich habe mein Portemonnaie zu Hause vergessen und kann nach der Arbeit nicht einkaufen gehen.	Nörgelnder Kritiker: »Wie kann man nur so dumm und vergesslich sein!«	»Das kann doch jedem mal passieren! Ich werde das Portemonnaie künftig immer auf den Tisch an der Wohnungstür legen, damit ich es nicht mehr vergesse.«
Konflikt im Beruf: Die Kollegin lässt Arbeit liegen und ich habe deswegen mehr zu tun, möchte aber keinen Streit vom Zaun brechen.	Vernichtender Kritiker: »Ich bin einfach feige und durchsetzungsschwach. So wird das mit der Karriere nie was!«	Ich analysiere die Situation im Team in aller Ruhe und mache konkrete Vorschläge, wie die Arbeitsverteilung künftig aussehen soll.

Tabelle 3.2: Checkliste: Sich selbst ein guter Freund sein

Teil II

Den inneren Kritiker in Alltag und Privatleben bändigen

IN DIESEM TEIL …

Selbstwertgefühl, Selbstakzeptanz und Selbstfürsorge sind wichtig Werkzeuge im Umgang mit dem inneren Kritiker. Ein gelassener, wohlwollender Umgang mit sich selbst unterstützt Sie dabei, die innere Kritik zu bremsen und sich von wenig hilfreichen Glaubenssätzen zu lösen. Ich erläutere die Bedeutung der Intuition und ermutige Sie, sich auf Ihre Stärken und Fähigkeiten zu konzentrieren. Sie erfahren, wie Sie Ihre innere Widerstandskraft erhöhen können und sich in jedem Lebensalter weiterentwickeln.

Ein wichtiges Thema für den inneren Kritiker ist der eigene Körper. Die meisten Menschen sind unzufrieden mit sich. In diesem Teil lesen Sie, wie Sie sich gut um Ihren Körper kümmern und dadurch die Selbstakzeptanz steigern können. Der Alltag bietet Ihnen viele Möglichkeiten, um Ihren inneren Kritiker zu einem hilfreichen Persönlichkeitsanteil umzuprogrammieren.

IN DIESEM KAPITEL

Mehr Lebensqualität durch Selbstfürsorge

Sich selbst ein guter Freund sein

Realistisch planen und Ziele erreichen

Die Aufschieberitis beenden

Kapitel 4
Wertschätzender Umgang mit sich selbst

Je stabiler Ihr Selbstwert und je wohlwollender Ihr Umgang mit sich selbst, desto versöhnlicher wird Ihr innerer Kritiker. In diesem Kapitel erfahren Sie, welche Rolle die Selbstfürsorge und die innere Gelassenheit spielen, wie Sie Ihre individuellen Stärken kontinuierlich weiterentwickeln und Ihre Ziele erreichen. Außerdem möchte ich Ihren Blick auf den inneren Schweinehund lenken: Er wirkt dem inneren Kritiker zwar kurzfristig entgegen, macht Ihnen das Leben aber dadurch schwer, dass Sie nicht aus der Komfortzone herauskommen. Ich zeige Ihnen, wie Sie die unterschiedlichen inneren Anteile integrieren und innere Ruhe finden können.

Den Selbstwert stärken

Der Selbstwert eines Menschen bemisst sich an äußeren und inneren Kriterien, wird also einerseits von außen zugeschrieben und andererseits von innen erlebt. Zu den äußeren Kriterien gehören beispielsweise:

- ✔ sozialer Status
- ✔ Wohlstand und Besitz
- ✔ Bildungsstand
- ✔ berufliche Erfolge

- ✔ gesellschaftliche Position
- ✔ Sichtbarkeit

Innere Kriterien für den Selbstwert sind unter anderem:

- ✔ Selbstverwirklichung
- ✔ Zielerreichung
- ✔ Bewusstsein für die eigenen Stärken und Kompetenzen
- ✔ Selbstwirksamkeitserwartung
- ✔ Zufriedenheit

Sicherlich finden Sie noch weitere äußere und innere Kriterien, anhand derer Sie Ihren eigenen Wert einschätzen. Vielleicht ist Ihr Selbstwert stabil, vielleicht wechselt er aber auch je nach innerer und äußerer Befindlichkeit, Lebenssituation oder Lebensalter.

Legen Sie eine Tabelle an, in der Sie Ihre bisherigen Lebensphasen eintragen, also Kindheit, Jugend, junges Erwachsenenalter, Berufseinstieg, Familiengründung, verschiedene berufliche Stationen, Lebensveränderungen und so weiter. Notieren Sie für jede Lebensphase Ihren gefühlten Selbstwert mit Ziffern zwischen 1 (ganz niedrig) und 10 (ganz hoch). Schreiben Sie in Stichworten dazu, weshalb Ihr Selbstwert in der jeweiligen Lebensphase so hoch oder niedrig war, wie Sie ihn in Erinnerung haben. Können Sie ein Muster ableiten? Gibt es Umstände, die Ihren Selbstwert befördert haben? Durch welche Umstände war Ihr Selbstwert niedriger? Diese Reflexion kann Ihnen helfen, sich selbst besser zu verstehen und Ihren Selbstwert bewusst zu stabilisieren.

Machen Sie sich bewusst, dass Sie Ihr Selbstwertgefühl beeinflussen können. Auch wenn Sie bislang einen eher niedrigen Selbstwert hatten, weil Sie in der Kindheit abgewertet, durch äußere Einflüsse in Ihrer Entwicklung gebremst oder durch Misserfolge und Schicksalsschläge zu Boden geworfen wurden – Sie sind ein einzigartiger, wertvoller Mensch! So, wie Sie sind, sind Sie in Ordnung.

Finden Sie eine Affirmation, also eine kurze positive Aussage, mit der Sie Ihren Wert benennen, auch wenn Sie sich manchmal wertlos oder unzulänglich fühlen:

- ✔ Ich bin unverwechselbar.
- ✔ Ich glaube an mich.

✔ Ich gehe voller Vertrauen meinen Weg.

✔ Ich bin gut so, wie ich bin.

✔ Ich trage alles, was ich brauche, in mir.

✔ Ich bin genug.

Mit solchen Affirmationen erschaffen Sie ein inneres Gefühl von Zuversicht, Positivität und Selbstvertrauen. Worte sind machtvoll – je öfter Sie Ihre Affirmation wiederholen, desto glaubhafter wird sie im Inneren.

Selbstliebe und Selbstfürsorge

Die aktive Stärkung Ihres Selbstwertgefühls gelingt besonders gut, wenn Sie sich selbst lieben und gut versorgen. Schauen Sie in den Spiegel, lächeln Sie sich zu und versprechen Sie sich, dass Sie ab sofort gut auf sich achtgeben werden. Vielleicht meldet sich Ihr innerer Kritiker zu Wort und belächelt dieses Vorhaben, wertet Sie ab oder macht Sie klein. Sprechen Sie ihn an und fragen Sie ihn, warum er das tut – wovor will er Sie beschützen? Was befürchtet er, wenn Sie gut auf sich achtgeben? Warum meint er, dass Sie keine Selbstfürsorge brauchen oder verdienen? So kommen Sie in einen inneren Dialog und erkennen möglicherweise Muster, die Sie schon seit Ihrer Kindheit in sich tragen.

Manche Menschen haben Hemmungen, innere Dialoge zu führen, weil sie befürchten, dass sei ein Zeichen von psychischer Störung oder Kindlichkeit. Das Gegenteil ist der Fall: Innere Dialoge sind hilfreich und fördern die Selbstreflexion. Wenn Sie mit sich selbst ins Gespräch kommen, lernen Sie viel über sich und fördern Ihre Persönlichkeitsentwicklung.

Selbstliebe und Selbstfürsorge sind aus meiner Sicht die Grundlage für jede Form der Weltfürsorge: Nur wenn es Ihnen gut geht, können Sie sich gut um andere Menschen kümmern. Denken Sie an die Anweisung im Flugzeug: »Setzen Sie zuerst Ihre eigene Sauerstoffmaske auf, dann helfen Sie Mitreisenden.«

Selbstfürsorge bedeutet, die eigenen Bedürfnisse zu kennen und zu befriedigen. Es bedeutet nicht, ausschließlich um sich selbst zu kreisen oder sich auf Kosten anderer Vorteile zu verschaffen. Vielleicht müssen Sie Ihrem inneren Kritiker diesen Unterschied erläutern, damit er versteht, wie wichtig es ist, dass Sie sich um sich selbst kümmern. Versuchen Sie zu erkennen, was Sie brauchen, damit Sie entspannt, leistungsfähig und zuversichtlich durchs Leben gehen können:

- ✔ Wie viel Ruhepausen, Freizeit und Schlaf benötigen Sie?
- ✔ Wie viel Kontakt zu anderen Menschen tut Ihnen gut?
- ✔ Welche materiellen Dinge sind wichtig für Ihr Wohlbefinden?
- ✔ Leben Sie gesund und nachhaltig?
- ✔ Wie viel Zeit brauchen Sie für Ihre Hobbys und Freizeitaktivitäten?
- ✔ Wie möchten Sie sich beruflich verwirklichen?
- ✔ Lachen Sie oft genug?
- ✔ Fühlen Sie sich in Ihren Beziehungen geborgen und wertgeschätzt?

Mit diesen und ähnlichen Fragen kommen Sie Ihren Bedürfnissen auf die Spur und fördern Ihr Wohlbefinden.

Je wohler Sie sich fühlen, je besser es Ihnen körperlich und seelisch geht und je ausgeglichener Sie sind, desto friedlicher wird Ihr innerer Kritiker. Denn wenn er spürt, dass Sie gut auf sich achten und in Ihrer Mitte sind, schaut er Ihnen nicht mehr ganz so streng auf die Finger. Schließlich ist es sein Job, Sie in der Spur zu halten – und wenn Sie das ohne seine Intervention schaffen (und die Spur möglichst auch noch individuell gestalten), kann er Pause machen.

Den Tag positiv beginnen

Wie starten Sie morgens in den Alltag – voller Kraft und Freude oder widerwillig und missmutig? Vielleicht ist Ihr innerer Kritiker ein Morgenmuffel, der Ihnen schon morgens um sechs die Laune verdirbt? Oder ist er Ihr Antreiber, der Ihnen vorschreibt, zackig in die Gänge zu kommen? Achten Sie bewusst darauf, mit welchen Gedanken und Gefühlen Sie den Tag beginnen, und nehmen Sie sich vor, negative Impulse morgens vorbeiziehen zu lassen wie Wolken am Himmel. Fokussieren Sie Ihre Aufmerksamkeit auf schöne Dinge, seien Sie dankbar dafür, am Leben zu sein, und nehmen Sie sich vor, am heutigen Tag besonders darauf zu achten, dass es Ihnen gut geht.

Nutzen Sie für Ihre Selbstfürsorge die Vier-zu-eins-Regel: Auf jeden kritischen oder negativen Gedanken sollten vier positive, wertschätzende Gedanken folgen. Achten Sie bewusst auf die Art und Weise, wie Sie denken – denn das Denken ist eine Aktivität, die Sie steuern können: »Ich denke«, nicht »Es denkt mich«.

Finden Sie heraus, was Ihren Morgen schöner macht. Seien Sie kreativ und erfinderisch, reservieren Sie Zeit für sich und planen Sie realistisch. Wenn Sie Kinder oder pflegebedürftige Angehörige haben, reservieren Sie morgens einige Minuten ganz für sich, bevor die Bedürfnisse Ihrer Liebsten ihren Tribut fordern. Folgende Impulse könnten Ihren Start in den Tag verschönern:

- ✔ Stellen Sie den Wecker fünf Minuten früher und genießen Sie diese Minuten im Bett. Recken und strecken Sie sich mit geschlossenen Augen, versuchen Sie sich an den letzten Traum vor dem Aufwachen zu erinnern, genießen Sie die Wärme und Geborgenheit des Bettes ganz bewusst.
- ✔ Machen Sie vor dem Frühstück eine Morgenmeditation, eine Achtsamkeitsübung, Frühsport oder Yoga am offenen Fenster. Oder gehen Sie eine Viertelstunde spazieren.
- ✔ Notieren Sie etwas, auf das Sie sich am heutigen Tag freuen. Nehmen Sie sich vor, die Freude aufmerksam zu genießen.
- ✔ Verzichten Sie morgens auf Radionachrichten, Zeitung oder soziale Medien. Die Wirren der Welt haben Zeit bis nach dem Frühstück.

Ein entspannter, positiver Start in den Tag gibt Ihnen die Möglichkeit, Kraft zu sammeln und sich zu fokussieren. Wenn Sie hektisch sind oder schon morgens unter Druck stehen, hat der innere Kritiker leichtes Spiel: »Schon wieder alles auf den letzten Drücker, du bist einfach viel zu unsortiert!« oder »Andere Leute haben ihr Leben viel besser im Griff als du«.

Weitere Anregungen finden Sie in meinem Buch *Selbstfürsorge für Dummies*. Darin gebe ich Ihnen alltagstaugliche Tipps, wie Sie in den unterschiedlichsten Situationen Ihr Wohlbefinden stärken und Ihre Lebensqualität erhöhen können.

Innere Gelassenheit lernen

Gelassenheit entsteht, wenn Sie im Einklang mit sich selbst sind. Wenn Sie das Gefühl haben, Ihre Lebenssituation gut meistern zu können, weil Sie über genügend Kraft und Zuversicht verfügen, werden Sie durch Probleme nicht aus der Bahn geworfen, sondern können entspannt bleiben. Zur Gelassenheit gehört die Fähigkeit, loszulassen und Menschen und Dinge so sein zu lassen, wie sie eben sind. Wer mit gelassenem Blick eine Situation analysiert, die unangenehm oder kompliziert erscheint, der prüft – oft in Sekundenschnelle, manchmal aber auch erst durch intensive Reflexion – das, was um ihn herum und in ihm selbst passiert, anhand folgender Fragen:

- ✔ Haben Sie eine solche oder ähnliche Situation schon einmal erlebt? Wie haben Sie damals reagiert und was waren die Folgen?
- ✔ Wer sind die handelnden Personen in dieser Situation und was sind ihre Handlungsmotive? Warum handeln sie so, wie sie handeln?
- ✔ Was stört Sie an der Situation? Was löst diese Situation in Ihnen aus und warum löst sie es aus?
- ✔ Welche Handlungsalternativen haben Sie? Welche Konsequenzen werden die verschiedenen Handlungsmöglichkeiten wohl haben?
- ✔ Können Sie die Situation so akzeptieren, wie sie ist? Können Sie sie ändern? Sollten Sie sie lieber beenden oder verlassen? Was werden diese Handlungen bei Ihnen und bei den anderen Beteiligten auslösen?

Diese Überlegungen ermöglichen es Ihnen, auch in den schwierigsten Situationen souverän handeln zu können.

Versuchen Sie, Dinge zu akzeptieren, die Sie nicht verändern können. Investieren Sie Ihre Energie lieber in das, worauf Sie unmittelbar Einfluss haben. So werden Sie zunehmend gelassener und sparen Kraft.

Innere Gelassenheit bewirkt, dass Sie Ihrem inneren Kritiker entspannt gegenübertreten können. Denn er wird insbesondere dann aktiv, wenn Sie aus dem Gleichgewicht geraten oder befürchten, einer Situation nicht gewachsen zu sein. Sind Sie hingegen davon überzeugt, dass Sie die Situation im Griff haben oder in den Griff bekommen werden, kann er Sie vielleicht einfach machen lassen. Prüfen Sie, wie Ihr innerer Kritiker reagiert, wenn Sie ihm auf seine nörgelnde oder vernichtende Kritik antworten: »Das passt schon, ich bekomme das hin!« Möglicherweise glaubt er Ihnen nicht gleich, sondern bleibt noch eine Weile aktiv. Bleiben Sie locker und gelassen – er wird schon ein Einsehen haben.

Auch zum Thema Gelassenheit habe ich ein Buch geschrieben: *Gelassenheit lernen für Dummies* erläutert Ihnen, wie Sie sich künftig nicht mehr aus der Ruhe bringen lassen. Sie erfahren, wie Sie durch Gelassenheitsübungen und bewusste Änderung der Perspektive Ihren Alltag erleichtern und entschleunigen.

Bodenhaftung behalten

Insbesondere der vernichtende innere Kritiker neigt zum Katastrophisieren: Er schießt mit seiner Kritik oft weit übers Ziel hinaus und lässt kein gutes Haar an Ihnen, malt die Konsequenzen Ihres Handelns in düsteren Farben, droht Ihnen mit dem Ausschluss aus der sozialen Gemeinschaft oder lässt sich andere mögliche Strafen einfallen. Setzen Sie seiner Kritik gelassen und angstfrei einen Realitätscheck entgegen, der Ihnen hilft, auf dem Teppich zu bleiben:

- ✔ Was genau hat den inneren Kritiker aktiviert?
- ✔ Wie schätzen Sie die Situation mit etwas innerer Distanz ein?
- ✔ Sehen Sie unterschiedliche Handlungsalternativen in der Situation? Welche Option erscheint Ihnen zielführend?
- ✔ Woran erinnert die Situation Sie? Wie unterscheidet sie sich von früheren, ähnlichen Situationen?
- ✔ Können Sie heute anders agieren als früher? Haben Sie aus den vergangenen Situationen etwas gelernt?
- ✔ Was wäre das Schlimmste, das passieren könnte – und wie würden Sie damit umgehen?
- ✔ Wenn Sie jetzt einen Fehler machen oder sich blamieren würden, welche Konsequenzen hätte das? Und wie würden Sie mit diesen Konsequenzen umgehen?

Wahrscheinlich stellen Sie durch eine solche Reflexion fest, dass alles halb so schlimm ist. Der innere Kritiker übertreibt wahrscheinlich maßlos, weil er in Panik geraten ist oder die Situation völlig falsch einschätzt. Gehen Sie wieder in einen inneren Dialog und teilen Sie dem Kritiker mit, was Sie durch den Realitätscheck erkannt haben. Vielleicht kommt er dadurch etwas zur Ruhe.

Eine hilfreiche Möglichkeit in schwierigen, angstbesetzten Situationen ist es, sich zu überlegen, wie Sie mit einem guten Freund umgehen würden, der in einer ähnlichen Lage ist wie Sie: Wie würden Sie ihm begegnen? Worauf würden Sie ihn aufmerksam machen? Wie würden Sie ihn beruhigen oder trösten? Was würden Sie ihm raten? Übertragen Sie die Antworten auf diese Fragen auf sich selbst und seien Sie sich ein guter Freund!

Haben Sie Menschen in Ihrem Umfeld, denen Sie vertrauen und an die Sie sich wenden können, wenn es Ihnen nicht gut geht? Falls nein, finden Sie Hinweise für den Ausbau eines sozialen Netzwerks in Kapitel 7. Falls ja, gehen Sie auf diese Menschen zu und öffnen Sie sich. Berichten Sie über Ihre Sorgen und Nöte, Ihre Ängste und Unsicherheiten. Wahrscheinlich werden Sie die Erfahrung machen, dass Ihre engen Freunde Ihnen wohlwollend begegnen. Stellen Sie das Wohlwollen der Freunde der harschen Meinung des inneren Kritikers gegenüber und prüfen Sie, was sich für Sie stimmiger anfühlt: Können Sie eine positive Haltung sich selbst gegenüber einnehmen? Wenn nicht, was hindert Sie daran? Vielleicht stoßen Sie bei dieser Reflexion auf innere Glaubenssätze wie beispielsweise:

- ✔ Ich kann sowieso nichts.
- ✔ Ich mache alles falsch.
- ✔ Nur wenn ich perfekt bin, werde ich geliebt.

Hinterfragen Sie solche inneren Überzeugungen: Kann es sein, dass Sie wirklich nichts können, alles falsch machen und immer perfekt sein müssen? Die Antwort lautet auf jeden Fall: Nein, nein und nochmals nein! Niemand kann *gar nichts*, niemand macht *alles falsch* und niemand ist *immer perfekt*. Jeder – also auch Sie – hat Stärken, Talente, Fähigkeiten und Ressourcen, und jeder – also auch Sie – macht Fehler. Konzentrieren Sie sich auf Ihre individuellen Stärken, um dem inneren Kritiker entspannt entgegentreten zu können.

Individuelle Stärken entwickeln

Das Persönlichkeitsprofil jedes Menschen ist einzigartig. Es wird geprägt durch angeborene Merkmale wie individuelle Charaktereigenschaften und Begabungen, auch Talente genannt, sowie durch erlernte und anerzogene Merkmale, etwa bestimmte Wertvorstellungen und Fähigkeiten.

Unter *Stärken* versteht man die Summe aus Talenten, Fähigkeiten und Übung – also eine Kombination aus genetischer Prägung und bewusster Weiterentwicklung.

Die Erziehung und Förderung durch die Eltern sind wichtig für die Entwicklung persönlicher Stärken in Kindheit und Jugend. Im Laufe des weiteren Lebens ist es bedeutsam, seine Ressourcen zu aktivieren und sich auf seine Stärken zu konzentrieren – auch Sie können sich ab sofort ganz bewusst vornehmen, Ihre Stärken zu fördern. Dafür sollten Sie zunächst Ihr individuelles Stärkenprofil erkennen und benennen. Dann können Sie sich überlegen, welche Ihrer Stärken Ihnen besonders nützlich erscheinen und welche Sie unbedingt weiterentwickeln möchten. Jeder Tag bietet Ihnen die Chance, Ihre Stärken zu stärken. Und je mehr Sie über Ihre Stärken wissen, desto wirksamer können Sie den inneren Kritiker beruhigen.

In der Psychologie gibt es verschiedene Theorien der Persönlichkeitsentwicklung und Stärkenorientierung. Mir erscheint die Positive Psychologie, die von den US-amerikanischen Psychologen Martin Seligman und Christopher Peterson geprägt wurde, am schlüssigsten. Denn die Positive Psychologie befasst sich mit dem optimalen menschlichen Funktionieren in allen Bereichen des Lebens (Liebesleben, Familie, Beziehungen, Arbeit, Kreativität, soziales Engagement). Sie beschäftigt sich mit den Faktoren und Prozessen, die dazu beitragen, ein gutes Leben führen zu können. Hier werden sechs Tugenden (Weisheit, Mut, Menschlichkeit, Gerechtigkeit, Mäßigung, Spiritualität) charakterisiert, denen insgesamt 24 Charakterstärken zugeordnet werden. Diese Stärken stehen in einem engen Zusammenhang mit Glücksempfinden und Lebenszufriedenheit und können in Charaktertests gemessen werden.

Untersuchungen zeigen, dass die von der Positiven Psychologie definierten Stärken kulturübergreifend einen messbaren Einfluss haben auf die Lebensfreude, die zwischenmenschlichen Beziehungen, die Sinngebung im Leben, das persönliche Engagement und den Erfolg. Sie sind also die Kernkompetenzen, die unser individuelles Denken, Fühlen und Handeln leiten.

Einen kostenlosen Test zur Erarbeitung Ihres persönlichen Stärkenprofils finden Sie im Internet unter `www.charakterstaerken.org`. Der Test dauert etwa zehn Minuten und wurde weltweit bereits von Millionen Menschen ausgefüllt.

Wenn Sie sich dafür entscheiden, Ihre Stärken konsequent zu fördern, entscheiden Sie sich gleichzeitig dafür, dem inneren Kritiker etwas entgegenzusetzen, nicht mehr über Ihre Schwächen zu klagen oder sich schlecht zu fühlen, weil Sie bestimmte Dinge nicht können oder schaffen. Sie investieren Ihre Kraft künftig in Ihre Ressourcen und vermutlich finden Sie täglich neue Übungsmöglichkeiten dafür. Prüfen Sie regelmäßig, wie Sie sich im Alltag verhalten: Wenn Sie bemerken, dass Sie sich vermehrt mit Ihren Schwächen beschäftigen und dem inneren Kritiker viel Raum geben, halten Sie bewusst inne und wenden Sie Ihre Aufmerksamkeit wieder Ihren Stärken zu.

»Drei gute Dinge«: Machen Sie sich abends, bevor Sie einschlafen, drei Dinge bewusst, die an diesem Tag positiv waren. Denken Sie intensiv an diese drei guten Dinge, freuen Sie sich darüber und seien Sie dankbar dafür. Sie werden mit einem Lächeln einschlafen.

Ihre innere Zufriedenheit wächst, je mehr Sie über Ihre Stärken wissen – denn Sie sind sich dadurch der Werkzeuge bewusst, die Sie einsetzen können, um Ihren Alltag zu bewältigen. Der innere Kritiker, der immer befürchtet, Sie würden Fehler machen oder sich blamieren, kommt zur Ruhe, je souveräner und gelassener Sie mit Ihren Stärken umgehen.

Mit dem Thema Stärkenorientierung befasst sich mein Buch *Meine Stärken entdecken und entwickeln für Dummies.* Darin finden Sie ausführliche Impulse für den Ausbau Ihrer individuellen Stärken.

Ziele setzen und erreichen

Jeder Mensch braucht Erfolgserlebnisse und das Gefühl, im Leben voranzukommen. Dafür ist es sinnvoll, sich Ziele zu setzen – sowohl im Privatleben als auch im beruflichen Alltag. Denn Ziele helfen Ihnen dabei, Ihrem Leben eine Richtung zu geben und Ihre persönlichen Werte umzusetzen. Damit Ziele ihre volle Wirkung entfalten können, sollten sie möglichst konkret benannt werden, beispielsweise nach dem »SMART«-Prinzip. Dieses Akronym steht für:

- *S*pezifisch
- *M*essbar
- *A*ttraktiv
- *R*ealistisch
- *T*erminiert

Haben Sie Erfahrung mit der Formulierung smarter Ziele? Falls nicht, können Sie es einfach einmal ausprobieren: Überlegen Sie sich, was diese Woche oder diesen Monat auf Ihrer To-do-Liste steht, und setzen Sie sich ein konkretes Ziel. Ein Beispiel könnte sein: »Ich werde die Steuererklärung des vergangenen Jahres bis zum 15. dieses Monats fertigstellen und beim Finanzamt einreichen, weil ich dann endlich den Schreibtisch wieder leer habe.« Spezifisch, messbar, attraktiv und terminiert ist diese Formulierung – ob sie realistisch ist, müssen Sie selbst entscheiden.

Meldet sich Ihr innerer Kritiker, wenn Sie ein Ziel formulieren? Vielleicht sagt der konstruktive Kritiker: »Das klingt gut, aber überlege genau, ob der Zeitraum nicht zu eng gewählt ist.« Diesen Kritikpunkt können Sie nutzen, um Ihr Ziel zu überprüfen. Der nörgelnde Kritiker meldet sich möglicherweise so: »Dieses Ziel hast du dir schon so oft gesetzt und nicht erreicht, das klappt diesmal bestimmt wieder nicht!« Der vernichtende Kritiker macht Sie und Ihr Ziel möglicherweise gnadenlos nieder: »Du bist ein Versager, das ist doch total unrealistisch, das schaffst du nie im Leben.« Welche Funktion hat diese Kritik? Prüfen Sie:

- ✔ Entspricht das formulierte Ziel tatsächlich Ihren Werten und Prioritäten?
- ✔ Haben Sie genügend Ressourcen (Zeit, Fähigkeiten, Geld, Unterstützung), um das Ziel zu erreichen?
- ✔ Gibt es einen Zielkonflikt, also ein anderes Vorhaben, das dem aktuellen Ziel entgegensteht?
- ✔ Ist der geplante Zeitraum angemessen oder vielleicht viel zu knapp?

Es könnte sein, dass Ihr innerer Kritiker aktiv geworden ist, weil die genannten (oder ähnliche) Einschränkungen vorliegen und Sie sich mit dem Ziel übernommen haben. Dann geht es darum, sich durch die innere Kritik nicht komplett entmutigen zu lassen, sondern realistischer zu planen oder Zielkonflikte auszuräumen. Möglicherweise verbirgt sich hinter Ihrem inneren Kritiker auch der sogenannte innere Schweinehund, der dafür sorgen möchte, dass Sie es gemütlich haben.

Der innere Schweinehund

Wenn Sie in unterschiedlichen Situationen und zu verschiedenen Zeitpunkten zumeist aktiv, zielstrebig und entscheidungsfreudig sind und auch unangenehme Dinge rasch erledigen, haben Sie vermutlich kaum Schwierigkeiten mit einem inneren Schweinehund. Vielleicht sind Sie aber manchmal eher zögerlich und bequem, haben Angst vor Entscheidungen, schieben Aufgaben bis zum letzten Moment auf und fühlen sich in Ihrer Komfortzone sehr wohl. Dann ist Ihr innerer Schweinehund manchmal stärker als Ihre Vorhaben, Ziele oder Notwendigkeiten.

Mit dem *inneren Schweinehund* bezeichnet man das Phänomen, vermeintlich sinnvolle Tätigkeiten, Verhaltensänderungen oder Lernprozesse aufzuschieben, auszublenden (beziehungsweise zu vergessen) oder ganz zu unterlassen.

Der innere Schweinehund ist ein Persönlichkeitsanteil, den jeder Mensch in mehr oder weniger starker Ausprägung besitzt. Da dieser Anteil eher unbeliebt ist, wird er bildlich verniedlicht – also als »Schweinehund« bezeichnet. Dadurch wird es leichter, diesen Anteil zu reflektieren und möglicherweise zu verändern: »Derjenige, der etwas aufschiebt, bin nicht ich – nein, das ist der Schweinehund! Und ihn werde ich jetzt bändigen.«

Das Phänomen, auch wichtige Aufgaben chronisch aufzuschieben und erst auf den letzten Drücker zu erledigen, nennt man *Prokrastination*.

Menschen, die von der Aufschieberitis betroffen sind, fragen sich unbewusst bei jeder Herausforderung: »Muss das (jetzt) sein?« Lautet die Antwort »Na ja« oder »Vielleicht«, wird der innere Schweinehund wach und geht zum Angriff über. Denn er wittert *Ambivalenz,* also die Tatsache, dass es mehrere gleich wichtige oder ähnlich attraktive Antwort- oder Handlungsmöglichkeiten gibt. Ambivalenz heißt wörtlich übersetzt »beides geht« und bezeichnet einen Zwiespalt. Und wenn zu einem bestimmten Zeitpunkt beides geht, beispielsweise anstrengen oder ausruhen, wählt der Schweinehund die bequemere Lösung.

Der innere Schweinehund mag langfristige Planung gar nicht gerne, sondern bevorzugt den sofortigen Lustgewinn. Denn er hat eine Standleitung zum Belohnungszentrum in Ihrem Gehirn. Und das Belohnungszentrum wirkt im Hier und Jetzt: Ein gutes Gefühl – egal wodurch es bedingt ist – bewirkt die Ausschüttung von Glückshormonen, die wiederum das gute Gefühl verstärken. Davon kann man nie genug haben! Daher wird der Schweinehund versuchen, Sie bei einer geplanten Gewohnheits- oder Verhaltensänderung, bei einem langwierigen Projekt, bei unliebsamen Aufgaben und bei wenig attraktiven, aber notwendigen Erledigungen vom Weg abzubringen. Denn alles, was mit Planung und Durchhaltevermögen zu tun hat, sorgt nicht für rasche Hochgefühle – im Gegenteil, es ist zumeist eher mit zumindest anfänglichen Unlustgefühlen verbunden. Der Schweinehund verführt Sie dazu, sich mit etwas zu beschäftigen, das Ihnen prompten Lustgewinn verschaffen kann, beispielsweise Schokolade essen, ein Computerspiel spielen, sich auf dem Sofa rekeln oder fernsehen.

Irgendwann schaltet sich vermutlich Ihr innerer Kritiker ein und hebt warnend den Zeigefinger: »Wenn du den halben Tag rumgammelst, hast du hinterher ein schlechtes Gewissen!« Dann wechselt der Schweinehund seine Strategie und empfiehlt Ihnen Tätigkeiten, die auch schon länger liegen geblieben sind, aber nicht so anstrengend sind wie Ihr ursprüngliches Vorhaben. Geeignet für solche Übersprunghandlungen sind beispielsweise Haushaltstätigkeiten oder einfache Büroarbeit. So können Sie Ihr schlechtes Gewissen sehr wirksam beschwichtigen: »Ich habe zwar nicht mit der Steuererklärung angefangen, aber immerhin sind jetzt die Fenster geputzt! Und dafür habe ich doch nun wirklich eine Belohnung verdient …« Puh, endlich dürfen Sie gemeinsam mit dem Schweinehund aufs Sofa vor den Fernseher. Sie sehen: Viele Vermeidungsstrategien sind ausgeklügelt und unfehlbar. Dennoch haben Sie vermutlich trotzdem am Ende des Tages ein schlechtes Gefühl und wissen, dass Sie sich etwas vorgemacht haben. Ihr innerer Kritiker wird Ihnen die Leviten lesen!

Der Schweinehund nutzt gelegentlich den Umweg über die Psychosomatik: Immer dann, wenn Sie etwas wirklich Unangenehmes tun müssten, bekommen Sie Kopf-, Zahn-, Bauch- oder Rückenschmerzen, Ihnen wird schwindelig oder übel. Solche Abwehrmechanismen sind unbewusst und können nur durch intensive Selbstreflexion, am besten mit professioneller Hilfe, erkannt und bearbeitet werden. Zuerst müssen körperliche Ursachen ausgeschlossen werden. Findet sich dabei keine Begründung für Ihre Beschwerden, lohnt es sich, Rat bei einem Psychiater oder Psychologen zu suchen. Mit dem Phänomen der Aufschieberitis befasst sich mein Buch *Den inneren Schweinehund bändigen für Dummies.*

Innere Anteile integrieren

Das Geheimnis einer reifen, ausgeglichenen Persönlichkeit ist die Integration aller Persönlichkeitsanteile. Dies bedeutet, dass die unterschiedlichen Anteile angemessen Raum bekommen, dass es aber auch eine Art »Teamchef« gibt, der das große Ganze im Blick behält und situationsangemessen reagiert. Wenn sich in einer anstrengenden Situation beispielsweise ein zaghafter oder unsicherer Anteil zu Wort meldet, der befürchtet, der aktuellen Situation nicht gewachsen zu sein, bedarf es eines tröstenden, zuversichtlichen Anteils, der im Innen für Optimismus sorgt. Sie können sich das Konstrukt der Persönlichkeitsanteile vorstellen wie eine Konferenz: Die verschiedenen Anteile sitzen zusammen, um ein Problem zu lösen. Jeder Anteil will unterstützend wirken und seine Sichtweise einbringen. Der Teamchef erteilt den unterschiedlichen Persönlichkeitsanteilen das Wort, wertschätzt die verschiedenen Perspektiven und findet einen guten Kompromiss, bei dem sich idealerweise alle Anteile gesehen fühlen.

Wenn Sie herausfinden möchten, wie gut Ihre einzelnen Anteile integriert sind, könnten Sie einmal darauf achten, ob es bestimmte innere Stimmen gibt, die besonders oft und besonders nachdrücklich zu Wort kommen. Falls es sich dabei um wohlwollende, kompetente und realistische Anteile handelt, ist die Integration Ihrer inneren Anteile offensichtlich gut gelungen. Stehen jedoch ängstliche, kritische, abwertende oder vernichtende innere Stimmen im Fokus Ihrer Aufmerksamkeit, könnte es sich lohnen, diese Anteile genauer zu hinterfragen und zu verstehen. Manche dieser Anteile sind Ihre eigenen, andere gehören zu wichtigen Bezugspersonen aus Ihrer Vergangenheit. Versuchen Sie herauszufinden, was Sie brauchen, um Angst, Kritik, Abwertung oder Vernichtung zu neutralisieren:

- ✔ Besinnen Sie sich auf Ihre Talente und Fähigkeiten.
- ✔ Aktivieren Sie Ihr soziales Netzwerk.

- ✔ Führen Sie sich vor Augen, was Sie im Leben bereits geschafft haben.
- ✔ Seien Sie freundlich zu sich selbst.
- ✔ Behandeln Sie sich so, wie Sie eine gute Freundin behandeln würden.
- ✔ Suchen Sie therapeutische Hilfe, wenn Sie allein nicht weiterkommen.

BEISPIEL

Annika Lehmann ist bei ihrer Großmutter aufgewachsen, die chronisch krank war und oft ärztliche Hilfe brauchte. Immer wenn es der Großmutter schlecht ging, musste Annika den Haushalt übernehmen und dafür sorgen, dass die Großmutter wieder auf die Beine kam. Sie trug schon als Kind viel Verantwortung und musste ihre eigenen Bedürfnisse zurückstellen. Im Laufe ihres Lebens hat sie sich mit der Rolle der Versorgerin identifiziert und kaum eigene Wünsche und Ziele verfolgt. Sobald sie etwas für sich tun will, gerät sie in innere Bedrängnis, weil sie denkt, dass sie egoistisch oder verantwortungslos wäre. Durch intensive Gespräche mit ihrer Freundin stellt sie fest, dass sich ihr fürsorglicher innerer Anteil verselbstständigt und lebensfrohe, unternehmungslustige Anteile in den Hintergrund gedrängt hat. Sie erkennt, dass es ihr zusteht, gut für sich zu sorgen. Sie macht sich klar, dass die Großmutter ihr in der Kindheit zu viel zugemutet hat und dass es völlig in Ordnung ist, eigene Bedürfnisse ernst zu nehmen. Dadurch gewinnt sie nach und nach mehr Lebensfreude und Zukunftsperspektiven.

Versuchen Sie nicht, einzelne innere Anteile gänzlich zum Schweigen zu bringen – das gelingt kaum und führt oft eher zum Gegenteil: Die unliebsamen Anteile werden immer lauter und fordernder. Es ist besser, die Herkunft und die Aufgabe der weniger hilfreichen Anteile zu verstehen, um ihnen einen Platz auf den Hinterbänken des inneren Teams geben zu können. Wenn sie wirklich einmal gebraucht werden, können sie sich immer noch melden.

IN DIESEM KAPITEL

Der inneren Stimme aufmerksam zuhören

Eine positive Grundhaltung einnehmen

Die Selbstregulation fördern

Kapitel 5
Die Bedeutung der Intuition

Bei der näheren Beschäftigung mit Ihrem inneren Kritiker werden Sie erleben, dass Sie einen weiteren Persönlichkeitsanteil haben, der genau weiß, was gut und richtig für Sie ist. Diesen Anteil nennt man auch die »innere Stimme«. Manchmal ist dieser Teil stärker, lauter oder nachdrücklicher als der Kritiker, manchmal nicht. In diesem Kapitel mache ich Sie mit Ihrer inneren Stimme vertraut: Sie lernen die Macht Ihrer Intuition kennen, bekommen Tipps, um sich besser auf Ihren inneren Ratgeber zu konzentrieren, und erfahren, wie Sie Ihre Intuition trainieren und dadurch Ihr Leben positiv beeinflussen können.

Das Bauchgefühl wahrnehmen

Prüfen Sie sich im Hinblick auf Ihre Intuition:

- ✔ Bei welchen Gelegenheiten nehmen Sie Ihre innere Stimme deutlich wahr?
- ✔ Sagt die innere Stimme Ihnen manchmal etwas anderes als das, was Sie gerade denken oder planen?
- ✔ Ist Ihre innere Stimme wohlwollender als Ihr innerer Kritiker?
- ✔ Wie oft und bei welchen konkreten Gelegenheiten haben Sie im Nachhinein schon gedacht »Hätte ich mal auf mein Bauchgefühl gehört«?
- ✔ Woran erkennen Sie, ob Ihre innere Stimme recht gehabt hat?
- ✔ Was glauben Sie, welchen Unterschied es machen würde, wenn Sie öfter auf Ihre Intuition hören?

Andrea Tischner hat schon mehrfach folgende Erfahrung gemacht: Sie sieht in einer Boutique ein Kleidungsstück, das ihr gut gefällt, kann sich aber nicht sofort entscheiden es zu kaufen, weil ihr innerer Kritiker immer etwas zu meckern hat (»Das steht dir nicht, du bist zu dick geworden, halt dein Geld lieber zusammen!«). Sie verlässt die Boutique, denkt ein paar Tage über den Kauf nach und stellt dann doch fest, dass dieses Kleidungsstück ideal für eine anstehende Feier wäre. Nun möchte sie es unbedingt haben, geht wieder in die Boutique – aber das Stück ist bereits verkauft. Sie ärgert sich schwarz und zieht bei der Feier etwas an, das sie viel weniger hübsch findet. Was wäre, wenn sie künftig öfter spontan kaufen würde, was ihr gefällt – egal was der innere Kritiker sagt? Sie probiert es aus und freut sich darüber, dass sie nicht mehr so lange gezögert hat. Ihre erste Spontankauf-Hose hat noch heute einen besonderen Stellenwert für sie.

Menschen treffen Entscheidungen entweder aus dem Bauch heraus, also ohne lange nachzudenken, oder nach ausführlichem Abwägen der verschiedenen Möglichkeiten. Bauch- und Kopfentscheidungen funktionieren grundsätzlich unterschiedlich:

- ✔ **Das intuitive Entscheiden (die Bauchentscheidung)** ist sehr viel schneller und basiert auf Gefühlen, auf dem genetisch verankerten Erfahrungswissen der Menschheit sowie auf dem individuellen Erfahrungsgedächtnis. Innerhalb von Sekundenbruchteilen entscheidet beispielsweise ein Profiballsportler, in welche Richtung er laufen oder springen sollte, um einen gegnerischen Ball zu erwischen. Und niemand denkt lange nach, wenn er in eine Feuersbrunst gerät, sondern versucht sich in Sicherheit zu bringen.

- ✔ **Das kognitive Entscheiden (die Kopfentscheidung)** braucht deutlich mehr Zeit. Hierbei werden Erfahrungen und Erkenntnisse gegeneinander abgewogen, Pläne geschmiedet, Für und Wider analysiert und unterschiedliche Szenarien vorgestellt. Wer beispielsweise ein Start-up-Unternehmen gründen möchte, schreibt einen ausführlichen Businessplan, um den Erfolg seiner Lieblingsidee nachvollziehbar zu machen und Investoren zu überzeugen.

Schnelles und langsames Denken

In seinem Erfolgsbuch *Schnelles Denken, langsames Denken* erläutert der amerikanische Psychologe Daniel Kahneman, der 2002 zusammen mit dem Wirtschaftswissenschaftler Vernon L. Smith den Nobelpreis für Wirtschaftswissenschaften erhielt, den Unterschied zwischen intuitivem und analytischem Denken: Unser schnelles, intuitives, emotional geprägtes Denksystem (Kahneman nennt es »System 1«) reagiert auf Veränderungen in der Umgebung, indem es blitzartig die aktuellen Wahrnehmungen mit dem gespeicherten Wissen und den bislang gemachten Erfahrungen abgleicht. Es arbeitet unter anderem nach dem Prinzip »Häufige Dinge sind häufig, seltene Dinge sind selten« und ermöglicht es, intuitive Lösungen zu finden und Routinetätigkeiten ohne großen Aufwand zu erledigen.

Das rationale, analytische Denksystem hingegen (»System 2« nach Kahneman) kommt zum Zuge, wenn unerwartete Dinge passieren, knifflige Aufgaben zu lösen sind, eine Situation verdächtig erscheint oder man sich besonders anstrengen muss, um mit einer Herausforderung zurechtzukommen. System 2 ist jedoch eher faul und verlässt sich gerne auf System 1, sodass man oft geneigt ist, die erste in den Sinn kommende Lösung für ein Problem als die richtige Lösung zu werten.

Es ist jedoch oft sinnvoll, nicht sofort alles für bare Münze zu nehmen, sondern zu hinterfragen: Ist ein Vorschlag wirklich gut, nur weil er freundlich und überzeugend vorgetragen wird? Ist jemand, der dreimal hintereinander recht hatte, immer im Recht? Gibt es noch weitere Hintergrundinformationen, bevor eine wichtige Entscheidung getroffen werden kann? Das analytische Denksystem immer wieder bewusst einzuschalten, ist hilfreich, um zu vermeiden, dass Sie Entscheidungen im Nachhinein bereuen, weil Sie zu schnell und, ohne alle Fakten zu kennen, entschieden haben. Außerdem gehen Sie Manipulationen und Schönfärberei nicht auf den Leim, wenn Sie sich nicht vom äußeren Schein blenden lassen, sondern eine leuchtende Fassade kritisch hinterfragen.

Situationen positiv beeinflussen

Ihre Intuition können Sie bewusst trainieren. Die wichtigste Übung, um in Kontakt mit Ihrer inneren Stimme zu kommen, ist Achtsamkeit: Bleiben Sie bewusst im Hier und Jetzt, kommen Sie zur Ruhe, nehmen Sie sich selbst und Ihre Umwelt mit allen fünf Sinnen wahr und beobachten Sie aufmerksam, ohne zu bewerten.

Aus einer achtsamen, wertungsfreien Haltung heraus sind Ihre Sinneskanäle viel offener und aufnahmefähiger – das bewirkt, dass Sie viel mehr Informationen aufnehmen und verarbeiten können. Jede Information, sowohl von außen als auch von innen, füttert Ihre Intuition, die wiederum in Sekundenschnelle alles verarbeitet. Wenn Sie sich ganz bewusst durch tiefe Bauchatmung und gedankliche Fokussierung in eine solche acht- und aufmerksame Stimmung versetzt haben, probieren Sie aus, was Ihre Intuition alles kann:

- ✔ Wenn das Telefon klingelt, sagen Sie laut, wer wohl am anderen Ende der Leitung ist.
- ✔ Wenn Sie zwei Aufgaben zu erledigen haben, entscheiden Sie spontan, welche wichtiger ist.
- ✔ Wenn Sie an einer Wegkreuzung stehen, gehen Sie, ohne nachzudenken, in die Richtung, die Ihnen richtig erscheint.
- ✔ Bestellen Sie im Restaurant das, was Ihnen ins Auge springt.
- ✔ Sagen Sie schon am Anfang eines Kriminalfilms, wer der Täter ist.
- ✔ Sprechen Sie in Gedanken die Sätze anderer Menschen zu Ende (und hören Sie trotzdem gut zu, was sie sagen – manchmal doch etwas überraschend anderes, als Sie dachten).
- ✔ Machen Sie ein Geburtstagsgeschenk, ohne vorher nach Wünschen zu fragen.
- ✔ Entscheiden Sie morgens, was Sie anziehen, ohne über die anstehenden Termine nachzudenken.
- ✔ Wenn Sie ein Störgefühl haben, während jemand versucht Sie zu überzeugen, lehnen Sie die vorgebrachten Argumente ab, ohne sich zu rechtfertigen.

Durch solche Übungen lernen Sie, die Kraft Ihrer Intuition zu nutzen und sich mehr und mehr auf Ihre innere Stimme zu verlassen. Sie werden vielleicht zunächst unsicher sein und immer mal wieder in die falsche Richtung laufen oder etwas Unpassendes schenken. Aber mit der Zeit werden Sie vermutlich überraschende Erfahrungen machen und erkennen, dass Sie viel mehr intuitives Wissen haben, als Sie jemals dachten.

Ihre Intuition weiß, was jetzt und auf Dauer gut und bedeutsam für Sie ist, während Ihr innerer Kritiker Sie in der durch Ihre Erziehung, Ihre Werte und Ihre Erfahrungen bestimmten Spur halten will.

Intuition und innere Kritik

Bringen Sie Intuition und inneren Kritiker miteinander ins Gespräch: Wenn der Kritiker Sie vorführt, verurteilt oder niedermacht, dann lassen Sie Ihre innere Stimme sprechen. Fragen Sie sich beispielsweise, weshalb Sie gerade jetzt so unsicher oder kränkbar sind und was Ihren inneren Kritiker auf den Plan gerufen haben könnte. Ihre Intuition kennt möglicherweise die Antwort – vielleicht sind Sie verletzt oder enttäuscht? Vielleicht hat etwas nicht geklappt, was Sie sich gewünscht hatten? Vielleicht ist Ihr Selbstbild ins Wanken gekommen oder Sie sind unsicher? Vielleicht sind Sie müde und ausgelaugt? Was auch immer es ist, begegnen Sie der aktuellen Situation mit Wertschätzung und Achtsamkeit. Versuchen Sie zu klären, ob es ein inneres Bedürfnis gibt, das etwas mit der inneren Kritik zu tun hat. Wenn ja, befriedigen Sie zunächst das zugrunde liegende Bedürfnis, damit es Sie nicht länger quält. Es würde Ihnen sonst immer wieder in die Quere kommen.

BEISPIEL

Ute Richling ist Projektmanagerin in einer Marketingabteilung. Sie ist gut organisiert und gibt ihre Produktpräsentationen immer pünktlich ab. Nun steht ein Kundentermin bevor und sie hat geplant, ihren Vortrag noch einmal zu überarbeiten. Doch ohne erkennbaren äußeren Grund kann sie sich ausgerechnet heute nicht aufraffen, die Präsentation zu öffnen. Sie liest E-Mails, telefoniert mit einer Kollegin und kocht sich einen Kaffee. Die Uhr tickt – in zwei Stunden muss sie zum Kunden. Als sie spürt, dass der Druck immer größer wird, horcht sie in sich hinein und überlegt, warum es ihr gerade so schwerfällt, die Aufgabe zu erledigen. Ihr wird bewusst, dass sie bei diesem Kunden immer das Gefühl hat, sich beweisen zu müssen: Ihr innerer Kritiker lässt kein gutes Haar an ihr und bemängelt jede Kleinigkeit. Ute erkennt, dass sie sich gerade von diesem Kunden ein Lob wünscht, weil er sie an ihren Vater erinnert, der sie nie gelobt hat. Also spricht sie ihren Chef an und fragt, ob er den Eindruck hätte, dass sie für den besagten Kunden die richtige Beraterin sei. Er lacht und fragt: »Hat der Kerl dich etwa auflaufen lassen? Das macht er mit allen Beraterinnen – keine ist ihm gut genug. Offensichtlich hat er ein Problem mit starken Frauen! Mach dir nichts draus, das hat nichts mit dir zu tun.« Ute atmet tief durch, lächelt und setzt sich wieder an den Computer. In kurzer Zeit hat sie die Präsentation fertig und kann entspannt zum Kunden fahren. Da sie von ihrem Chef erfahren hatte, dass der Kunde niemanden lobt, weiß sie, dass sie auch diesmal allenfalls ein knappes »Okay, danke« ernten wird – aber das bezieht sie nun nicht mehr auf sich.

Je genauer Sie in sich hineinhorchen und je aufmerksamer Sie sich mit Ihrer Intuition beschäftigen, desto besser lernen Sie sich kennen. Und je mehr Sie über sich wissen, desto entspannter können Sie Entscheidungen treffen, Ziele stecken und Herausforderungen annehmen. Denn Sie wissen,

- ✔ was Sie wann brauchen,
- ✔ in welchem Rhythmus von Anspannung und Entspannung es Ihnen am besten geht,
- ✔ welche Anforderungen realistisch sind und
- ✔ wie Sie Ihre unterschiedlichen Persönlichkeitsanteile am besten in Einklang bringen.

Kurz: Sie verfügen über eine hohe emotionale Kompetenz.

Emotionale Kompetenz einüben

Unter emotionaler Kompetenz verstehen Psychologen die Fähigkeit zur Selbstregulation. Dazu gehören im Wesentlichen fünf Teilbereiche:

1. Aufmerksamkeit für die eigene emotionale Befindlichkeit
2. Fähigkeit, Gefühle und Motivation in Einklang zu bringen
3. Mitgefühl (Empathie) für die Befindlichkeit anderer
4. Beziehungsfähigkeit
5. Konstruktiver Umgang mit belastenden oder unerwünschten Gefühlen

Die Gefühle eines Menschen färben seine Weltsicht. Wer zufrieden und mit sich im Reinen ist, sieht die Welt positiver als jemand, der unzufrieden und unausgeglichen ist.

Eine gute Selbstregulation steigert das Wohlbefinden und verändert das Verhalten des Menschen in der Gesellschaft. Je wirksamer Sie also Ihren inneren Kritiker bändigen, Ihre Motivatoren verstehen und mit Ihren Gefühlen umgehen können, desto besser werden Sie sich fühlen und desto mehr in Ihrem Umfeld bewirken.

Üben Sie Ihre Selbstwahrnehmung, wann und wo immer es sich anbietet.

1. **Benennen Sie Ihre Gefühle im Alltag.**

   Beschreiben Sie möglichst genau, was Sie spüren. Nehmen Sie dabei eine Beobachterposition ein und bewerten Sie nichts.

Wenn Sie beispielsweise im Stau stehen und sich ärgern, sprechen Sie laut mit sich selbst: »Ich spüre, wie mein Herzschlag schneller wird und ich einen trockenen Mund bekomme. Ich ärgere mich über die Autofahrer, die das Reißverschlussverfahren nicht beherrschen. Da vorn ist wieder ein Geländewagen, der sich vordrängelt – das erinnert mich an meinen arroganten Kollegen Müller, der sich auch überall vordrängelt und Extrabehandlung haben will. Jetzt zieht sich in meinem Bauch alles zusammen und ich atme flacher. Mein Ärger wird größer, am liebsten würde ich aufs Gaspedal treten und hier alles zu Schrott fahren!«

Durch das Sprechen und Beschreiben schaffen Sie Distanz zwischen der Situation und Ihrer Gefühlswelt und lassen sich von Ärger, Wut, Zorn oder Aggression nicht einfach überrollen.

2. **Kanalisieren Sie Ihre Gefühle.**

   Zum Beispiel so: »Mein Ärger hat eine Riesenkraft. Diese Energie nutze ich, um gleich, wenn ich am Ziel bin, meine Aufgaben in Rekordzeit zu erledigen. Danach kann ich mir eine Pause gönnen und eine Runde spazieren gehen. Darauf freue ich mich! Siehe da, mein Ärger lässt nach – aber die Energie bleibt!«

Optimistische Menschen haben zwar nicht öfter recht als pessimistische, sind aber zumeist besser gelaunt. Und da gute Laune für gute Gefühle sorgt und gute Gefühle wiederum sowohl die Weltsicht als auch die Sicht auf sich selbst positiv verändern können, lohnt es sich, den eigenen Optimismus zu stärken.

Mehr Raum für Optimismus

Optimismus und Zukunftsorientierung helfen dabei, immer wieder neu anzufangen und an sich selbst zu glauben. Wenn Sie von Natur aus eher optimistisch sind, dann setzen Sie diese Stärke künftig ganz bewusst ein, um Ihre Vorhaben umzusetzen. Sind Sie eher pessimistisch, versuchen Sie künftig eher gewährend als strafend mit sich selbst umzugehen.

Konkret heißt das: Wenn Ihr innerer Kritiker Sie verunsichert, eingeschüchtert oder gelähmt hat und Sie dadurch ein Ziel nicht erreicht haben, geben Sie nicht auf. Seien Sie nicht enttäuscht von sich, denn das füttert den inneren Kritiker. Machen Sie lieber einen weiteren Anlauf. Fragen Sie sich, was Sie anders oder besser machen können:

- ✔ Mit welcher inneren Haltung könnte das Vorhaben beim nächsten Mal gelingen?
- ✔ Wie könnten Sie konstruktiv mit Hindernissen umgehen?

✔ Wer könnte Sie unterstützen?

✔ Was könnten Sie tun, wenn Lust und Motivation erlahmen?

✔ Gibt es ein Teilziel, das Sie anpeilen könnten, um möglichst rasch ein Erfolgserlebnis zu haben?

✔ Welche Belohnung erscheint Ihnen besonders verlockend?

Lichtblicke

Wenn Sie pessimistisch, traurig oder mutlos sind, keinen Ausweg wissen oder sich einsam fühlen, richten Sie Ihre Aufmerksamkeit nach innen und konzentrieren Sie sich auf sich selbst.

1. Atmen Sie tief und ruhig durch die Nase in Ihren Bauch ein und langsam durch den leicht geöffneten Mund wieder aus.
2. Kommen Sie zur Ruhe und lassen Sie Ihre Gedanken ziehen wie Wolken am Himmel.
3. Stellen Sie sich dann vor, dass Sie an einem ruhigen und sicheren Ort sitzen oder liegen, beispielsweise auf einer Blumenwiese, am Strand, in einem Baumhaus oder in einer Höhle.
4. Stellen Sie sich nun vor, dass die Sonne durch die Wolken schaut und Sie wärmt.
5. Schauen Sie sich an Ihrem sicheren Ort um und betrachten Sie das Wechselspiel von Schatten und Licht.
6. Denken Sie dann über Ihre Situation nach und suchen Sie eine sonnige Seite neben all dem Schatten, in dem Sie gerade sind. Auch wenn Sie sich noch so traurig fühlen, finden Sie trotzdem vielleicht irgendeinen Lichtblick, beispielsweise einen einzelnen schönen Moment in den letzten Tagen.
7. Halten Sie diesen Lichtblick eine Weile in Gedanken fest, spüren Sie ihm nach und erfreuen Sie sich daran.
8. Kehren Sie dann mit Ihrer Aufmerksamkeit langsam wieder zurück ins Hier und Jetzt und nehmen Sie den Lichtblick mit, damit er Ihren Tag erhellen kann.

Entscheiden Sie sich bewusst für eine positive innere Einstellung – Sie müssen ja nicht gleich die rosarote Brille aufsetzen, aber mit einem zuversichtlichen Lächeln wird Ihnen manches leichter fallen.

Der britische Kinderserienheld Bob der Baumeister (Bob the Builder) stellt seinem Team bei jedem Einsatz die Frage: »Können wir das schaffen?«, und sein Team antwortet darauf zuverlässig: »Ja, wir schaffen das!« Mit diesem Vertrauen auf die eigenen Fähigkeiten und die gegenseitige Unterstützung meistert Bobs Bauteam alle Herausforderungen souverän. Versuchen Sie eine solche Baumeister-Haltung einzunehmen und Ihr inneres Team zu aktivieren, wenn Sie mit einer schwierigen Situation konfrontiert werden: »Yes, we can!«

Eine positive Selbstsuggestion kostet nichts und ist ohne großen Aufwand umsetzbar. Natürlich gilt das auch in die negative Richtung: Wenn Sie fest davon überzeugt sind, dass etwas schiefgehen wird, ist die Wahrscheinlichkeit groß, dass es tatsächlich misslingt oder Ihnen zumindest misslungen erscheint. Das nennt man selbsterfüllende Prophezeiung (self-fulfilling prophecy). Sind Sie aber fest vom Gelingen überzeugt, dann steigt die Chance auf einen positiven Ausgang erheblich – denn auch positive Prophezeiungen können sich selbst erfüllen. Woran Sie glauben, entscheiden Sie! Was hindert Sie daran, künftig an Ihren Erfolg zu glauben?

Optimismus verlängert das Leben: In einer Studie mit 180 katholischen Nonnen stellte die Forscherin Deborah Danner fest, dass eine optimistische Grundeinstellung die Lebenserwartung um rund zehn Jahre verlängert.

Ihr tägliches Erfolgsprogramm

Wenn Sie bislang in Ihrem Leben eine eher pessimistische Grundeinstellung hatten und sich selbst nicht viel zugetraut haben, weil Sie einen nörgelnden oder vernichtenden inneren Kritiker in sich tragen, können Sie diese Haltung natürlich nicht einfach abschütteln. Die Zweifel sitzen vermutlich tief und Sie haben Ihre Lebenserfahrungen im Lichte des Pessimismus interpretiert und abgespeichert. Aber Sie können sich dennoch bewusst dafür entscheiden, Ihre innere Haltung zu verändern:

- ✔ **Ändern Sie Ihre Grundeinstellung.** Gehen Sie vom Besten aus, erwarten Sie den Erfolg, sehen Sie Fehler als Lernchancen.
- ✔ **Ändern Sie Ihre Perspektive.** Erfolge gehören Ihnen, Misserfolge kann jeder haben.

✔ **Ändern Sie Ihr Selbstbild.** Sie sind gut und wertvoll so, wie Sie eben sind. Sie entscheiden sich bewusst für persönliche Weiterentwicklung. Sie verändern sich, weil Sie es wollen.

✔ **Schärfen Sie Ihren Blick für Details.** Auch wenn etwas schiefgeht, hat es noch irgendeine gute Seite. Wenn Sie etwas, und sei es nur irgendeine Kleinigkeit, neu gelernt haben, war der Tag nicht umsonst.

✔ **Interpretieren Sie positiv.** Wenn etwas nicht klappt, ist die Zeit vielleicht noch nicht reif dafür, sondern es kommt irgendwann ein passenderer Augenblick. Nur weil es anders läuft als geplant, muss es noch nicht schlechter sein – manchmal kommt das Glück in der Maske des Unglücks.

✔ **Nehmen Sie Rückschläge gelassen hin.** Es kommt, wie es kommt. Ein Rückschlag ist noch kein Fehlschlag. Beim nächsten Mal wird es klappen.

Geben Sie nicht auf: Übung macht den Meister. Niemand wird als Held geboren. Immer wieder aufstehen und weitergehen, so kommen Sie voran.

Suchen Sie sich aus den angebotenen Impulsen diejenigen heraus, die Ihnen hilfreich und überzeugend erscheinen. Schreiben Sie zwei oder drei Sätze auf Klebezettel und hängen Sie diese in Sichtweite auf. Nutzen Sie die Formulierungen als positive Selbstsuggestionen oder wandeln Sie sie ab, damit sie Ihnen leicht über die Lippen gehen. Beginnen Sie jeden Morgen mit einem aufmunternden Wort und nehmen Sie sich im Laufe des Tages mehrmals etwas Zeit, um sich selbst gut zuzureden. Reflektieren Sie abends, was Sie erreicht haben, was Ihnen gut gefallen hat, welche positiven Gefühle Sie genossen haben und womit Sie zufrieden waren. Überlegen Sie, worauf Sie sich am nächsten Tag freuen.

Gemeinsam geht es leichter

Die meisten Menschen brauchen Kontakt zu anderen Menschen, um sich dauerhaft zu motivieren und eine positive Grundhaltung einzunehmen. Denn im stillen Kämmerlein kann der innere Kritiker oftmals ungestört wirken. Selbstzweifel und Vorbehalte melden sich, Erinnerungen an Misserfolge treten in den Vordergrund, die Energie verebbt. Hören Sie auf Ihre innere Stimme, die Ihnen sagt, wann es Zeit ist, die Unterstützung Ihrer Mitmenschen anzunehmen oder zu erbitten:

✔ Besprechen Sie Ihre Wünsche, Pläne und Ziele mit vertrauten Personen.

✔ Diskutieren Sie mögliche Lösungswege oder Herangehensweisen mit Experten.

- ✔ Fragen Sie andere Menschen nach ihren Erfahrungen mit vergleichbaren Aufgaben.
- ✔ Lesen Sie Erfahrungsberichte oder besuchen Sie Selbsthilfegruppen.
- ✔ Halten Sie Ihre Vertrauten auf dem Laufenden darüber, wie es mit Ihrem Projekt vorangeht.
- ✔ Wenn Sie Motivationsschwierigkeiten haben, bitten Sie andere um ein aufmunterndes Wort.
- ✔ Suchen Sie Mitstreiter für Ihr Vorhaben und verteilen Sie einzelne Aufgaben an verschiedene Menschen.
- ✔ Vereinbaren Sie eine gemeinsame Belohnung.
- ✔ Fragen Sie um Rat, wenn Sie nicht weiterkommen oder unvorhergesehene Schwierigkeiten haben.
- ✔ Berichten Sie Vertrauten, wann und wie sich Ihr innerer Kritiker üblicherweise meldet, und tauschen Sie sich über den Umgang mit dem inneren Kritiker aus.
- ✔ Geben Sie Verantwortung ab und delegieren Sie. Nutzen Sie dabei die individuellen Stärken und persönlichen Vorlieben Ihrer Mitmenschen.
- ✔ Lassen Sie sich helfen.
- ✔ Freuen Sie sich gemeinsam über Erfolge und lachen Sie zusammen über Missgeschicke.

Je mehr Sie von sich zeigen und feststellen, dass Ihre Mitmenschen Ihnen positiv und wertschätzend begegnen, desto wirksamer können Sie den inneren Kritiker davon überzeugen, dass Sie kompetent, liebenswert und einzigartig sind.

Freude an Veränderung

Ihre Intuition kann Ihnen dabei helfen, sich kontinuierlich weiterzuentwickeln und Ihre Persönlichkeit zu entfalten. Sehen Sie diesen lebenslangen Prozess als große Chance und freuen Sie sich darauf, sich immer besser kennenzulernen! Ihre unterschiedlichen Persönlichkeitsanteile lernen, sich zunehmend als Team zu verstehen und zusammenzuarbeiten. Der US-amerikanische Familientherapeut Richard Schwartz erarbeitete in den 1980er-Jahren das Modell der inneren Familiensysteme (IFS), mit dem er die menschliche Persönlichkeit in ihren verschiedenen Anteilen beschrieb. Er postulierte, dass die inneren Persönlichkeitsanteile ähnlich wie eine Familie funktionieren: Jeder Anteil hat eigene Aufgaben, Interessen, Erinnerungen und Motive. Schwartz teilte die Anteile in drei Gruppen ein: Manager, Verbannte und Feuerwehrleute. Die Manager schützen die Gesamtpersönlichkeit und interagieren mit der Außenwelt, die Verbannten tragen die Verletzungen und Schmerzen eines Menschen in sich und die Feuerwehrleute versuchen durch Ablenkung oder Impulsivität die Verbannten unter Kontrolle zu behalten. Durch Zugang zu Ihrem wahren inneren Selbst können Sie lernen, Ihre inneren Feuerwehrleute zu verstehen, deren beschützende Rolle aufzudecken und Zugang zu verbannten inneren Anteilen zu finden, um diese zu entlasten.

Der innere Kritiker spielt oft die Rolle eines Beschützers, um Sie vor Scham, Kränkung oder Schmerz zu bewahren. Wenn Sie einen guten Kontakt zu ihm entwickeln und ihm signalisieren, dass Sie als erwachsene Persönlichkeit in der Lage sind, sich selbst zu schützen, kann er zur Ruhe kommen.

Mithilfe Ihrer inneren Stimme, die sich immer deutlicher zu Wort meldet, je mehr Aufmerksamkeit Sie ihr schenken, können Sie kleine und große Veränderungen einleiten. Beispiele dafür sind:

- ✔ Sie spüren deutlich, dass Sie zu viel arbeiten. Ihre innere Stimme warnt Sie, dass hinter der übermäßigen Arbeit die Angst vor Einsamkeit lauert. Nehmen Sie die Intuition ernst und setzen Sie sich offen und ehrlich mit Ihrer Lebenssituation auseinander: Haben Sie enge Freunde? Können Sie sich mehr Zeit für ein Hobby nehmen? Was brauchen Sie, um sich mehr Ruhe gönnen zu dürfen? Wie können Sie dem Alleinsein begegnen? So können Sie neue Strategien im Umgang mit Ihren Ängsten entwickeln, um sich nicht mehr durch exzessives Arbeiten ablenken oder betäuben zu müssen.
- ✔ Ihre Intuition meldet Ihnen, dass eine alte Freundschaft Ihnen nicht mehr guttut, weil Ihre Grenzen ständig missachtet werden. Schauen Sie mit kritischem Blick auf diese Beziehung und finden Sie heraus, warum Sie Ihre Grenzen nicht besser verteidigen: Vielleicht haben Sie das Gefühl, in der Schuld des Freundes zu stehen? Oder haben Sie Minderwertigkeitsgefühle? Möglicherweise schwelt ein ungeklärter Konflikt zwischen Ihnen beiden? Durch solche Analysen können Sie Ihre zwischenmenschlichen Beziehungen verändern und sich auf gesunde, hilfreiche und wertschätzende Interaktionen konzentrieren.
- ✔ Ein Berater schlägt Ihnen ein sicheres Finanzmodell vor, aber Ihre innere Stimme rät Ihnen davon ab. Hinterfragen Sie das vorgeschlagene Modell:

Wer profitiert davon? Ist der Berater unabhängig? Was sagen Finanztests zu diesem Modell? Kennt sich in Ihrem Freundes- oder Familienkreis jemand mit Geldanlagen aus? Warum schlägt Ihre innere Stimme Alarm? Nehmen Sie Ihre Bedenken ernst und lassen Sie sich zu nichts überreden.

Den Horizont erweitern

Der innere Kritiker neigt dazu, Ihren Blickwinkel zu verengen und Sie auf gewohnten Pfaden zu halten. Die innere Stimme kann hingegen Ihren Horizont erweitern und Ihnen Lust auf neue Wege machen. Schauen Sie über den Tellerrand hinaus, wagen Sie Neues und vertrauen Sie auf sich. Durch Offenheit, Empathie und Selbstreflexion schaffen Sie Raum für intuitive Entscheidungen, Kreativität und neue Erfahrungen. Vielleicht wird Ihrem inneren Kritiker ganz schwindelig, wenn Sie sich vornehmen, außerhalb der gewohnten Muster zu denken und zu handeln. Das könnte ein gutes Zeichen sein – denn Schwindel ist Bewegung, und Bewegung ermöglicht Veränderung.

Um geistig und körperlich in Bewegung zu bleiben, können Sie Denksport und Ausdauertraining in Ihren Alltag integrieren. Nutzen Sie jede Möglichkeit, um körperlich fit zu sein: Treppensteigen, Fußwege, aktive Pausen oder ein flottes Tänzchen bei der Hausarbeit, regelmäßiger Sport und bewusster körperlicher Ausgleich bei sitzenden Tätigkeiten sind jeden Tag möglich. Trainieren Sie Ihren Geist durch Knobelaufgaben, Auswendiglernen, eine neue Sprache, Musizieren, aktives Erinnern oder konzentriertes Lesen.

Die körperliche und geistige Beweglichkeit ermöglicht Ihnen, Ihre Komfortzone zu vergrößern. Unter der Komfortzone versteht man den Lebens- und Handlungsbereich, in dem Sie sich wohl und heimisch fühlen. Hier können Sie sich darauf verlassen, dass Sie erfolgreich sind, weil Sie sich Ihrer Stärken und Ressourcen bewusst sind. Sie überschreiten Ihre Grenzen nicht, sondern bewegen sich auf dem sicheren Terrain der Routine. Sie reagieren in bewährter Weise auf die alltäglichen Anforderungen und sparen Zeit und Kraft, weil Sie nicht lange über einen Lösungsweg nachdenken müssen, sondern wissen, wie es geht. Die Komfortzone ist Ihr sicheres Basislager, in dem Sie sich nicht überfordern, Ihre Batterien immer wieder auftanken und zur Ruhe kommen. Innerhalb Ihrer Komfortzone ist Ihr innerer Kritiker zumeist friedlich und lässt Sie gewähren.

Wenn Sie sich bewusst neue Räume erschließen, vergrößern Sie jedoch langfristig Ihre Komfortzone. Denn alles, was Sie neu lernen, sich erarbeiten, wagen und gewinnen, wird Teil Ihres erweiterten Basislagers. Und da das Leben Weiterentwicklung von Ihnen verlangt – wer stehen bleibt, wird abgehängt –, ist es hilfreich, sich bewusst und mit kalkuliertem Risiko aus der Komfortzone herauszuwagen und sich zu entfalten. Folgende Impulse können Sie dazu anregen, sich auf neue Horizonte zuzubewegen:

- ✔ Weiterbildung wird in Deutschland intensiv gefördert – es gibt Bildungsurlaub, Bildungsgutscheine, Weiterbildungsmaßnahmen in der Arbeitszeit, Fortbildungsangebote im Betrieb und Ähnliches. Was möchten Sie noch lernen? Auf welchem Feld haben Sie Nachholbedarf? Kontaktieren Sie die Personalabteilung Ihres Unternehmens, stöbern Sie im Internet, fragen Sie im Jobcenter nach oder unterhalten Sie sich mit Kollegen über mögliche Themen und Maßnahmen. Jede Weiterbildungsmaßnahme erweitert Ihren Horizont und Ihre Komfortzone. Auch hier ist oft der erste Schritt der schwerste – aber wenn Sie sich einmal aufgerafft haben, kommt der Spaß beim Tun.

- ✔ Überschreiten Sie bewusst eine Angstgrenze. Prüfen Sie, ob bestimmte Ängste Sie davon abhalten, Ihre Komfortzone zu vergrößern: Höhenangst, soziale Ängste, Angst vor Krankheiten, Klaustrophobie (Angst vor engen Räumen) oder Agoraphobie (Angst vor freien Plätzen), Zukunftsangst oder Flugangst. Seien Sie ehrlich mit sich: Welche Ihrer Ängste hält Sie in der Komfortzone fest? Welche Angst möchten Sie gerne überwinden? Suchen Sie sich Hilfe und Unterstützung, um eine definierte Angstgrenze zu überwinden.

- ✔ Tun Sie jeden Tag oder zumindest einmal in der Woche etwas Verrücktes, Unerwartetes und Überraschendes. Brechen Sie aus der Routine aus und probieren Sie sich neu aus. Wer weiß, welche neuen Seiten Sie an sich kennenlernen – und welche Reaktionen Sie provozieren?

Wenn Sie sich verändern, kommt Bewegung in Ihr heimisches System und Ihr Beziehungsnetzwerk.

Ähnlich wie bei einem Mobile reicht oft schon ein winziger Impuls, um alles zum Schwingen und Drehen zu bringen. Nutzen Sie dies, um Ihre eigene Entwicklung voranzubringen. Denn die Reaktionen Ihrer Umgebung haben selbstverständlich auch wieder Rückwirkung auf Sie.

IN DIESEM KAPITEL

Entspannter Umgang mit dem eigenen Körper

Gewicht und Statur realistisch einschätzen

Bewusste Entscheidung für eine gesunde Lebensweise

Kapitel 6
Der Körper und der innere Kritiker

Zu groß oder zu klein, zu dick oder zu dünn, zu auffällig oder zu unscheinbar – in Bezug auf Aussehen und Erscheinungsbild hat der innere Kritiker bei vielen Menschen etwas zu meckern. Kaum jemand ist rundum zufrieden mit seinem Körperbild. In diesem Kapitel lade ich Sie ein, sich mit Ihrer inneren Einstellung Ihrem Körper gegenüber zu beschäftigen. Sie lernen zu erkennen, wer Sie wann und wie beeinflusst hat, und ich zeige Ihnen, wie Sie die kritischen inneren Stimmen entmachten können. Außerdem stelle ich Ihnen einige alltagstaugliche Strategien für einen gesunden Lebensstil vor, damit Sie Ihren Körper langfristig gesund und fit halten.

Machen Sie eine Bestandsaufnahme Ihrer körperlichen Erscheinung: Notieren Sie, wie groß und wie schwer Sie sind. Beschreiben Sie wertungsfrei Ihr Gesicht, Ihre Frisur, Ihren Oberkörper, Ihre Arme und Beine, Ihre Hände und Füße. Denken Sie darüber nach, in welcher Kleidung und mit welchen Accessoires Sie sich wohlfühlen. Halten Sie besondere Merkmale fest, die Sie unverwechselbar machen. Suchen Sie sich ein Foto aus, auf dem Sie sich gut gefallen, und bewahren Sie es zusammen mit Ihrer Bestandsaufnahme auf. Schauen Sie sich Ihre Notizen regelmäßig an und nehmen Sie eine wohlwollende innere Haltung ein: »Ja, das bin ich!«

Ihr Körperbild wurde entscheidend in Ihrer Kindheit und Jugend geprägt, entwickelt sich im Laufe des Lebens aber weiter. Wie Sie sich wahrnehmen und bewerten, ist zwar von tief eingeprägten individuellen Mustern bestimmt, doch Sie können Ihre Wahrnehmung und Bewertung ganz bewusst verändern. Hören Sie nicht nur auf Ihren inneren Kritiker, sondern machen Sie einen regelmäßigen Realitätscheck und seien Sie wohlwollend sich selbst gegenüber.

Die Prägung des Körperbilds

Je nach Herkunft, Kultur, Erziehung und Erfahrung ist das Körperbild ein Konstrukt, das oft nicht viel mit messbaren Faktoren zu tun hat. Was als ästhetisch, schön, gesund und erstrebenswert eingeschätzt wird, hängt von verschiedensten Einflüssen ab:

- ✔ **Kulturelle Normen:** Je nach Kultur gelten entweder schlanke oder dicke Menschen als gesund und schön. Abhängig von kulturellen Werten wird besonderer Wert auf bestimmte Körperteile gelegt, beispielsweise auf die Augen, die Hüften oder die Behaarung.
- ✔ **Gesellschaftliche Übereinkünfte:** Die gesellschaftliche Herkunft oder Schichtzugehörigkeit beeinflusst innerhalb einer Kultur die Vorstellung von Schönheit.
- ✔ **Mode:** Schönheitsideale sind der Mode unterworfen und werden insbesondere durch Werbung, Medien und soziale Netzwerke verbreitet.
- ✔ **Familiäre Einflüsse:** Eltern und Familie nehmen großen Einfluss auf das Körperbild eines Kindes und vermitteln ihm verbal und nonverbal, was gut und richtig ist. Kinder werden schon früh dazu angehalten, sich so zu ernähren und zu kleiden, wie die Familie es vorgibt. In der Pubertät rebellieren viele junge Menschen gegen die Schönheitsideale ihrer Ursprungsfamilie.
- ✔ **Soziale Rückmeldungen:** In der Jugend sind Gleichaltrige besonders wichtig für die Weiterentwicklung des Körperbilds. Was in der jeweiligen Peergroup für attraktiv gehalten wird, kann das Schönheitsideal eines jungen Menschen nachhaltig prägen. Im späteren Leben prägt das berufliche und nachbarschaftliche Umfeld die Werte eines Menschen.
- ✔ **Persönliche Erfahrungen:** In der Pubertät verändert sich der Körper stark, was bei manchen Jugendlichen Ängste, Unsicherheit oder Schamgefühle auslöst. Auch Mobbing, Krankheiten oder Misserfolge in Sport, Freizeit und Beruf beeinflussen die Vorstellungen vom eigenen Körper ein Leben lang.

Der innere Kritiker vereint die verschiedenen Einflüsse und wird als Persönlichkeitsanteil aktiv, wenn es um das eigene Erscheinungsbild geht. Die innere Bewertung reicht möglicherweise von »Ich bin gut so, wie ich bin« (Wertschätzung) über »Das sieht heute aber gar nicht gut aus« (Nörgelei) bis hin zu »Ich sehe schrecklich aus« (Abwertung).

Idealerweise ist der innere Kritiker konstruktiv und wertschätzend, doch viele Menschen erleben ihn als nörgelnd, kränkend, abwertend, verletzend oder gar vernichtend. Wie ist es bei Ihnen – wann und wie meldet sich Ihr innerer Kritiker in Bezug auf Ihr Aussehen? Seien Sie aufmerksam und achten Sie darauf, ob und wie Sie sich bewerten:

- ✔ Wie sehen Sie Ihr Spiegelbild in verschiedenen Situationen (je nach Tageszeit, Pflegezustand, Kleidung, Kontext)?
- ✔ Was mögen Sie an sich?
- ✔ Was können Sie nicht leiden?
- ✔ Was würden Sie gerne verändern?
- ✔ Wem sehen Sie ähnlich?
- ✔ Wie viel Zeit und Geld investieren Sie in Körperpflege und Attraktivität?
- ✔ Was ist Ihnen in Bezug auf Ihr Aussehen wichtig, was ist egal?
- ✔ Wenn Sie Ihre eigene Bewertung wahrnehmen, woran erinnert Sie das? Hören Sie beispielsweise die Stimme eines Elternteils oder spiegelt Ihre Bewertung die einer anderen Bezugsperson wider?
- ✔ Haben Sie sich in der Pubertät für Ihr Äußeres geschämt und sind diese Schamgefühle auch heute noch aktiv?

Die Spuren verschiedener Einflüsse erkennen

Versuchen Sie sich daran zu erinnern, wie Sie als Kind von Ihren Eltern und anderen wichtigen Bezugspersonen gesehen, beschrieben und bewertet worden sind.

- ✔ Mit wem wurden Sie verglichen?
- ✔ Wer wurde Ihnen als Vorbild genannt?
- ✔ Was war an Ihnen in Ordnung, was sollte anders sein?

Verfolgen Sie weitere Erinnerungen: Wie haben Ihre Spiel- und Schulkameraden auf Ihr Äußeres reagiert?

- ✔ Wann haben Sie angefangen, sich selbst mit anderen zu vergleichen?
- ✔ Wofür wurden Sie gelobt und bewundert?
- ✔ Was wurde negativ bewertet?

Bis ins Hier und Jetzt nehmen äußere Faktoren auf Ihre Selbstbewertung Einfluss:

- ✔ An welchen Schönheitsidealen orientieren Sie sich?
- ✔ Wessen Meinung über Ihr Äußeres ist Ihnen besonders wichtig, wem möchten Sie gefallen?
- ✔ Wie sehr beeinflussen Werbung, soziale Medien oder Trends Ihr Selbstbild?
- ✔ Welche Erfahrungen machen Sie je nach Kleidung und Styling mit Ihrer Wirkung auf andere?

Setzen Sie Ihre Erinnerungen in eine Beziehung zu Ihrem inneren Kritiker und enttarnen Sie die Quellen der Wertmaßstäbe:

- ✔ **Werte der Ursprungsfamilie:** Dieser innere Kritiker äußert die Überzeugung, Sie seien »schon immer« so gewesen.
- ✔ **Vergleiche unter gleichaltrigen Bezugspersonen** (Peergroup): Dieser innere Kritiker vermittelt Ihnen Schamgefühle, Minderwertigkeitsempfinden oder das Gefühl, nicht dazuzugehören.
- ✔ **Kulturelle oder gesellschaftliche Ideale:** Dieser innere Kritiker gibt Ihnen das Gefühl, nicht zu genügen, unzulänglich oder »falsch« zu sein.
- ✔ **Eigene Werte und Ideale:** Dieser innere Kritiker treibt Sie dazu an, sich zu optimieren und Ihre Mängel auszugleichen.

⚠ Menschen, die sich übermäßig mit ihrem Äußeren beschäftigen und im Sinne einer Fehlwahrnehmung entweder kleine Mängel überbewerten oder sich körperliche Entstellungen einbilden, leiden möglicherweise unter einer psychischen Erkrankung, die im Fachjargon *körperdysmorphe Störung* oder *Körperschemastörung* heißt. Diese Krankheit betrifft etwa 2 bis 3 Prozent der Bevölkerung und wird psychotherapeutisch behandelt.

Fragen Sie sich im nächsten Schritt, welches Ziel Ihr innerer Kritiker verfolgt und ob Ihnen dieses Ziel hilfreich erscheint:

- ✔ Will der innere Kritiker Sie auf ein Gesundheitsrisiko aufmerksam machen?
- ✔ Will er Ihre Erfolgsaussichten im Leben erhöhen?
- ✔ Will er Sie dazu anspornen, gut für sich zu sorgen?

✔ Oder will er Sie einfach nur niedermachen und Ihnen das Gefühl geben, Sie seien wertlos?

Angemessene innere Kritik kann dazu dienen, nicht nachlässig mit sich selbst umzugehen und das körperliche Wohlbefinden ernst zu nehmen. In diesen Fällen sind Sie Ihrem inneren Kritiker vielleicht sogar dankbar, weil er es gut mit Ihnen meint.

Achten Sie darauf, dass die innere Kritik wohlwollend und konstruktiv bleibt.

Wenn Sie jedoch feststellen, dass die innere Kritik unangemessen, überschießend oder destruktiv ist, könnte ein Realitätscheck Sie weiterbringen.

Regelmäßiger Realitätscheck

Zu Beginn dieses Kapitels habe ich Sie dazu eingeladen, eine Bestandsaufnahme Ihrer körperlichen Erscheinung zu machen – möglichst ohne Bewertung und mit einer positiven Haltung sich selbst gegenüber. Nehmen Sie diese Bestandsaufnahme zur Hand und gleichen Sie sie mit der Bewertung des inneren Kritikers ab. Stellen Sie der Kritik die Realität gegenüber und gehen Sie wohlwollend darauf ein.

In Tabelle 6.1 finden Sie Beispiele für den Realitätscheck und eine mögliche eigene Stellungnahme. Ergänzen Sie diese Tabelle durch Ihre Beobachtungen und finden Sie heraus, was Ihnen hilft, sich selbst zu akzeptieren oder positiv weiterzuentwickeln.

Auf diese Weise können Sie sich Schritt für Schritt von unberechtigter, destruktiver oder sinnloser innerer Kritik distanzieren und Ihren Körper so annehmen, wie er ist.

BEISPIEL

Andreas Timmer bekam von seiner Familie wegen seiner Segelohren den Spitznamen »Dumbo« – eigentlich liebevoll gemeint, aber mit schlimmen Folgen für Andreas' Selbstwertgefühl: Er fühlte sich hässlich und falsch. Auch die Hänseleien seiner Schulkameraden führten dazu, dass er sich zurückzog und bis ins junge Erwachsenenalter unsicher und schüchtern war. Im Studium lernte er Stefanie kennen, die ihre großen Ohren unter langen Haaren versteckte. Sie war nie wegen ihrer Ohren ausgelacht worden, hatte aber großes Verständnis für Andreas. Die beiden freundeten sich an und Andreas wurde durch den Kontakt zu Stefanie zunehmend entspannter und aufgeschlossener.

Er lernte, seinem inneren Kritiker, der ihn immer wieder verunsicherte, entgegenzuhalten, dass Segelohren zwar nicht besonders schön, aber keinesfalls eine Tragödie sind. Je besser er sich selbst akzeptieren konnte, desto selbstsicherer ging er unter Menschen. Inzwischen sind Andreas und Stefanie verheiratet und haben zwei Kinder – beide mit normal großen Ohren.

Innere Kritik	Bestandsaufnahme	Hilfreiche innere Stellungnahme
viel zu dick	Größe: 168 cm, Gewicht: 73 kg, Body-Mass-Index: 25,9 – leichtes Übergewicht	Ich wiege ein paar Kilo zu viel und werde versuchen, in den nächsten drei Monaten durch Sport und bewusste Ernährung abzunehmen.
hässliche Nase	markante Nase in einem eher schmalen Gesicht	Meine Nase gibt mir ein unverwechselbares Äußeres. Zusammen mit meinen großen Augen wirke ich dadurch wach und präsent.
peinlicher Bierbauch	Bauchumfang: 100 cm (Mann)	Das ist eindeutig zu viel und erhöht mein Risiko für Herz-Kreislauf-Erkrankungen. Ich werde mit meinem Hausarzt darüber sprechen.
fetter Hintern	Hüftumfang: 100 cm (Frau)	Das entspricht der Kleidergröße 40/42, damit fühle ich mich eigentlich ganz wohl. Ein »gebärfreudiges Becken« ist in vielen Kulturen besonders sexy.
zu kurze Beine	Körpergröße: 170 cm, Beinlänge (innen): 82 cm	Meine Beinlänge liegt etwas unter dem optimalen Wert (Hälfte der Körpergröße). Kürzere Beine sind gut für die Körperstabilität.

Tabelle 6.1: Realitätscheck für das eigene Körperbild

Übergewicht reduzieren

Vielleicht hadern Sie mit Ihrem Gewicht und Ihr innerer Kritiker predigt Ihnen, dass Sie abnehmen müssen. Zunächst sollten Sie prüfen, ob Sie objektiv zu dick sind oder ob Sie von Ihrem inneren Kritiker irritiert werden, sich also trotz Normalgewicht nicht wohl in Ihrer Haut fühlen.

Prüfen Sie als Erstes Ihren Body-Mass-Index (BMI) und die Verteilung Ihres Körperfetts anhand der Waist-to-Height-Ratio (WHtR, Verhältnis von Taillenumfang zur Körpergröße). Liegt Ihr BMI über 25 (Übergewicht) oder gar über 30 (Adipositas, also Fettsucht) und die WHtR über 0,5, besteht Handlungsbedarf.

BMI berechnen

Der *Body-Mass-Index* (BMI) errechnet sich aus dem Verhältnis von Körpergewicht zum Quadrat der Körpergröße nach folgender Formel: BMI = Gewicht (in kg) geteilt durch Größe (in m) zum Quadrat. Das Verhältnis von Taille zu Größe (WHtR) bestimmt man nach der Formel WHtR = Taillenumfang (cm) geteilt durch Körpergröße (cm). Den Taillenumfang messen Sie oberhalb des Bauchnabels an der dicksten Stelle Ihres Bauchs, am besten morgens. Atmen Sie aus und ziehen Sie den Bauch nicht ein, sondern entspannen Sie beim Messen Ihre Bauchmuskeln. Im Internet gibt es zahlreiche kostenlose BMI- und WHtR-Rechner.

Liegen beide Werte jedoch im Normbereich und Sie fühlen sich trotzdem zu dick, sind möglicherweise Ihre Körperwahrnehmung oder Ihre Selbstakzeptanz nicht stimmig. Suchen Sie sich professionelle Hilfe, falls das Thema in Ihrem Leben großen Raum einnimmt oder Sie befürchten, an einer Ess- oder Körperschemastörung zu leiden.

Kalorienaufnahme und Kalorienverbrauch ins Lot bringen

Übergewicht entsteht durch ein Missverhältnis zwischen Kalorienaufnahme und Kalorienverbrauch, also durch zu viel Essen und zu wenig Bewegung. Das Thema Essen ruft bei vielen Menschen den inneren Kritiker auf den Plan, denn die Nahrungsaufnahme ist nicht selten schon von Kindesbeinen an ein Thema, das mit Kritik, Strafe oder Abwertung verbunden ist: Wie soll ein Kind lernen, zu essen, wenn es hungrig ist, und sein Sättigungsgefühl aufmerksam wahrzunehmen, wenn die Eltern es entweder mit Süßigkeiten belohnen oder durch Essensentzug bestrafen (»Du musst ohne Abendbrot ins Bett!«)?

Wenn Sie übergewichtig sind und schlank werden wollen, gilt es also auf verschiedenen Ebenen aktiv zu werden:

- ✔ Schulen Sie Ihre Körperwahrnehmung.
- ✔ Informieren Sie sich über gesunde Ernährung.
- ✔ Kaufen Sie mit Bedacht ein.

- ✔ Ermitteln Sie Ihren täglichen Energiebedarf – er ist abhängig von Alter, Geschlecht, Größe, Gewicht und Tätigkeitsprofil.
- ✔ Erhöhen Sie Ihren Energieverbrauch durch mehr körperliche Aktivität, insbesondere Ausdauersport.
- ✔ Ändern Sie Ihre Essgewohnheiten.
- ✔ Nehmen Sie weniger Energie auf, als Sie verbrauchen, bis Sie Ihr Wunschgewicht erreicht haben.
- ✔ Halten Sie Ihr Wunschgewicht, indem Sie auf ein ausgeglichenes Verhältnis zwischen Energieaufnahme und -verbrauch achten.

Möglicherweise werden Sie nach der Lektüre dieser Zusammenfassung mutlos und Ihr innerer Kritiker schimpft: »Das schaffst du sowieso nicht, du bist viel zu inkonsequent.« In diesem Fall ist es sinnvoll, sich zu überlegen, welche Bedeutung die Nahrungsaufnahme in Ihrem Leben hat – so finden Sie die Stellschrauben, an denen Sie drehen können, um Ihre Gewohnheiten zu verändern:

- ✔ Essen Sie nebenher und eher achtlos? Oder essen Sie genussvoll und aufmerksam?
- ✔ Sind Mahlzeiten Ihnen lästig oder freuen Sie sich darauf?
- ✔ Ist Ihnen egal, was Sie Ihrem Körper zuführen, oder achten Sie auf Frische, Vollwert, Geschmack und Nachhaltigkeit?
- ✔ Ist Essen für Sie eine Ersatzbefriedigung (Trauer-, Belohnungs-, Langeweile-, Frustessen) oder essen Sie, um Ihren Hunger zu stillen?
- ✔ Essen Sie lieber allein oder spielt das Essen für Sie auch eine Rolle bei Kommunikation und Beziehungspflege?
- ✔ Haben Sie bestimmte Einschränkungen in der Auswahl von Lebensmitteln (Lactose- oder Glutenintoleranz, Diabetes oder Fettstoffwechselstörungen, Nahrungsmittelallergien, vegetarische oder vegane Ernährung) oder können, wollen und dürfen Sie alles essen?

Die Antworten auf diese Fragen sowie die Analyse eines Ernährungstagebuchs helfen Ihnen herauszufinden, ob Sie zu viel, unachtsam oder die falschen Nahrungsmittel essen. Verändern Sie eine Unart nach der anderen, nicht alles auf einmal: Beginnen Sie beispielsweise damit, achtsamer zu essen. Dann kaufen Sie gesündere Nahrungsmittel ein und zuletzt reduzieren Sie Ihre Nahrungsmenge.

Die Essgewohnheiten bewusst verändern

Führen Sie an drei möglichst repräsentativen Tagen (zwei Werktage und ein Tag am Wochenende) Buch über Ihre Ernährung. Notieren Sie,

- ✔ wann Sie was essen und trinken,
- ✔ wie viel Sie gegessen und getrunken haben,
- ✔ ob Sie hungrig und durstig waren oder ob Sie aus einem anderen Grund gegessen oder getrunken haben,
- ✔ wie es Ihnen geschmeckt hat und
- ✔ wie Sie sich anschließend gefühlt haben.

Ermitteln Sie die Kilokalorienzahl der jeweiligen Nahrungsbestandteile (Achtung, auch Getränke haben Kalorien!) und setzen Sie sie ins Verhältnis zu Ihrem Energieverbrauch (Grundumsatz plus körperliche Tätigkeit).

Es gibt zahlreiche Smartphone-Apps, mit denen Sie das Abnehmen unterstützen können. Manche sind kostenlos, wie die App FatSecret, andere kosten eine Grund- oder Monatsgebühr. Bedenken Sie bei allen Gesundheits-Apps, dass Sie sehr private und sensible Daten übermitteln.

Überlegen Sie, an welchen Stellschrauben Sie drehen können:

- ✔ Essen Sie regelmäßig und erst wenn Sie Hunger haben. Vermeiden Sie unnötige Snacks und Zwischenmahlzeiten. Hören Sie auf zu essen, wenn Sie satt sind.
- ✔ Steigen Sie von kalorienhaltigen Getränken wie Limonade, Cola, Saft oder gesüßtem Kaffee um auf Wasser und ungesüßten Kaffee oder Tee.
- ✔ Wenn Sie Hunger haben, trinken Sie zuerst ein Glas Wasser. Dadurch nimmt das Hungergefühl ab.
- ✔ Erhöhen Sie Ihren Kalorienverbrauch durch mehr körperliche Bewegung.
- ✔ Wenn Sie traurig, frustriert, enttäuscht oder gelangweilt sind, trösten Sie sich mit Musik, angenehmen Düften, einer Kuscheldecke oder rufen Sie einen lieben Menschen an und teilen Sie sich mit.
- ✔ Nutzen Sie möglichst kleine Teller und nehmen Sie nur eine halbe Portion.

- ✔ Essen Sie langsam und kauen Sie jeden Bissen zehnmal. Schmecken Sie bewusst und beschreiben Sie (sich oder anderen) den Geschmack, die Textur, den Geruch und etwaige Besonderheiten Ihrer Nahrung.
- ✔ Verzichten Sie beim Essen auf andere Beschäftigungen wie Zeitunglesen, Fernsehen oder Internetsurfen. Wenn Sie in Gesellschaft essen, legen Sie das Besteck hin, sobald Sie anfangen sich zu unterhalten. So nehmen Sie viel besser wahr, was Sie essen, und spüren Ihren Sättigungsgrad deutlicher.
- ✔ Beenden Sie das Essen mit einem Bissen, der Ihnen besonders gut schmeckt. So bleiben keine Wünsche offen und Sie können zufrieden aufhören.

Wiegen Sie sich einmal in der Woche morgens direkt nach dem Aufstehen und dem ersten Toilettengang und notieren Sie Ihr Gewicht in einer App oder im Kalender. Vielleicht nehmen Sie bereits dadurch ab, dass Sie Ihre Nahrungsaufnahme bewusster gestalten und sich auf Ihr Essen konzentrieren. Wenn Ihr Gewicht sich jedoch trotz achtsameren Essens nicht verändert, sollten Sie eine Zeit lang bewusst deutlich weniger Kalorien zu sich nehmen, als Sie verbrennen.

In Deutschland sind jedes sechste Kind und jeder vierte Erwachsene zu dick. Die Folgen ungesunder Ernährung sind vielfältig und können die Lebenserwartung senken, denn Übergewicht ist ein Risikofaktor für Herz-Kreislauf-Krankheiten, Diabetes, Gelenkerkrankungen und sogar für manche Krebsarten. Auch Mangel- oder Fehlernährung, also zu wenig Vitamine, Mineral- und Ballaststoffe, Eiweiß oder Flüssigkeit, führen zu erheblichen Gesundheitsgefahren. Hierzu gehören Infektanfälligkeit, Knochenentkalkung, Verdauungsprobleme, Leistungsminderung und Einschränkung der kognitiven Funktionen.

Attraktiv und gesund durch Sport

»Du solltest dich mehr bewegen« ist ein Satz, den der innere Kritiker gerne sagt. Wenn Sie schon mehrfach den Vorsatz hatten, mehr Sport zu treiben, aber nicht in die Umsetzung kommen, könnte es hilfreich sein, zunächst Ihre Motivatoren zu prüfen:

- ✔ Warum sollten Sie sich mehr bewegen? Schreiben Sie mindestens drei Gründe dafür auf.
- ✔ Ist es Ihr ehrlicher eigener Wunsch, sich mehr zu bewegen? Warum?

- ✔ Sagt Ihr innerer Kritiker Ihnen, Sie sollten sich mehr bewegen? Falls ja, welche Gründe vermuten Sie dahinter? Schreiben Sie diese Gründe auf.

Möglicherweise stehen einige schlagkräftige Argumente für mehr körperliche Bewegung auf Ihrer Liste:

- ✔ höhere Fitness,
- ✔ besseres Körpergefühl,
- ✔ Gewichtsabnahme,
- ✔ weniger Rückenschmerzen,
- ✔ gesündere Gelenke,
- ✔ längere Lebenserwartung,
- ✔ besseres Aussehen,
- ✔ Kleidung passt wieder,
- ✔ mehr frische Luft,
- ✔ Aktivität mit anderen Menschen.

Ordnen Sie diese Gründe nach ihrer Wichtigkeit und konzentrieren Sie sich auf die drei Begründungen mit der höchsten Priorität. Und dann überlegen Sie: Was spricht eigentlich dagegen? Mit welchen Argumenten hat der innere Schweinehund Sie bislang dazu bringen können, doch auf dem Sofa sitzen zu bleiben? Denken Sie über die Hindernisse nach, die Sie davon abhalten, Sport zu treiben, obwohl es gute Gründe gibt:

- ✔ **Falscher Zeitpunkt:** Wenn Sie nach der Arbeit erst einmal zu Hause angekommen sind, ist es fast unmöglich, sich erneut aufzuraffen. Bei Regen ist Jogging einfach nicht die richtige Sportart. Sonntagabend ist das Fitnessstudio leider schon geschlossen. Eine Stunde spazieren gehen wäre toll, aber Sie müssen noch etwas für die Arbeit vorbereiten oder die Wohnung putzen.

- ✔ **Mangelnde innere Überzeugung:** Sport ist eigentlich gar nicht so wichtig. Ihre Eltern waren auch unsportlich und sind trotzdem alt geworden. Sie machen in Sportklamotten einfach keine gute Figur. Sie brauchen jetzt unbedingt Entspannung und Ruhe, keinen Freizeitstress. Als Sie sich das letzte Mal auf den Heimtrainer gesetzt haben, waren Sie nach drei Minuten aus der Puste, das macht nun wirklich keinen Spaß.

- **Fehlende Unterstützung:** Allein macht Sport keinen Spaß. Wenn Sie mit einer Freundin zum Joggen verabredet wären, würden Sie es ja machen. Ihre Kollegen beschränken sich auch auf die Sportschau. Ihre Kinder lachen Sie aus, wenn Sie sich aufs Rennrad setzen. Sie tanzen gerne, aber ohne feste Tanzpartnerin haben Sie keine Lust, in die Tanzschule zu gehen.

- **Bessere Alternativen:** Das Fernsehprogramm ist heute Abend besonders attraktiv. Sie wollen jetzt unbedingt den Krimi zu Ende lesen. Im Urlaub liegen Sie lieber in der Sonne, als irgendeiner schweißtreibenden Beschäftigung nachzugehen. Nach dem Essen soll man bekanntlich ruhen, denn Anstrengung mit vollem Magen ist gar nicht gesund.

- **Zu große Mühe:** Bis Sie die Joggingsachen angezogen haben, hat es bestimmt angefangen zu stürmen. Skilaufen ist ein toller Sport, aber es gibt nur so selten gute Gelegenheit dazu. Heute sitzt Ihre Frisur besonders gut, da wäre es blöd, schwimmen zu gehen.

Fällt es Ihnen schwer, sich regelmäßig zum Sport zu motivieren? Suchen Sie sich einen Trainingspartner, mit dem Sie sich fest verabreden. Denn es wird Ihnen sicherlich leichter fallen zum Sport zu gehen, wenn Sie wissen, dass ein anderer auf Sie wartet und sich auf Sie verlässt.

Machen Sie sich bewusst, welche tieferen Gründe hinter den genannten Hindernissen stehen könnten: mangelndes Selbstbewusstsein, Trägheit, Unachtsamkeit, fehlendes Selbstwertgefühl, Antriebslosigkeit, Niedergeschlagenheit, Einsamkeit – diese und andere Gründe könnten den inneren Kritiker aktivieren. Er redet Ihnen vielleicht ein, dass Sie in Sportkleidung albern aussehen, nicht genügend sportliche Leistungsfähigkeit haben oder sich in einer fremden Umgebung ohnehin nicht angemessen verhalten werden. Steuern Sie dagegen und machen Sie auch hier den Realitätscheck: Wenn Sie sich im Sportdress mögen, wenn Sie sich des Wertes Ihrer Gesundheit bewusst sind, wenn Sie beim Sport nette Menschen um sich haben und es Ihnen nach dem Sport gut geht, kann Ihr innerer Kritiker Sie nicht mehr verunsichern.

Senken Sie die Hürde, nach der Arbeit zum Sport zu gehen, indem Sie Ihre Sportsachen schon morgens ins Auto legen. Nutzen Sie Onlinesportkurse, damit Sie wetter- und zeitunabhängig sind.

Die passende Sportart finden

Manchmal scheitert der gute Vorsatz, sich mehr zu bewegen, auch daran, dass Sie noch nicht die richtige Sportart gefunden haben. Klären Sie zunächst die Rahmenbedingungen:

- ✔ Möchten Sie drinnen oder draußen sportlich aktiv sein?
- ✔ Suchen Sie eine Sportart, die ohne großen Materialaufwand funktioniert, oder bevorzugen Sie Technik, Geräte und passendes Outfit?
- ✔ Möchten Sie lieber allein oder mit anderen sportlich aktiv sein?
- ✔ Zu welchen Tageszeiten passt Sport in Ihren Kalender?
- ✔ Wünschen Sie Ausdauer- oder Kraftsport oder beides?
- ✔ Wollen Sie Gewicht reduzieren, Muskelmasse aufbauen oder Ihr Herz-Kreislauf-System trainieren?
- ✔ Wie fit sind Sie und welche gesundheitlichen Einschränkungen sollten Sie berücksichtigen?
- ✔ Darf Ihr Sport Geld kosten oder sollten Training und Ausrüstung möglichst kostenlos sein?

Wenn Sie bislang keinen oder nur wenig Sport getrieben haben, sollten Sie sich zunächst ärztlich untersuchen lassen, um Ausschlusskriterien für verschiedene Sportarten zu klären. Haben Sie zum Beispiel Herz-Kreislauf-Probleme oder Erkrankungen der Knochen und Gelenke, lassen Sie sich bezüglich geeigneter sportlicher Aktivitäten und eines konkreten Trainingsplans von Ihrem Arzt beraten.

Überlegen Sie anschließend, welche Sportarten infrage kommen könnten und welche Angebote oder Möglichkeiten es in Ihrer Umgebung gibt. Suchen Sie sich das Passende heraus und fangen Sie möglichst umgehend damit an. Die Erfahrung zeigt: Wenn Sie sich etwas fest vorgenommen haben, sollten Sie es innerhalb von drei Tagen in die Tat umsetzen, sonst sinkt die Wahrscheinlichkeit, dass Sie Ihren Vorsatz befolgen, gegen null.

Machen Sie sich schlau, was Sportvereine, die Volkshochschule oder Fitnessstudios bei Ihnen in der Nähe anbieten. Fragen Sie, ob Sie an einer – oft sogar kostenlosen – Schnupperstunde teilnehmen können. Probieren Sie ganz unverbindlich verschiedene Sportarten aus und finden Sie so heraus, was Ihnen so gut gefällt, dass Sie bei der Stange bleiben.

Schreiben Sie sich den geplanten Starttermin für Ihr Training in den Kalender, erzählen Sie den Menschen in Ihrer Umgebung davon oder motivieren Sie Familienangehörige zum Mitmachen. Denken Sie sich eine kleine Belohnung aus, wenn Sie sich tatsächlich aufgerafft haben. Und genießen Sie vor allem das gute

Gefühl nach dem Sport: Sie spüren Ihren Körper ganz anders, schlafen besser, werden fitter, nehmen ab, kommen ohne Luftnot die Treppen hoch und dürfen stolz auf sich sein.

Bewegung in den Alltag einbauen

Auch wenn Sie ein eingefleischter Sportmuffel sind oder bislang den inneren Kritiker, der Sie für unsportlich hält, nicht überwunden haben, können Sie körperlich aktiv werden. Bauen Sie Bewegung in Ihren Alltag ein:

- ✔ Lassen Sie das Auto stehen, gehen Sie kurze Wege zu Fuß oder machen Sie längere Wege mit dem Fahrrad.
- ✔ Verzichten Sie konsequent auf Rolltreppen und Aufzüge, gehen Sie möglichst häufig Treppen hinauf und hinunter.
- ✔ Lassen Sie bei der Hausarbeit Musik laufen und bewegen Sie sich im Takt. Putzen oder Kochen machen tanzend viel mehr Spaß.
- ✔ Machen Sie isometrische Übungen am Schreibtisch oder vor dem Fernseher: Legen Sie die Handflächen vor der Brust aneinander, halten Sie die Ellbogen waagerecht und drücken Sie Ihre Hände kräftig gegeneinander. Halten Sie die Spannung zehn bis zwanzig Sekunden, machen Sie eine halbe Minute Pause und wiederholen Sie die Übung noch zweimal. Kneifen Sie im Sitzen die Pobacken fest zusammen und spannen Sie die Oberschenkel an. Halten Sie die Spannung wieder zehn bis zwanzig Sekunden, machen Sie eine halbe Minute Pause und wiederholen Sie das Ganze noch zweimal. Solche und ähnliche Übungen können Sie ohne großen Aufwand mehrfach am Tag machen – es fällt außerdem kaum auf.
- ✔ Kaufen Sie sich einen Schrittzähler und gehen Sie 10.000 Schritte am Tag.
- ✔ Parken Sie das Auto möglichst weit von Ihrem Ziel entfernt und laufen Sie die restliche Strecke.
- ✔ Steigen Sie eine oder zwei Haltestellen zu früh aus Bus oder Bahn aus und gehen Sie ein Stück zu Fuß.
- ✔ Laufen Sie beim Telefonieren umher.
- ✔ Gehen Sie in der Mittagspause spazieren oder einkaufen, statt in der Kantine zu sitzen.

- ✔ Stellen Sie sich beim Warten, Zähneputzen oder Anstehen abwechselnd auf ein Bein.

- ✔ Laufen Sie im Büro möglichst oft zum Drucker oder Kopierer, gehen Sie bei Kollegen vorbei und machen Sie jede Stunde eine kurze Aktivpause (Treppen steigen, strecken, dehnen, isometrische Übungen).

Zahlreiche Fitness-Apps für Ihr Smartphone können Ihnen dabei helfen, die Motivation für mehr Bewegung im Alltag zu erhöhen. Stöbern Sie nach einer für Sie passenden App – das Angebot wächst und wächst. Manche Krankenkassen bieten Bonusprogramme an, wenn Sie sich mehr bewegen. Fragen Sie in Ihrer Geschäftsstelle nach und informieren Sie sich über die angebotenen Prämien.

Prüfen Sie, wie Ihr innerer Kritiker reagiert: Wird er ruhiger und unterstützt Ihre Aktivitäten? Oder hat er weiterhin etwas zu meckern? Bleiben Sie auf Ihrem Weg und lassen Sie sich nicht entmutigen. Je konsequenter Sie sich beweisen, dass Sie gut für sich sorgen, Ihre Gesundheit wertschätzen und erwachsene Entscheidungen treffen können, desto besser können Sie überzogene oder destruktive innere Kritik überwinden.

Durch körperliche Bewegung und gesunde Ernährung stoßen Sie eine Positivspirale an: Sie fühlen sich zunehmend fitter, werden dadurch sportlicher und haben noch mehr Lust auf ausgewogenes Essen. Ihr Körpergefühl wird besser, was wiederum zu einem höheren Selbstwertgefühl und mehr Lebensfreude führt.

Verabschieden Sie sich von den Schönheitsidealen, die in der Werbung oder den sozialen Medien propagiert werden. Finden Sie zu sich, akzeptieren Sie Ihren Körper und seien Sie dankbar für seine Integrität.

IN DIESEM KAPITEL

Den Blick auf Lösungsstrategien lenken

Krisen und Niederlagen als Lernchance nutzen

Die Fehlerkultur verändern

Resilienter werden

Kapitel 7
Immer wieder neu anfangen

Der innere Kritiker ist bei manchen Menschen so mächtig, dass er den Alltag nachhaltig beeinflusst und die Angst vor Kritik, Fehlern und Scheitern dazu führt, dass sie Projekte aufschieben und bestimmte Vorhaben gar nicht erst angehen. So nach dem Motto »Ich schaffe es sowieso nicht, da brauche ich gar nicht erst anzufangen!« oder »Das hat noch nie geklappt, ich bin einfach unfähig«.

In diesem Kapitel ermutige ich Sie dazu, sich intensiv mit Lösungsstrategien zu beschäftigen, Niederlagen als Lernchancen zu erkennen, Ihre Fehlerkultur zu hinterfragen und Ihre innere Widerstandskraft zu stärken. Bei den Vorschlägen und Impulsen biete ich Ihnen Strategien für den Umgang mit den verschiedenen Erscheinungsformen des inneren Kritikers an. Sie lernen, wie Sie eine gelassene Haltung einnehmen können, um sich weder von Misserfolgen noch von Ihrem inneren Kritiker aus der Bahn werfen zu lassen.

Lösungsorientierung statt Problemtrance

Der innere Kritiker beschäftigt sich mit Problemen und bewertet oder verurteilt Sie beziehungsweise Ihre Fähigkeiten. Er lenkt Ihren Blick auf Defizite, Unzulänglichkeiten und Schwächen.

Je nach Situation und Ausprägung ist der innere Kritiker konstruktiv, nörgelnd oder vernichtend. Die verschiedenen Erscheinungsformen des inneren Kritikers stelle ich ausführlich in Kapitel 1 vor.

Wenn Sie künftig freier in Ihrem Denken, Fühlen und Handeln sein möchten, verändern Sie Ihre innere Haltung, egal was der innere Kritiker sagt:

- ✔ Seien Sie offen für alles, was Ihnen begegnet. Stellen Sie die Bewertung zurück, nehmen Sie zunächst alles urteilsfrei wahr und beobachten Sie aufmerksam.
- ✔ Sie sind nicht der Mittelpunkt der Welt. Nehmen Sie nicht alles persönlich, was um Sie herum geschieht.
- ✔ Begegnen Sie Menschen und Situationen positiv. Glauben Sie – bis zum Beweis des Gegenteils – an das Gute.
- ✔ Nehmen Sie eine optimistische und zuversichtliche innere Haltung ein: Sie können alles schaffen!
- ✔ Denken Sie an das Prinzip der Self-fulfilling Prophecy, also der selbsterfüllenden Prophezeiung: Wenn Sie davon ausgehen, dass etwas gut läuft, dann läuft es auch gut.
- ✔ Bleiben Sie im Hier und Jetzt. Denken und gehen Sie einen Schritt nach dem anderen.
- ✔ Lassen Sie los. Je weniger Sie an Plänen oder Vorstellungen festhalten, desto besser können Sie improvisieren und sich auf Unerwartetes einstellen.

Mit einer offenen, positiven und zuversichtlichen Haltung beeinflussen Sie Situationen positiv. Ihre Wahrnehmung verändert die Wirklichkeit, denn Ihre innere Haltung wird nach außen sichtbar und wirkt auf Sie, aber auch auf die Menschen in Ihrer Umgebung. Dafür verantwortlich sind die Spiegelneuronen, die im Gehirn aktiv sind: Wenn jemand Sie beobachtet, fangen in seinem Gehirn die gleichen Nervenzellen an zu arbeiten, die auch bei Ihnen aktiv sind. Wenn Sie lächeln, fängt Ihr Gegenüber unwillkürlich auch an zu lächeln. Wenn Sie etwas voller Überzeugung anpacken, wird auch Ihr Gegenüber Lust bekommen mitzumachen. So kommt ein positiver Kreislauf in Gang, der ungeahnte Kräfte freisetzen kann.

Auf die Lösung konzentrieren

Um mit den schwierigsten Krisen erfolgreich umgehen zu können, brauchen Sie neben einer positiven Grundeinstellung auch die Lösungsorientierung. Sie richten Ihre

Aufmerksamkeit weg vom Problem hin zur Lösung, um nach vorn schauen zu können und bereit für die Zukunft zu sein. Trainieren Sie Ihre Lösungsorientierung jeden Tag und nutzen Sie die kleinsten Alltagssituationen dafür:

- ✔ Welche Alltagsentscheidungen fallen Ihnen schwer? Etwa die Frage, was Sie morgens anziehen, ob Sie das Auto oder den Bus zur Arbeit nehmen, was Sie kochen sollen, ob Sie zum Sport gehen oder zu Hause bleiben? Schreiben Sie sich solche Situationen auf, notieren Sie verschiedene Entscheidungsmöglichkeiten und treffen Sie die Entscheidung beim nächsten Mal ganz spontan, ohne groß nachzudenken.
- ✔ Lassen Sie den Zufall entscheiden, wenn Sie im Auswahlprozess feststecken. Werfen Sie eine Münze, wenn es um eine Ja/Nein-Entscheidung geht. Würfeln Sie, wenn Sie sechs verschiedene Möglichkeiten haben, aus denen Sie eine auswählen müssen.
- ✔ Wenn es um eine Entscheidung zwischen einem Plan A und einem Plan B geht, tun Sie zwei Tage lang so, als hätten Sie sich bereits für Plan A entschieden, und dann zwei Tage, als wäre Plan B die Lösung. Wie fühlen Sie sich an den ersten beiden Tagen und wie an den beiden anderen Tagen? Folgen Sie Ihrem Bauchgefühl.

Sobald Sie Ihren Blick weg vom Problem hin zu möglichen Lösungen richten, schalten Sie um von einer Problemtrance in eine Lösungstrance. Sie kennen solche Trancephänomene sicherlich: Wenn man schwanger ist, sieht man plötzlich nur schwangere Frauen und Eltern mit Kinderwagen. Will man sich ein bestimmtes Auto kaufen, fahren auf einmal nur noch Autos dieser Marke durch die Gegend. Diese selektive Aufmerksamkeit ist eine Form der Trance. Ähnlich ist es auch mit Problemen und Lösungen: Denken Sie lange und intensiv über ein Problem nach, sehen Sie überall nur noch Hindernisse und Schwierigkeiten. Fokussieren Sie Ihre Aufmerksamkeit jedoch auf mögliche Lösungen, haben Sie plötzlich die besten Ideen und sehen die verschiedensten Lösungswege.

Ihre Lösungsorientierung können Sie auch fördern, indem Sie andere Menschen zurate ziehen. Denn irgendwann sehen Sie vielleicht den Wald vor lauter Bäumen nicht mehr, während jemand Außenstehendes einen viel klareren Blick auf die Situation hat. Gehen Sie ganz bewusst auf Vertraute zu und bitten Sie sie um Unterstützung, wenn Sie sich nicht entscheiden können oder Ihnen keine Lösung einfällt. Stellen Sie möglichst offene Fragen, etwa »Wie würdest du das machen?« oder »Ist dir das schon mal passiert?«. Denn so bekommt Ihr Gesprächspartner die Möglichkeit, seine eigenen Erfahrungen zu reflektieren und Ihnen seine Lösungswege darzustellen.

Das Gespräch mit anderen Menschen ermöglicht es Ihnen darüber hinaus, aus Fehlern zu lernen und nicht in bekannte Fallen zu tappen. Wenn Sie wissen, was schiefgehen kann, werden Sie Fehler vielleicht gar nicht mehr wiederholen. Dass Sie dann trotzdem Ihre eigenen Fehler machen, ist völlig in Ordnung – auch wenn der innere Kritiker das anders sieht. Folgende innere Dialoge könnten Ihnen helfen:

- **Konstruktiver Kritiker:** »Tja, das hat nicht geklappt, was hast du falsch gemacht?« – Antwort: »Ich habe mich nicht gründlich genug vorbereitet. Beim nächsten Mal informiere ich mich genauer.«
- **Nörgelnder Kritiker:** »Schon wieder ein Fehler; sag mal, lernst du es nie?« – Antwort: »Das war dumm von mir, hat aber nichts mit meinen Lernfähigkeiten zu tun. Fehler passieren auch den klügsten Menschen.«
- **Vernichtender Kritiker:** »Du bist wirklich das Allerletzte. Lass besser die Finger von solchen Aufgaben.« – Antwort: »Ich bin, wie ich bin. Aus meinen Fehlern versuche ich zu lernen.«

Prüfen Sie, mit welcher Haltung Sie Ihrem inneren Kritiker selbstbewusst und aufrecht begegnen können. Machen Sie sich nicht klein, lassen Sie sich nicht beirren. Begegnen Sie sich und Ihren Fehlern wohlwollend. Für die Fehlerrecherche ist das Internet eine gute Quelle, denn es gibt viele Portale, auf denen zu allen möglichen Alltagsfragen persönliche Erfahrungen gepostet werden. Lassen Sie sich von der Vielfalt der Überzeugungen nicht irritieren und lesen Sie alles mit gesundem Menschenverstand. Filtern Sie heraus, was für Sie und Ihren Entscheidungsprozess hilfreich ist, und blenden Sie verwirrende Darstellungen aus. Wenn Sie das Gefühl haben, jemand glaubt, die allein selig machende Wahrheit gepachtet zu haben, können Sie dessen Postings getrost überspringen. Denn die Realität hat zahllose Facetten und es gibt nur wenig Allgemeingültiges. Die Vielfalt der Meinungen und Erfahrungen ist das beste Abbild der Realität.

Oft hilft es, die eigene Wortwahl kritisch zu hinterfragen: Was ändert sich, wenn Sie nicht mehr von einem »Problem« sprechen, sondern »Herausforderung« oder »Thema« dazu sagen? Oder wenn Sie einen vermeintlichen »Gegner« als Gegenüber sehen?

Mit Krisen zurechtkommen

Nicht nur der Umgang mit Fehlern, sondern auch die Bewältigung von Krisen ist ein individueller Prozess. Die dafür zur Verfügung stehenden Bewältigungsmechanismen nennt man in der Fachsprache *Coping*. Copings können zielführend (funktional oder adaptiv) oder ablenkend (dysfunktional oder maladaptiv) sein. In der Psychologie unterscheidet man fünf Coping-Strategien:

- **Aggression:** gewaltsame Krisenbewältigung
- **Supplikation:** hilfesuchende/unterwerfende Krisenbewältigung
- **Invention:** problemlösende/erfinderische Krisenbewältigung
- **Revision:** neu bewertende Krisenbewältigung
- **Akklimatisation:** anpassende Krisenbewältigung

Diese Coping-Strategien stehen grundsätzlich jedem zur Verfügung. Welche Strategie wann zum Einsatz kommt, hängt sowohl von der Situation ab als auch von der aktuellen Einstellung beziehungsweise der Stimmung, dem Temperament und den Lebenserfahrungen des Einzelnen. Versuchen Sie, sich bewusst zu machen, wann Sie welche Strategie anwenden:

- Welche Faktoren und Situationen führen dazu, dass Sie aggressiv werden?
- In welchen Krisen und in welcher Stimmung bitten Sie andere um Hilfe?
- Wann sind Sie in der Lage, kreative neue Problemlösetechniken zu erarbeiten oder auszuprobieren?
- In welchen Situationen hilft es Ihnen, eine Krise neu zu bewerten und somit als weniger bedrohlich einzuschätzen?
- Und wann können Sie sich an eine Krise anpassen und sie so akzeptieren, wie sie ist?

Sie werden feststellen, dass Sie bestimmte Coping-Mechanismen bevorzugt anwenden. Wenn Sie ein extravertierter, zupackender Mensch sind, greifen Sie sicherlich öfter auf aggressive oder erfinderische Mechanismen zurück. Sind Sie eher introvertiert, liegt Ihnen die Neubewertung oder Anpassung möglicherweise mehr. Haben Sie einen eher konstruktiven Kritiker, sind Sie vielleicht öfter erfinderisch oder problemlösend. Ist Ihr innerer Kritiker oft nörgelnd oder vernichtend, neigen Sie zur Unterwerfung.

Alkohol-, Medikamenten- oder Drogenabhängigkeit sind nicht selten eine dysfunktionale, also ablenkende Krisenbewältigungsstrategie: Wer sich mit Alkohol, Tabletten oder Drogen betäubt, nimmt Krisen zwar zunächst als weniger bedrohlich wahr oder kann sie als nebensächlich bewerten. Auf die Dauer führen diese Strategien aber zu zahlreichen neuen Problemen und Krisen.

Versuchen Sie ganz bewusst, Ihr Repertoire an Krisenmanagementstrategien auszubauen und immer wieder neue Coping-Mechanismen anzuwenden.

Es ist sehr wichtig, in Stresssituationen innezuhalten und einen Schritt aus der Situation herauszutreten. Erst der Blick von außen auf die Krise ermöglicht es Ihnen, sich für eine vielleicht bislang ungewohnte Lösungsstrategie zu entscheiden.

Probieren Sie es aus – wie fühlt es sich an, einmal ganz anders zu reagieren? Welche Ergebnisse erzielen Sie, wenn Sie Ihre Handlungsmöglichkeiten vergrößern? Wie reagiert Ihr innerer Kritiker?

Idealerweise erhöhen Sie langfristig Ihre Selbstwirksamkeitserwartung: Je öfter Sie erleben, dass Sie auch mit unerwarteten, bedrohlichen oder stressigen Situationen gut umgehen können, weil Sie auf die unterschiedlichen Coping-Strategien zurückgreifen können, desto sicherer werden Sie, dass Sie mit allem, was Ihnen im Leben passieren könnte, fertigwerden.

Versuchen Sie aktiv, sich in eine Lösungstrance zu begeben: Denken Sie darüber nach, wie es sein wird, wenn Sie das Problem gelöst haben. So versetzen Sie sich in eine positive Stimmung und sehen ein klares Ziel für Ihre Bemühungen. Fokussieren Sie Ihre Aufmerksamkeit anschließend darauf, einen Lösungsweg zu finden. Lassen Sie ruhig auch ganz verrückte oder ungewöhnliche Lösungen zu und schränken Sie sich gedanklich nicht ein.

Die Fokussierung der Aufmerksamkeit auf Lösungen statt auf Probleme ermöglicht eine höhere Handlungsfähigkeit. Denn Probleme können lähmen, während Lösungen aktivieren.

Der Weg aus der Krise

Mitten in einer Krise zu stecken, ist für jeden Menschen eine große Herausforderung. Wenn eine Krise unvorbereitet kommt, fühlen die meisten Menschen sich zunächst wie vor den Kopf geschlagen oder gar gelähmt. Auch eine Niederlage, die sich möglicherweise schon abgezeichnet hatte, führt oft zunächst zu Schockstarre oder Passivität.

Dieser Zustand ist durchaus normal und nachvollziehbar: Tiere, die angeschlagen sind, ziehen sich zunächst zurück und lecken sich die Wunden – ein Verhalten, das wir Menschen ebenfalls haben. Die Phase der Passivität dauert unterschiedlich lang – der eine braucht mehr Zeit, um sich zu regenerieren, der andere kommt schneller wieder auf die Beine. Wichtig ist, irgendwann wieder aktiv zu werden. Hilfreich dafür ist, sich auf seine aktuellen Bedürfnisse zu konzentrieren:

- ✔ Wenn Sie über die Krise sprechen möchten, suchen Sie sich Zuhörer.
- ✔ Wenn Sie sich lieber ablenken möchten, treiben Sie Sport, lesen Sie ein Buch oder gehen Sie anderen Hobbys nach.
- ✔ Wenn Ihnen zum Weinen ist, weinen Sie.
- ✔ Wenn Sie wütend sind, schreien Sie oder besorgen Sie sich einen Boxsack.

Achten Sie darauf, dass Sie genug und gesund essen. Flüchten Sie sich möglichst nicht in Alkohol oder sonstige Suchtmittel.

Viele Menschen haben nicht gelernt, ihren Gefühlen Ausdruck zu verleihen. Insbesondere starke negative Gefühle wie Wut, Ekel, Empörung, Neid, Panik, Trauer oder Zorn werden oft verdrängt. Diese Gefühle suchen sich dann nicht selten ein körperliches Symptom als Ventil und machen krank. Werden Sie sich Ihrer Gefühle bewusst und lassen Sie sie zu. Das ist ein wichtiger Schritt für Ihre Psychohygiene.

Sobald Sie spüren, dass Sie ein wenig stabiler sind, werden Sie aktiv: Prüfen Sie, welche Ressourcen Ihnen in der aktuellen Krisensituation zur Verfügung stehen, weil diese ohnehin zu Ihrem Verhaltensrepertoire gehören oder weil Sie sie in der Zwischenzeit bewusst gestärkt haben. Nutzen Sie diese Faktoren, um die Krise zu überwinden, und lassen Sie sich Zeit, um einen Weg aus der Krise zu finden. Viele Menschen neigen dazu, alles auf einmal klären oder lösen zu wollen. Meist ist das nicht zu schaffen – im Gegenteil, der Anspruch, möglichst schnell möglichst alles zu überwinden, erhöht den inneren Druck und schwächt die Widerstandskraft. Denn Stress haben Sie durch die Krise schon genug, Sie brauchen nicht noch weiteren, selbst gemachten Stress.

Vielleicht hilft es Ihnen, ein Krisentagebuch zu führen, um Ihre Gedanken zu sortieren und damit Sie schwarz auf weiß lesen können, was sich Tag für Tag verändert und verbessert. Notieren Sie, was Sie denken und planen, halten Sie auch kleine Zwischenerfolge und erreichte Teilziele fest. Schreiben Sie auf, wer Ihnen wie geholfen hat.

Eine andere Möglichkeit ist es, sich Zwischenziele zu setzen und die zu bewältigenden Aufgaben gut einzuteilen. Legen Sie sich eine Liste an, auf der Sie einzelne, übersichtliche Aufgaben formulieren, sich ein Zeitziel vornehmen, bis wann die jeweilige Aufgabe gelöst sein soll, und auf der Sie das Erreichte abhaken können.

Versuchen Sie, die Krise oder Niederlage nicht als persönliches Scheitern anzusehen, sondern bauen Sie eine innere Distanz dazu auf. Auch wenn die Krise Sie durchrüttelt, so sind Sie doch nicht in Ihren Grundfesten erschüttert. Sie als Person, als Persönlichkeit, sind trotz Krise oder Niederlage wertvoll, einzigartig und unverwechselbar.

Geben Sie der Krise nicht allzu viel Macht! Besinnen Sie sich auf das, was Ihnen wichtig ist und Sie in Ihrer Individualität ausmacht. Seien Sie gut zu sich und geduldig mit sich selbst. Haben Sie Nachsicht und Verständnis für sich und nehmen Sie die Hilfe anderer Menschen an.

Aus Niederlagen lernen

Fast jeder Mensch kennt Niederlagen und Misserfolge. Sie vermutlich auch: Wann sind Sie zuletzt so richtig gescheitert? Was ist Ihnen völlig misslungen? Welcher Schicksalsschlag hat Sie unvorbereitet getroffen und zu Boden geworfen? Vielleicht stecken Sie sogar jetzt gerade in einer Krise und sehen im Moment noch gar keinen Ausweg? Nutzen Sie die folgenden sieben Faktoren, um Niederlagen annehmen zu können und gestärkt daraus hervorzugehen. Analysieren Sie vergangene oder aktuelle Misserfolge im Hinblick auf diese Faktoren und prüfen Sie, was Ihnen besonders gut hilft oder schon einmal geholfen hat:

1. **Optimismus:** Mit welcher Haltung erleben Sie Ihren Misserfolg – mit einer pessimistischen Einstellung (»Es wird nie wieder gut, das ist der Anfang vom Ende.«) oder mit einer optimistischen Einstellung (»Am Horizont ist ein Silberstreif, nach dem Regen kommt auch wieder Sonne.«)?

2. **Akzeptanz:** Können Sie Niederlagen annehmen und versuchen, das Beste daraus zu machen? Oder hadern Sie mit dem Schicksal und finden es ungerecht, dass es Ihnen schlecht geht?

3. **Handlungsfähigkeit:** Fühlen Sie sich gelähmt, am Boden zerstört und unfähig, Ihr Schicksal in die Hand zu nehmen? Oder sind Sie in der Lage, das Heft des Handelns zu ergreifen und aktiv zu werden?

4. **Verantwortungsbereitschaft:** Sind andere an Ihren Misserfolgen schuld oder übernehmen Sie die Verantwortung – sowohl für Fehler als auch für den Neuanfang?

5. **Lösungsorientierung:** Fokussieren Sie Ihre Aufmerksamkeit auf die bestehenden Probleme oder richten Sie Ihren Blick nach vorn und suchen aktiv nach Lösungen?

6. **Netzwerkpflege:** Haben Sie Menschen um sich geschart, die Ihnen zur Seite stehen, Sie unterstützen, Hilfe anbieten und verlässlich sind? Oder sind Sie allein und müssen schauen, wie Sie ohne Unterstützung zurechtkommen?

7. **Zukunftsplanung:** Haben Sie eine Vorstellung davon, wie es nach einer Niederlage weitergehen könnte und was Sie zukünftig erreichen möchten? Oder wünschen Sie sich, dass alles wieder so sein möge wie früher?

Sie werden vermutlich feststellen, dass einige der sieben genannten Faktoren bei Ihnen gut ausgebildet sind, während Sie bei anderen Faktoren noch Nachholbedarf haben.

Wenn Ihre Grundhaltung beispielsweise eher optimistisch ist, Sie Fehler und Niederlagen akzeptieren können und über ein Netzwerk verfügen, das Sie unterstützt, wenn Sie jedoch wenig Vorstellung davon haben, wie die Zukunft aussehen könnte und was Ihre eigenen Anteile an der Niederlage sowie der Lösungssuche sind, dann wäre es sinnvoll, dass Sie sich künftig auf die Stärkung der folgenden drei Faktoren konzentrieren: Verantwortungsbereitschaft, Lösungsorientierung, Zukunftsplanung.

Ehrlich mit sich sein

Wenn Sie feststellen, dass Sie nach einer Niederlage dazu neigen, passiv zu werden oder ähnliche Situationen bewusst zu vermeiden, prüfen Sie, wie Sie sich diese Haltung selbst erklären. Vielleicht kommt Ihnen einer der folgenden Sätze bekannt vor:

- ✔ Ich habe einfach keine Lust dazu.
- ✔ Es klappt sowieso nicht.
- ✔ Es ist mir viel zu anstrengend.
- ✔ So wichtig ist es mir nun auch wieder nicht.
- ✔ Morgen fange ich bestimmt damit an.

BEISPIEL

Susanne Thiebald neigt dazu, sich bei anstrengenden oder langwierigen Aufgaben ablenken zu lassen. Ihre To-do-Liste wird immer länger und sie ist enttäuscht von sich selbst. Ihr innerer Kritiker steht mit der Peitsche hinter ihr und macht ihr das Leben noch schwerer. Durch ein Coaching, in dem es einerseits um Problemlösestrategien und Zeitmanagement, andererseits aber auch um Susannes Glaubenssätze geht, stellt sie fest, dass sie nie gelernt hat, ihre Zeit realistisch einzuteilen und auch dann am Ball zu bleiben, wenn es schwierig wird. Einer ihrer Glaubenssätze heißt: »Ich schaffe das sowieso nicht, egal wie sehr ich mich anstrenge.« Sie lernt, den Zeitbedarf für einzelne Aufgaben genauer zu benennen und ihre Aufmerksamkeitsspanne zu verlängern. Sie teilt ihren Arbeitstag realistisch ein, erledigt die wichtigsten Arbeiten am Vormittag und macht immer wieder Pausen, um Kraft zu sammeln. So erzielt sie viel mehr Erfolge und verringert ihre Frustration. Prompt wird auch ihr innerer Kritiker viel freundlicher.

Die oben genannten Ausreden sind der Schlüssel zum Verständnis Ihres inneren Kritikers. Sie enthalten eine versteckte Bedeutungsebene, die Ihnen helfen kann, Ihr Verhalten und Ihre Motivatoren besser einordnen zu können. Prüfen Sie, in welchem der folgenden Vorschläge für versteckte Bedeutungsebenen Sie sich am besten wiederfinden:

- ✔ **Keine Lust:** Schon der Gedanke an die Aufgabe langweilt mich. Ich fühle mich fremdbestimmt. Ich weigere mich, Sklave der Sachzwänge zu sein. Das Vorhaben ist nur was für Sesselpupser. Eigentlich ist das Ganze total unter meiner Würde. Es gibt so viele angenehmere Beschäftigungen!

- ✔ **Klappt nicht:** Mir ist wichtig, dass es perfekt wird. Ich stehe unter Beobachtung. Wenn es nicht funktioniert, könnte ich mich blamieren. Ich weiß gar nicht so recht, ob und wie es überhaupt klappen könnte. Es gibt äußere Einflussfaktoren, die ich nicht unter Kontrolle habe. Mein innerer Kritiker weiß, dass es sowieso nichts wird.

- ✔ **Zu anstrengend:** Ich möchte es ja tun können, aber ich möchte mich nicht anstrengen müssen. Ich fühle mich schlecht bei der ganzen Sache. Das kostet so viel Kraft. Und ich müsste wohl üben, bis ich es kann. Vielleicht stellt man mir auch noch blöde Fragen. Ich bin so müde! Andere müssen das ja auch nicht machen. Wenn rauskommt, dass ich immer noch nicht fertig bin, gibt es richtig Ärger.

- ✔ **Nicht wichtig:** Es gibt gerade viel wesentlichere Aufgaben. Bevor ich mich mit diesem Kleinkram beschäftige, werde ich erst mal die Welt retten. Wenn ich es mir richtig überlege, ist die ganze Sache total überflüssig. Wer hat sich das eigentlich ausgedacht?

- ✔ **Vielleicht morgen:** Ich fühle mich gerade nicht danach. Der Elan fehlt. Ich mache noch rasch dies und das, und dann geht es bestimmt los. Damit es was wird, muss ich in der richtigen Stimmung sein. Wenn der passende Moment kommt, setze ich mich sofort hin. Es ist doch sowieso noch so viel Zeit. Es wäre verfrüht, jetzt schon anzufangen. Morgen ist auch noch ein Tag.

Was denken und fühlen Sie, wenn Sie diese Entschuldigungen lesen? Bei welchen Sätzen signalisiert Ihr innerer Kritiker Ihnen, dass er mal wieder recht hatte?

Suchen Sie Ihre häufigsten Ausreden aus der Liste heraus und werden Sie aktiv, wenn Sie sich damit wieder einmal vor sich selbst oder Ihrem inneren Kritiker rechtfertigen. Prüfen Sie die wahre Motivation, warum Sie das konkrete Vorhaben nicht erledigen wollen:

- ✔ Welche Gefühle, Ängste, Befürchtungen oder Abneigungen sind damit verbunden?
- ✔ Was spricht wirklich dagegen, das Vorhaben jetzt gleich auszuführen?
- ✔ Womit könnten Sie sich belohnen oder aus der Lethargie befreien?

Seien Sie bei der Analyse Ihrer Handlungsbereitschaft ehrlich mit sich. Es hilft Ihnen nicht weiter, wenn Sie etwas beschönigen oder sich selbst etwas vormachen. Je besser Sie verstehen, wie Sie ticken und wie Ihr innerer Kritiker agiert, desto leichter wird es Ihnen fallen, Ihr Denken und Handeln zu beeinflussen.

Der innere Kritiker und die Fehlerkultur

Die Art, wie Sie mit sich selbst umgehen, wenn es um Fehler, Schwächen oder Niederlagen geht, ist wesentlich geprägt durch Ihre Ursprungsfamilie. Ihr innerer Kritiker ist gerade bei diesem Thema ein Abbild der Fehlerkultur, mit der Sie aufgewachsen sind. Vielleicht fallen Ihnen Situationen ein, in denen Ihre Eltern einen Fehler gemacht haben – wie hat Ihre Mutter reagiert, wenn ihr etwas misslungen ist? Konnte Ihr Vater eigenes Versagen zugeben? Versuchen Sie, sich an konkrete Beispiele zu erinnern, wie Ihre Eltern oder engen Bezugspersonen mit Ihren Schwächen oder Niederlagen umgegangen sind, als Sie jünger waren:

- ✔ Wurden Sie getröstet oder haben Ihre Eltern Sie bestraft?
- ✔ Haben Sie gelernt, konstruktiv nach neuen Wegen zu suchen, oder wurden Sie abgewertet und als »hoffnungsloser Fall« bezeichnet?
- ✔ Bekamen Sie Unterstützung beim Lernen oder wurden Sie immer mit Kindern verglichen, die es besser konnten als Sie?
- ✔ Konnten Sie sich auf Ihre Eltern verlassen oder haben Sie sich alleingelassen gefühlt?

Eine hilfreiche Fehlerkultur in Ihrer Ursprungsfamilie ist dadurch gekennzeichnet, dass offen und konstruktiv mit Defiziten umgegangen wird, dass Fehler keine drastischen Strafen nach sich ziehen und dass Ihre Eltern Ihnen vorleben, wie man Dinge wieder in Ordnung bringt.

Wenn das bei Ihnen der Fall war, haben Sie vermutlich einen konstruktiven inneren Kritiker, der Sie unterstützt und Ihnen hilft, sich weiterzuentwickeln. Wurden Sie hingegen belächelt oder konnten kaum etwas richtig machen, nörgelt wahrscheinlich auch Ihr innerer Kritiker ständig an Ihnen herum. Waren Ihre Eltern oder nahen Bezugspersonen übermäßig streng, abwertend oder haben gar Ihre Lebensberechtigung infrage gestellt, ist auch Ihr innerer Kritiker vernichtend und lässt kein gutes Haar an Ihnen.

Folgende Impulse können Ihnen helfen, Ihre eigene Fehlerkultur weiterzuentwickeln und sich von Ihrem inneren Kritiker unabhängig zu machen:

- ✔ **Selbstreflexion:** Halten Sie immer wieder inne und reflektieren Sie Ihre Gedanken, Gefühle und Taten. Bewerten Sie sich nicht, sondern analysieren Sie wertungsfrei, was passiert ist. Suchen Sie nach den Ursachen für Fehler oder Schwächen und nehmen Sie sich vor, an sich zu arbeiten.
- ✔ **Offenheit:** Sprechen Sie mit anderen über das, was Sie bewegt. Suchen Sie Unterstützung und nehmen Sie Hilfsangebote an. Seien Sie offen für Verbesserungsvorschläge.
- ✔ **Lernbereitschaft:** Verabschieden Sie sich vom Perfektionismus und investieren Sie Ihre Kraft stattdessen in den Ausbau Ihrer Stärken und das Lernen neuer Fähigkeiten. Nutzen Sie Fehler als Lernchancen. Lernen Sie von anderen.
- ✔ **Selbstmitgefühl:** Seien Sie nachsichtig mit sich selbst. Nehmen Sie eine wohlwollende Haltung ein und haben Sie Verständnis für sich. Verzeihen Sie sich und haben Sie Geduld, wenn Ihnen die gleichen Fehler mehrfach passieren.
- ✔ **Rücksprache:** Bitten Sie andere Menschen um Feedback. Nehmen Sie die Rückmeldungen dankbar an, nehmen Sie Kritik nicht persönlich. Signalisieren Sie Ihren Mitmenschen, dass Sie sich weiterentwickeln möchten.

Die innere Widerstandskraft aktiv stärken

Innere Stärke und seelische Widerstandskraft heißen im Fachjargon *Resilienz*. Dies bezeichnet die Fähigkeit eines Menschen, erfolgreich mit belastenden Lebensumständen umgehen zu können. Resiliente Menschen halten auch größte psychische oder physische Belastungen aus, ohne zu zerbrechen. Sie gehen gestärkt aus einer Krise oder Katastrophe hervor. Warum überstehen manche Menschen schwere Schicksalsschläge, während andere sich schon von kleinen

Misserfolgen aus der Bahn werfen lassen? Kann man die seelische Widerstandskraft im Laufe des Lebens stärken oder gar überhaupt erst lernen?

Die moderne Resilienzforschung hat gezeigt, dass die seelische Widerstandskraft nur zu einem kleinen Teil ererbt wird. Sie entwickelt sich vielmehr vorwiegend im andauernden Austausch zwischen Individuum und Umwelt und ist damit ein dynamischer Anpassungs- und Entwicklungsprozess. Wissenschaftliche Untersuchungen zeigen, dass dafür drei Faktoren wesentlich sind:

- ✔ die Gabe, stolz auf sich zu sein,
- ✔ stabile emotionale Beziehungen zu anderen Menschen und
- ✔ die frühe Bewältigung von Leistungsanforderungen.

Wer davon überzeugt ist, schwierige Situationen meistern zu können, kann gelassener und optimistischer durchs Leben gehen als jemand, der sich den Wechselfällen der Welt hilflos ausgesetzt fühlt und Erfolge eher dem Zufall als seinen eigenen Fähigkeiten zuschreibt. Es ist also wesentlich, möglichst früh im Leben schon erfahren zu haben, dass man Einfluss auf den Lauf der Dinge hat. Dies fördert die Selbstwirksamkeitserfahrung und damit die Resilienz. Weitere Details zum Thema finden Sie in meinem Buch *Resilienz für Dummies*.

Menschen mussten sich schon immer mit Katastrophen und Unheil auseinandersetzen. Nur diejenigen, die solche Krisen in Kindheit und Jugend überlebten, konnten sich fortpflanzen – Widerstandskraft ist also zumindest teilweise erblich. Solche genetischen Faktoren spielen jedoch vermutlich für die Resilienz eines Menschen nur eine untergeordnete Rolle. Wichtiger sind die sozialen und psychologischen Faktoren, beispielsweise:

- ✔ Wie ist ein Mensch in soziale Strukturen eingebunden?
- ✔ Wie schätzt er seine eigenen Ressourcen ein?
- ✔ Wie schicksalsgläubig ist er?
- ✔ Wie viel Kreativität zur Entwicklung von Lösungsmöglichkeiten steht ihm zur Verfügung?

Stress entsteht im Kopf: Das Gehirn analysiert jede Situation blitzschnell und stuft diese entweder als angenehm, neutral oder bedrohlich ein. Bei bedrohlichen Situationen erfolgt eine zweite Analyse: Stehen genügend Bewältigungsstrategien zur Verfügung? Falls ja, wird die Situation als handhabbar eingestuft und der Körper schaltet in den Handlungsmodus um. Der dabei entstehende Stress wirkt positiv, also aktivierend, und wird als *Eustress* bezeichnet. Wird die Situation jedoch als übermächtig bewertet, schaltet der Körper das uralte Kampf-oder-Flucht-Programm ein oder stellt sich tot. Dieser negative Stress heißt *Dysstress*.

Resiliente Menschen scheinen Krisen überwiegend als beeinflussbar zu bewerten – diese Bewertung läuft unterbewusst in Sekundenschnelle ab und führt dazu, dass ihre Coping-Mechanismen in Gang gesetzt werden: Dadurch kann der in eine bedrohliche Situation geratene Mensch, einem Stehaufmännchen gleich, auf Bewältigungsstrategien zurückgreifen, die ihm in der Vergangenheit bereits geholfen haben, oder er kann neue Strategien entwickeln, um sich aus der Bedrohung zu befreien. Die Erfahrung, eine weitere Krise gemeistert zu haben, wird im Gehirn dann auf der Habenseite abgespeichert und hilft, bei nächster Gelegenheit eine andere schwierige Situation ebenfalls als lösbar zu bewerten.

Resilienz ist keinesfalls eine rosarote Brille, die Schwierigkeiten oder Gefahren ausblendet. Im Gegenteil: Ein realistischer Blick auf die Gegebenheiten ist notwendig, um angemessen planen und handeln zu können.

Das soziale Netzwerk ausbauen

Das Leben lässt sich sehr oft deutlich besser bewältigen, wenn Sie sich Hilfe und Unterstützung suchen. Sie müssen nicht alles allein schaffen! Überlegen Sie einmal, wie gut es sich anfühlt, einem anderen Menschen zu helfen – wenn Sie sich helfen lassen, bekommt ein anderer Mensch die Chance, sich durch die Hilfeleistung gut zu fühlen. Aber Hilfe kommt zumeist nicht von allein, sondern auf Anforderung. Es ist also sinnvoll, Strategien zu entwickeln, um Menschen zum Mitmachen, Mithelfen und Mitdenken zu motivieren. Der erste Schritt ist die Analyse:

- ✔ Wann und wobei benötigen Sie Hilfe?
- ✔ Welche Probleme lassen sich besser mit anderen lösen?
- ✔ Woran merken Sie, dass Sie allein nicht mehr weiterkommen?
- ✔ Wie leicht oder wie schwer fällt es Ihnen, um Hilfe zu bitten?
- ✔ Welche Menschen in Ihrem Umfeld sind hilfsbereit und ansprechbar?
- ✔ Welche Mitmenschen haben Fähigkeiten oder Fertigkeiten, die Ihre Kompetenzen sinnvoll ergänzen können?

Im nächsten Schritt können Sie sich vor Augen führen, in welchen vergangenen Situationen Sie Hilfe bekommen und angenommen haben und was Ihnen die Unterstützung durch andere gebracht hat:

- ✔ Wie haben Sie um Hilfe gebeten und wie war die Reaktion auf Ihre Bitte?
- ✔ Wie zuverlässig waren die Menschen, die Ihnen geholfen haben?
- ✔ Haben Sie von Ihren Helfern etwas Neues gelernt?
- ✔ Konnten Sie die Hilfe gut annehmen?
- ✔ Wie war das Ergebnis der Hilfe?
- ✔ Welcher Dank oder welche Gegenleistung wurden anschließend von Ihnen erwartet?
- ✔ Hat sich die Beziehung zu den Menschen, die Ihnen geholfen haben, durch diese Situation verändert?
- ✔ Hätten Sie die Situation allein besser oder schlechter bewältigt?

Wenn Sie Ihr Netzwerk bewusst pflegen, sorgen Sie dafür, dass Sie in kritischen Situationen nicht allein sind. Investitionen in die Netzwerkpflege zahlen sich erfahrungsgemäß doppelt und dreifach aus: Sie wissen, auf wen Sie sich verlassen können, Sie kennen die Kompetenzen der Menschen in Ihrem Netzwerk und Sie erleben, dass die Beziehungsarbeit ein ständiges Geben und Nehmen ist.

Finden Sie heraus, wie viel Kontakt und Nähe zu anderen Menschen Sie brauchen:

- ✔ Wann und wie oft sind Sie lieber allein?
- ✔ In welchen Situationen brauchen Sie Rückzugsmöglichkeiten?
- ✔ Welche Probleme machen Sie am liebsten mit sich selbst aus?
- ✔ Wie stark sehnen Sie sich nach zwischenmenschlichem Austausch?
- ✔ Wann brauchen Sie eine Schulter zum Anlehnen?
- ✔ Welche Sorgen teilen Sie gerne mit anderen?

Geben Sie Ihren unterschiedlichen Bedürfnissen Raum und sorgen Sie für eine gute Mischung aus Distanz und Nähe.

Zusammen geht es leichter

Überlegen Sie, wie dicht Ihr Netzwerk bereits ist. Schauen Sie sich die unterschiedlichen Bereiche Ihres Lebens an und notieren Sie sich, wenn Sie mögen, die Menschen, die in diesen Bereichen eine wichtige und hilfreiche Rolle spielen:

- ✔ Welche Verwandten haben Sie besonders gern?
- ✔ Auf welche Familienangehörigen können Sie sich blind verlassen?
- ✔ Mit welchen Freunden verbindet Sie schon eine lange Geschichte?
- ✔ Welche Freunde sind Tag und Nacht für Sie ansprechbar?
- ✔ Gibt es Nachbarn, zu denen Sie besonders viel Vertrauen haben?
- ✔ Zu welchen Arbeitskollegen haben Sie ein gutes Verhältnis?
- ✔ Sind Sie in einem Verein oder einer anderen Gruppierung, in denen Sie Interessen mit anderen Menschen teilen?

Innerer und äußerer Zirkel Ihres Netzwerks

Nehmen Sie ein Blatt Papier und schreiben Sie Ihren Namen in die Mitte. Zeichnen Sie einen Kreis um Ihren Namen und notieren Sie rund um Ihren Namen drei bis sechs Namen von Menschen, auf die Sie sich ganz besonders verlassen können: Dies ist Ihr Kreis der besonders vertrauten Menschen. Ein gutes Kriterium für die Auswahl dieser Namen ist die Frage, wen Sie nachts um drei Uhr anrufen könnten, wenn Sie in Not sind. Vielleicht fallen Ihnen nur ein oder zwei Menschen ein – fürs Erste reicht das schon. Wenn Ihnen gar kein Name einfällt, ist Netzwerkpflege für Sie vielleicht bislang noch kein Thema gewesen.

Zeichnen Sie nun einen weiteren Kreis um den ersten und notieren Sie in diesem äußeren Zirkel die Menschen, die Sie mögen und mit denen Sie gern zusammen sind. Überlegen Sie dann, wen Sie gern aus dem äußeren in Ihren inneren Kreis einladen möchten. Markieren Sie diese Person(en) und widmen Sie sich in nächster Zeit bewusst der Beziehungspflege.

Es gibt viele verschiedene Möglichkeiten und Gelegenheiten, Ihr Netzwerk zu pflegen und an zwischenmenschlichen Beziehungen zu arbeiten.

Die Grundvoraussetzung für zwischenmenschliche Beziehungen ist das aufrichtige, wertungsfreie Interesse an einem anderen Menschen.

Ein Netzwerk aufrechtzuerhalten, erfordert ein wenig Pflege und Hege:

- ✔ **Nehmen Sie den anderen Menschen in seiner Einzigartigkeit wahr.** Was ist unverwechselbar an ihm? Woran erkennen Sie ihn? Was zeichnet ihn aus?
- ✔ **Widmen Sie dem anderen Menschen Ihre Aufmerksamkeit.** Gratulieren Sie ihm zum Geburtstag, fragen Sie ihn nach seinen Erlebnissen, hören Sie gut zu, wenn er Ihnen etwas erzählt.
- ✔ **Signalisieren Sie Ihr Interesse.** Halten Sie im Gespräch Blickkontakt, unterbrechen Sie den anderen nicht, fragen Sie nach, merken Sie sich das, was den anderen Menschen interessiert.
- ✔ **Seien Sie zuverlässig und berechenbar.** Wenn der andere Sie um etwas bittet und Sie Ihre Unterstützung zusagen, halten Sie Ihr Wort. Seien Sie pünktlich bei Verabredungen.
- ✔ **Geben Sie mehr als Sie nehmen.** Seien Sie selbstlos und achten Sie nicht auf Ihren eigenen Vorteil. Erwarten Sie keine Gegenleistungen. Helfen Sie um des Helfens willen und nicht, um Dankbarkeit zu bekommen.
- ✔ **Äußern Sie Kritik wertschätzend.** Sie müssen nicht alles in Ordnung finden, was der andere tut. Seien Sie kritisch, aber bleiben Sie stets konstruktiv. Werten Sie den anderen nicht mit verallgemeinernden Äußerungen ab (Beziehungskiller sind Vorwürfe wie »Du bist immer …« oder »Nie machst du …«).
- ✔ **Senden Sie in Konfliktsituationen möglichst immer Ich-Botschaften** und formulieren Sie Ihre Wahrnehmung, ohne den anderen an die Wand zu drängen: »Ich finde …«, »Ich fühle mich …« oder »Mein Eindruck ist …« sind verträgliche Einleitungen für kritische Äußerungen, die Ihr Gegenüber nicht in die Defensive drängen.
- ✔ **Halten Sie die Beziehung zu den Menschen, die Ihnen wichtig sind, lebendig,** indem Sie Gelegenheiten nutzen, diese Menschen zu überraschen und zu erfreuen. Oft reichen Kleinigkeiten völlig aus – eine SMS mit einem fröhlichen Morgengruß kann dafür sorgen, dass der andere gut in den Tag startet und mit einem Lächeln an Sie denkt.

Neben dem aufrichtigen Interesse an Ihren Mitmenschen sind Ihr Einfühlungsvermögen (Empathie) und Ihre Begeisterungsfähigkeit wichtige Voraussetzungen für die Netzwerkpflege. Diese beiden Eigenschaften können Sie schulen, indem Sie den Fokus Ihrer Aufmerksamkeit von sich auf andere lenken:

- ✔ Wie geht es den Menschen in Ihrer Umgebung?
- ✔ Womit beschäftigen sich Ihre Mitmenschen derzeit besonders?
- ✔ Welche Sorgen tragen sie mit sich herum?
- ✔ Wofür begeistern sie sich?
- ✔ Kennen Sie die Wünsche und Hoffnungen Ihrer Liebsten?

Versuchen Sie, im Kontakt mit den Menschen, die Ihnen wichtig sind, besonders auf die Zwischentöne zu achten und die nonverbale Kommunikation wahrzunehmen. Hilfreich dafür ist das sogenannte Spiegeln: Nehmen Sie die gleiche Sitzposition und Körperhaltung ein wie Ihr Gegenüber. Sie werden sofort merken, dass die Kommunikation intensiver und zugewandter wird und dass Sie besser spüren, wie es Ihrem Gegenüber gerade geht.

Wenn Sie sich für das begeistern, was die Menschen in Ihrem inneren Kreis begeistert, bereichern Sie einerseits Ihr eigenes Leben und lernen immer wieder Neues kennen. Andererseits signalisieren Sie Ihren Mitmenschen, dass sie Ihnen wichtig sind und dass man sich auf Sie verlassen kann. Wer immer nur von sich selbst spricht und seine eigenen Interessen verfolgt, wird auf Dauer sehr einsam. Wer aber zugewandt und einfühlsam bleibt, knüpft ein tragfähiges Netzwerk an Beziehungen, auf die er sich verlassen kann. Gerade in Schwierigkeiten und Krisen zeigt sich dann die Bedeutung eines solchen Netzes: Es fängt Sie auf, trägt Sie durch den Sturm und reißt auch dann nicht, wenn Sie selbst vielleicht schon aufgegeben haben.

Teil III

Den inneren Kritiker im Berufsleben zähmen

IN DIESEM TEIL ...

Im beruflichen Umfeld ist es oft eine Herausforderung, den inneren Kritiker in Schach zu halten. Perfektionismus, hohe äußere Ansprüche oder erheblicher Stress führen oft dazu, dass Sie unzufrieden mit sich sind und sich überfordert fühlen. Wenn dann noch Zeit- und Energiefresser Ihnen die Kraft rauben, hat der innere Kritiker leichtes Spiel.

Ich lade Sie ein, Ihre aktuelle berufliche Situation aufmerksam zu hinterfragen und Ihr Selbstmanagement zu prüfen. Finden Sie heraus, in welchen Situationen Ihr innerer Kritiker aktiv wird, und begegnen Sie ihm selbstbewusst. Verabschieden Sie sich vom Perfektionismus und üben Sie Fehlertoleranz. Sorgen Sie dafür, dass Sie Ihre Akkus regelmäßig aufladen, und durchbrechen Sie negative Gedankenspiralen.

IN DIESEM KAPITEL

Stärkenorientierung im Beruf

Umgang mit innerer und äußerer Kritik im Job

Authentisch arbeiten macht zufrieden

Kapitel 8
Das Arbeitsumfeld hinterfragen

Als berufstätiger Mensch verbringen Sie ein Drittel Ihrer Lebenszeit bei der Arbeit – und Ihr innerer Kritiker ist mit dabei. Wie oft meldet er sich am Tag? Und welchen Einfluss nimmt er auf Sie, Ihre Arbeitsergebnisse und Ihre Arbeitszufriedenheit? In diesem Kapitel lade ich Sie ein zu prüfen, ob Ihr aktuelles berufliches Umfeld gut zu Ihnen passt oder ob es sinnvoll sein könnte, sich beruflich zu verändern. Sie bekommen Tipps für den Umgang mit Zeit- und Energiefressern, um Ihren inneren Kritiker besser managen zu können. Außerdem ermutige ich Sie dazu, Ihre Erfolge zu erkennen und zu benennen, damit Sie Ihre Stärken im Blick behalten.

Das richtige Arbeitsumfeld finden

Die Zeiten sind vorbei, in denen man eine Ausbildung oder ein Studium absolvierte und dann bis zur Rente in dem gewählten Beruf arbeitete. Heute sind die Wege nicht mehr vorgezeichnet, viele Arbeitsplätze sind unsicher und die Anforderungen verändern sich oder steigen zum Teil unvorhersehbar. Auch wer länger erfolgreich eine Stelle innehat, kann sich nicht darauf verlassen, dass er Karriere macht und immer mehr Geld verdient. Manche Menschen finden diese Entwicklung bedrohlich, andere nehmen sie als Chance wahr.

Die Dynamik des Arbeitslebens hat einen großen Vorteil: Es ist mittlerweile auch in höherem Alter möglich, beruflich neue Schwerpunkte zu setzen oder sogar noch mal ganz von vorn anzufangen.

Durch die Lektüre dieses Buches haben Sie möglicherweise Ihre Aufmerksamkeit für die Stimme Ihres inneren Kritikers schärfen können. Halten Sie einen Moment inne und überlegen Sie:

- ✔ Wann hat der innere Kritiker sich zuletzt in Bezug auf Ihre Arbeit gemeldet?
- ✔ Was hatte er zu bemängeln?
- ✔ War er konstruktiv, nörgelnd oder vernichtend?
- ✔ Wie sind Sie mit der inneren Kritik umgegangen?
- ✔ In welchem Verhältnis stand die innere Kritik zu Rückmeldungen von außen (Kollegen, Vorgesetzte, Mitarbeiter) oder zu den realen Gegebenheiten?
- ✔ Stellt der innere Kritiker Ihre Kompetenz im aktuellen Job grundsätzlich infrage?
- ✔ Wie wirkt sich die innere Kritik auf Ihre Arbeitszufriedenheit aus?

Der konstruktive innere Kritiker will Sie dabei unterstützen, im Arbeitsleben erfolgreich zu sein, gute Ergebnisse zu erzielen und sich zu entfalten. Der nörgelnde innere Kritiker ist Ausdruck einer inneren Unzufriedenheit und kann Ihren Blick auf notwendige Veränderungen lenken. Der vernichtende innere Kritiker stellt Sie grundsätzlich infrage und ist Ausdruck einer tiefen Verunsicherung in Bezug auf Selbstwert und Kompetenz.

Wenn Sie mögen, treten Sie innerlich einen Schritt zurück und reflektieren Ihre berufliche Laufbahn:

- ✔ Warum haben Sie Ihre Ausbildung oder Ihr Studium angefangen – war es Ihr Wunsch oder der Wunsch Ihrer Eltern? Hatten Sie Alternativen und wenn ja, warum haben Sie sich dagegen entschieden?
- ✔ Hatten Sie konkrete Vorstellungen von Ihrer Berufslaufbahn oder haben Sie die Ausbildung oder das Studium gewählt, weil es sich so ergab?
- ✔ Gab es auf Ihrem bisherigen Berufsweg Etappen, in denen Sie Ihre Stärken besser nutzen konnten als jetzt? Falls ja, was hat sich seitdem verändert?
- ✔ Erinnern Sie sich an berufliche Erfolge, auf die Sie stolz sind? Wie lange ist das her und welche Auswirkungen haben diese Erfolge auf Ihre aktuelle Position? Könnten Sie an diese Erfolge anknüpfen?

- ✔ Haben Sie Ihre jetzige Arbeitsstelle gewählt, weil es äußere Notwendigkeiten dafür gab, also familiäre Verpflichtungen oder finanzielle Gründe?
- ✔ Ist Ihre aktuelle Position nur vorübergehend oder gehen Sie davon aus, dass Sie noch länger auf dieser Stelle bleiben werden?
- ✔ Ist Ihre Arbeit ein wichtiger Teil in Ihrem Leben oder haben Sie im Moment ganz andere Prioritäten? Sind Sie im Beruf zwar unzufrieden, in anderen Bereichen Ihres Lebens aber hochzufrieden?

Mit einer solchen Bestandsaufnahme bekommen Sie einen guten Überblick über die Ist-Situation in Ihrem Beruf und darüber, was Ihren inneren Kritiker möglicherweise antreibt.

Die Arbeitszufriedenheit erhöhen

Wie zufrieden sind Sie auf einer Skala von 1 (total unzufrieden) bis 10 (total zufrieden) in Ihrem aktuellen Job? Wie begründen Sie Ihre Antwort? Analysieren Sie Ihre Arbeitsstelle und Arbeitszufriedenheit im Hinblick darauf, ob Sie Ihre individuellen Stärken, Fähigkeiten und Fertigkeiten nutzen:

- ✔ Welche persönlichen Kompetenzen können Sie täglich einsetzen?
- ✔ Wodurch erzielen Sie Erfolge und erleben Ihre Arbeit als befriedigend?
- ✔ Mit welchen Ressourcen lösen Sie berufliche Konflikte?
- ✔ Welche Stärken haben Sie im beruflichen Zusammenhang schon länger nicht mehr genutzt?
- ✔ Gibt es Fähigkeiten und Fertigkeiten, die Sie in Ihrem aktuellen Job gar nicht einsetzen können?

Wenn Sie feststellen, dass Ihre Stärken im Berufsalltag zur Geltung kommen, ist die Wahrscheinlichkeit groß, dass Sie weitgehend zufrieden und erfolgreich sind. Wahrscheinlich ist Ihr innerer Kritiker immer mal unzufrieden mit Ihnen, lässt Sie aber im Großen und Ganzen in Ruhe. In diesem Fall haben Sie eine weitgehend friedliche Koexistenz mit dem inneren Kritiker gefunden.

Möglicherweise stellen Sie bei Ihrer Bestandsaufnahme jedoch fest, dass Ihre persönlichen Ressourcen in Ihrem Arbeitsalltag derzeit nur eine untergeordnete Rolle spielen oder gar nicht richtig zum Einsatz kommen können. Vermutlich ist Ihre Zufriedenheit mit der Arbeit dann auch eher niedrig und Sie erkennen, dass sich irgendetwas ändern sollte. Vielleicht ist das auch der Grund dafür, dass

Ihr innerer Kritiker nicht müde wird, an Ihnen zu zerren und Sie auf Defizite hinzuweisen.

Durch die nüchterne Analyse Ihres Berufswegs und des Stellenwerts Ihrer beruflichen Zufriedenheit können Sie feststellen, an welchen Stellschrauben Sie drehen könnten oder sollten, um sich beruflich weiterzuentwickeln.

Sie können oder wollen derzeit keine tiefgreifenden beruflichen Änderungen vornehmen, obwohl Ihr aktueller Job kein Traumjob ist und der innere Kritiker sich ständig zu Wort meldet? Das ist völlig in Ordnung – konzentrieren Sie sich auf das, was bei Ihrer Arbeit gut läuft und Ihnen Freude bereitet. Investieren Sie keine Energie ins Jammern, Hadern oder in die innere Emigration. Fangen Sie lieber gleich morgen an, Ihre Stärken viel bewusster als bisher einzusetzen:

- ✔ Welche Aufgaben warten auf Sie und wie können Ihre Kompetenzen Ihnen bei deren Bewältigung konkret helfen?
- ✔ Worauf freuen Sie sich, wenn Sie Ihre Stärken bei der Arbeit einsetzen?
- ✔ Welchen Unterschied könnten Ihre Fähigkeiten und Fertigkeiten bewirken?
- ✔ Welche innere Haltung könnte es Ihnen erleichtern, an den Einsatz Ihrer Stärken zu denken?

Starten Sie mit dem festen Vorsatz in den Arbeitstag, Ihre Kompetenzen und Ressourcen konsequent einzusetzen und sich von Ihrem inneren Kritiker nicht beirren zu lassen. Machen Sie im Laufe des Tages kurze Notizen und reflektieren Sie am Ende des Arbeitstages, wie Ihnen der Stärkeneinsatz gelungen ist und was sich verändert hat. So lernen Sie sich und die Bedeutung Ihrer Stärken für Ihre Arbeit Schritt für Schritt besser kennen.

Je besser Sie wissen, was Sie mit Ihren persönlichen Kompetenzen im Arbeitsumfeld erreichen können, desto leichter fällt Ihnen Ihre Arbeit, denn Sie bündeln Ihre Energie und verlieren sich nicht in kräftezehrenden Umwegen. Vermutlich kommt dann auch Ihr innerer Kritiker zur Ruhe.

Finden Sie heraus, bei welchen Teilaufgaben Sie mit Ihren individuellen Stärken nicht weiterkommen, und suchen Sie sich in diesen Bereichen Unterstützung: Sicherlich gibt es Kollegen, deren Stärken eine hervorragende Ergänzung sein können. Bitten Sie diese Kollegen um Zusammenarbeit und Unterstützung. So entwickelt sich ein nutzbringendes Geben und Nehmen in Ihrem Arbeitsumfeld. Ihre eigene Arbeitszufriedenheit wird sich erhöhen und vielleicht verbessert sich auch die Stimmung im beruflichen Umfeld.

Arbeitszufriedenheit ist kein Dauerzustand, sondern ein Kontinuum: Je nach Tagesform, Aufgabenspektrum, Interaktion und äußeren Gegebenheiten ist sie mal niedriger, mal höher. Es ist nachvollziehbar, dass Sie unzufriedener sind, wenn viele Kollegen ausfallen oder der äußere Druck gerade besonders hoch ist.

Innere Ausgeglichenheit statt innerer Kritik

Wenn Sie zufrieden mit Ihrer Arbeit sind und sich sicher in Ihrem Umfeld fühlen, werden Sie zunehmend ausgeglichen und gelassen. Ihr innerer Kritiker wird dann vermutlich irgendwann Ruhe geben, es sei denn, er wäre vernichtend und zerstörerisch. In diesem Fall benötigen Sie wahrscheinlich therapeutische Unterstützung, denn dann geht es nicht um konkrete Veränderungen im Beruf, sondern um eine grundsätzliche Stärkung Ihres Selbstwertgefühls.

Um Ihre innere Ausgeglichenheit zu fördern, schlage ich Ihnen folgende Impulse vor:

- ✔ Schreiben Sie auf, was Ihnen bei der Arbeit Freude macht und Sie erfüllt.
- ✔ Notieren Sie Ihre Erfolge und halten Sie fest, worauf Sie stolz sind.
- ✔ Achten Sie darauf, wann Sie sich an Ihrem Arbeitsplatz kompetent und souverän fühlen.
- ✔ Begegnen Sie Ihren Vorgesetzten angstfrei und offen, bitten Sie um Feedback.
- ✔ Gehen Sie mit Ihren Kollegen in konstruktiven Austausch.
- ✔ Führen Sie Ihre Mitarbeiter kooperativ und laden Sie sie ein, ihre Ideen einzubringen.
- ✔ Schreiben Sie auf, wann Ihre Kunden, Klienten, Schüler, Patienten oder Auftraggeber zufrieden mit Ihnen sind und welche Rückmeldungen Sie bekommen.
- ✔ Wenn Sie abends zwar erschöpft, aber erfüllt nach Hause gehen, machen Sie eine kurze Reflexion des Tages und halten Sie Ihre Highlights fest.

Wenn Sie feststellen, dass Sie Ihre individuellen Stärken im Beruf nutzen und überwiegend positive Gefühle mit Ihrer aktuellen beruflichen Situation verbinden, können Sie innerlich »Ja« zu Ihrem Job sagen und eine gelassene Haltung einnehmen. Ihr innerer Kritiker kann Sie dabei unterstützen, Konflikte zu erkennen und sich konstruktiv weiterzuentwickeln.

Halten sich positive und negative Gefühle in etwa die Waage und setzen Sie einen Teil Ihrer Fähigkeiten und Fertigkeiten regelmäßig ein, ist Ihre innere Haltung möglicherweise ambivalent und Ihr innerer Kritiker hat einiges zu nörgeln. Vermutlich sind Sie tendenziell bejahend Ihrer Arbeit gegenüber. Es gibt zwar Änderungspotenzial, jedoch (noch) keinen Veränderungsdruck.

Stellen Sie hingegen fest, dass Sie im Wesentlichen negative Gefühle spüren, wenn Sie über Ihren Job nachdenken, haben Sie vermutlich eine ablehnende innere Haltung, sind unausgeglichen und spüren möglicherweise erheblichen Leidensdruck. Prüfen Sie in diesem Fall mögliche Konsequenzen auf der Handlungsebene:

- ✔ Sie geben dem Job weniger Bedeutung in Ihrem Leben und grenzen sich besser ab.
- ✔ Sie suchen das Gespräch mit Ihren Vorgesetzten und diskutieren Veränderungsmöglichkeiten oder Aufstiegschancen.
- ✔ Sie wenden sich an Kollegen, denen es möglicherweise ähnlich geht wie Ihnen, und thematisieren Missstände und Forderungen.
- ✔ Sie verabschieden sich innerlich von Ihrem aktuellen Job und fangen an, eine Alternative zu suchen – neue Stelle, berufliche Neuorientierung, Weiterbildung, Fernstudium, Selbstständigkeit, Start-up-Gründung oder Ähnliches.

Wenn Sie allein nicht weiterkommen, wenden Sie sich an einen Personalberater, Coach oder Headhunter. Nutzen Sie Ihre Netzwerke, um Ihren Veränderungswillen bekannt zu machen. Lassen Sie sich auf Stellenportalen inspirieren oder vereinbaren Sie einen Termin beim Arbeitsamt, um sich beraten zu lassen.

Auch folgende Fragen könnten Ihnen dabei helfen, sich über mögliche berufliche Veränderungen klar zu werden:

- ✔ Müssen Sie Dinge tun, für die Sie nicht ausgebildet sind, die Sie nicht genügend beherrschen oder die Ihnen keine Freude machen? Dann könnten Sie nach neuen Tätigkeitsfeldern suchen.
- ✔ Strengt die Arbeit Sie zu sehr an, sind Sie überlastet oder überfordert? Dann sollten Sie delegieren, Aufgaben ablehnen oder Ihre Arbeitszeit reduzieren.
- ✔ Erleben Sie selten Erfolge oder erscheint Ihnen die Arbeit sinnlos? Dann ist es vielleicht an der Zeit, dass Sie sich einen neuen Job suchen.

- Sind Sie im beruflichen Kontext unsicher, machen viele Fehler oder gehen mit Angst an die Arbeit? Dann könnten Sie sich weiterqualifizieren, Fortbildungen machen oder sich beraten lassen, ob Sie möglicherweise unter einer psychischen Erkrankung wie Depression oder Angststörung leiden.
- Haben Sie Probleme mit Vorgesetzten, Kollegen oder Mitarbeitern? Dann wäre es möglicherweise sinnvoll, sich Verbündete zu suchen, Kontakt mit dem Betriebsrat aufzunehmen oder ein Kommunikationsseminar zu besuchen.
- Laufen Ihnen die Auftraggeber weg oder beschweren Kunden sich über Sie? Dann könnten Sie versuchen herauszufinden, warum Anspruch und Realität auseinanderklaffen, welche Erwartungen Sie vielleicht gar nicht erfüllen wollen oder was Sie im beruflichen Umfeld ausstrahlen.
- Gehen Sie oft unzufrieden von der Arbeit nach Hause oder mit Widerwillen an Ihren Arbeitsplatz? Haben Sie nach dem Urlaub gar keine Lust zu arbeiten? Dann lohnt es sich vermutlich, eine ausführliche Reflexion Ihrer beruflichen Situation zu machen und gegebenenfalls Konsequenzen zu ziehen.

Sie finden im Idealfall ein berufliches Umfeld, in dem Sie sich nicht verbiegen müssen, sondern Ihre Kompetenzen sinnstiftend einbringen. Stehen Sie zu sich und Ihren Werten, hinterfragen Sie Ihre berufliche Rolle und machen Sie sich und anderen klar, was Sie können und wollen.

Zeit- und Energiefresser identifizieren

Anspannung und Stress am Arbeitsplatz haben oft mit Termindruck zu tun: Die Zeit reicht einfach nicht aus, um gründlich und gelassen eine Aufgabe zu bearbeiten und zu beenden. Ständig kommt etwas dazwischen, dauernd wird man unterbrochen, immer wieder ist etwas anderes als die gerade begonnene Arbeit wichtiger – und irgendwann muss die Aufgabe dann doch zügig erledigt sein und der Druck steigt. Der innere Kritiker schlägt Alarm, nörgelt an Ihnen herum und gibt Ihnen das Gefühl, inkompetent zu sein. Hier hilft eine Analyse der Zeit- und Energiefresser, damit Sie erkennen, wo und warum Sie Zeit verplempern, die Sie entweder für die intensive und ungestörte Beschäftigung mit wichtigen Themen brauchen oder als Pausen und Auszeiten für sich selbst nutzen könnten.

Durchschnittlich wird jeder Arbeitnehmer alle elf Minuten in seiner Arbeit unterbrochen, was die US-amerikanische Wirtschaft einer Studie zufolge jährlich fast 600 Milliarden Dollar an Produktivitätseinbuße kostet. Unterbrechungen kosten also nicht nur Nerven, sondern auch bares Geld.

Führen Sie eine Woche lang bei der Arbeit ein Zeitfressertagebuch: Notieren Sie darin, für welche Aufgaben Sie deutlich länger gebraucht haben als erwartet oder als normal, und schreiben Sie sich auf, wer oder was Sie vom zügigen, konzentrierten Arbeiten abgehalten hat. Wenn Sie nach einer Woche Ihr Tagebuch durchsehen, werden Sie vermutlich regelmäßig wiederkehrende Faktoren finden, die Ihr Zeitkontingent schmälern und Ihre Energie fressen. Suchen Sie sich diejenigen Zeit- und Energiefresser aus, die Ihnen am meisten auf die Nerven gehen, und überlegen Sie, wie Sie künftig damit umgehen wollen.

Sorgen Sie dafür, dass Sie jeden Tag Erfolgserlebnisse haben, denn das steigert Ihre Zufriedenheit am Arbeitsplatz und damit auch Ihre Gelassenheit und innere Ausgeglichenheit. Freuen Sie sich über die kleinen, alltäglichen Erfolge und loben Sie sich selbst. Viele Menschen neigen dazu, ihre eigenen Leistungen für selbstverständlich zu halten und nur das zu sehen, was sie nicht geschafft haben. Darüber hinaus gibt es in vielen Unternehmen keine Kultur des Lobens, sodass auch die Anerkennung von außen fehlt. Beides zusammen sorgt für Unzufriedenheit, Enttäuschung und Demotivation. Steuern Sie dem aktiv entgegen, indem Sie am Ende eines Arbeitstags Bilanz ziehen:

- ✔ Was haben Sie heute geschafft?
- ✔ Was hat gut geklappt?
- ✔ Haben Sie positives Feedback bekommen?
- ✔ Ist Ihnen eine Aufgabe besonders leicht von der Hand gegangen?

Wenn Sie mit guten Gefühlen von der Arbeit nach Hause fahren, werden Sie wahrscheinlich auch in Ihrer Freizeit entspannter und zufriedener sein. Und Ihr innerer Kritiker kann ebenfalls Feierabend machen.

Vielleicht stellen Sie fest, dass Ihre eigene Unlust oder Ablenkbarkeit Ihnen gelegentlich Zeit raubt – wenn Sie lieber im Internet surfen oder privat telefonieren, weil die anstehenden Aufgaben nicht gerade attraktiv sind, bringt das Vermeidungsverhalten Sie möglicherweise in Zeitnot. Versuchen Sie eine Belohnungsstrategie: Nehmen Sie sich eine unangenehme Aufgabe vor, setzen Sie sich eine zeitliche Frist für die Bearbeitung und versprechen Sie sich eine Belohnung, wenn Sie die Aufgabe in der vorgesehenen Frist erledigt haben. Vielleicht müssen Sie dringend eine Kundenbeschwerde bearbeiten, haben aber keine Lust dazu. Dann könnten Sie sich selbst damit ködern, dass Sie nach der Erledigung der Beschwerde eine Kaffeepause einlegen, eine Runde spazieren gehen oder mit einer Kollegin plaudern (falls sie Zeit hat und Sie ihr nicht die Zeit stehlen).

Umgang mit äußeren Hemmnissen und blinden Flecken

Das Arbeitsleben könnte so schön sein, wenn man nicht mit anspruchsvollen und kritischen Kunden, Klienten, Schülern, Patienten, Mandanten oder Auftraggebern zu tun hätte. Diese – zugegebenermaßen sehr ironische – Feststellung machen Sie vielleicht auch immer wieder. Aber mal ganz ehrlich: Was wäre das Arbeitsleben ohne Kunden, Klienten, Schüler, Patienten, Mandanten und Auftraggeber? Öde und leer und vor allem: Es gäbe gar keine Arbeit. Andererseits sind Sie in Ihrem Leben außerhalb der Arbeit ja auch oft Kunde, Klient, Schüler, Patient, Mandant oder Auftraggeber. Und dann ärgern Sie sich vielleicht über desinteressierte oder unmotivierte Verkäufer, Berater, Lehrer, Ärzte, Anwälte oder Dienstleister. Darum hilft ein Perspektivwechsel, wenn Sie gerade mal wieder besonders genervt sind von den Ansprüchen Ihrer Klientel.

Im Gegensatz zum inneren Kritiker, den Sie möglicherweise inzwischen recht gut einschätzen können, sind die Anliegen Ihrer Kundschaft manchmal nicht so einfach zu dechiffrieren. Richten Sie einen entspannten, wertschätzenden Blick auf Ihr Gegenüber:

- ✔ Was will der Kunde wirklich von Ihnen?
- ✔ Was braucht Ihr Klient jetzt gerade?
- ✔ Was genau möchte Ihr Schüler lernen und welche Unterstützung braucht er?
- ✔ Welche Nöte hat Ihr Patient und wie viel Vertrauen hat er zu Ihnen?
- ✔ Warum kommt Ihr Mandant ausgerechnet zu Ihnen und nicht zu einem Kollegen?
- ✔ Wie können Sie Ihren Auftraggeber davon überzeugen, dass er bei Ihnen in den besten Händen ist?

Atmen Sie tief durch, lächeln Sie und denken Sie schon im Voraus an das Erfolgserlebnis, das auf Sie wartet, wenn der nervige Kunde, der anspruchsvolle Klient, der gelangweilte Schüler, der klagsame Patient, der komplizierte Mandant oder der ungeduldige Auftraggeber begeistert von Ihrer Arbeit ist. Je kompetenter und aufmerksamer Sie Ihrem Gegenüber begegnen, desto zügiger kommen Sie ans Ziel.

BEISPIEL

Der innere Kritiker von Jürgen Roth ist besonders aufmerksam, wenn Jürgen – ein erfahrener Bankangestellter – sich mit Kunden unterhält, die größere Geldsummen anlegen möchten. »Wenn du sie falsch berätst, bist du verantwortlich für mögliche Verluste!«, warnt der innere Kritiker. Dadurch wirkt Jürgen im Gespräch oft sehr angespannt und die Kunden sind irritiert. Jürgen macht sich bewusst, dass sein innerer Kritiker übervorsichtig ist und ihn vor Fehlentscheidungen bewahren will. Seine Mutter ist früher ähnlich mit ihm umgegangen und hat seinen Handlungsdrang eingeschränkt. Inzwischen weiß er aber sehr genau, welche Kompetenzen er mitbringt und wie er sich vor Fehlern schützen kann. Daher beruhigt er seinen inneren Kritiker mit den Worten: »Ich berate nach bestem Wissen und Gewissen und habe mir nichts vorzuwerfen!« Diese innere Haltung überträgt sich nach und nach auf seine Interaktion mit Kunden und er wird zunehmend entspannter.

Manchmal werden Sie vielleicht die interessante Beobachtung machen, dass ein Gegenüber im Arbeitsumfeld ähnliche Äußerungen macht wie Ihr innerer Kritiker. Diese Chance können Sie nutzen, um mehr über Ihren inneren Kritiker, aber auch über sich selbst zu lernen. Denn möglicherweise haben Sie blinde Flecken, auf die Ihr innerer Kritiker Sie aufmerksam machen will – und wenn Sie von außen eine ähnlich gelagerte Rückmeldung bekommen, können Sie Ihre blinden Flecken verkleinern.

Jeder Mensch hat blinde Flecken, also Anteile, die ihm selbst unbekannt sind, die aber von anderen gesehen werden. Gleichzeitig hat jeder aber auch Geheimnisse, also Eigenschaften, die nur er selbst und niemand anders kennt. Diese bewussten und unbewussten Persönlichkeitsmerkmale werden anschaulich im Johari-Fenster dargestellt (siehe Abbildung 8.1), das von den US-amerikanischen Sozialpsychologen Joseph Luft und Harry Ingham in den 1950er-Jahren entwickelt wurde. Sie können Ihren blinden Fleck (in der Abbildung oben rechts) verkleinern, indem Sie sich aufmerksam mit dem Bild, das andere Menschen von Ihnen haben und Ihnen im Sinne des Feedbacks vermitteln, auseinandersetzen. Ihre öffentliche Person (im Johari-Fenster oben links) vergrößern Sie, indem Sie vertrauten Menschen Ihre Geheimnisse mitteilen. Und Ihre unbekannten Persönlichkeitsanteile (in der Abbildung unten rechts) lernen Sie kennen, indem Sie beispielsweise eine Psychoanalyse machen. Je mehr Sie über sich wissen, desto besser können Sie Ihre Kompetenzen, Fähigkeiten und persönlichen Stärken einschätzen und fördern.

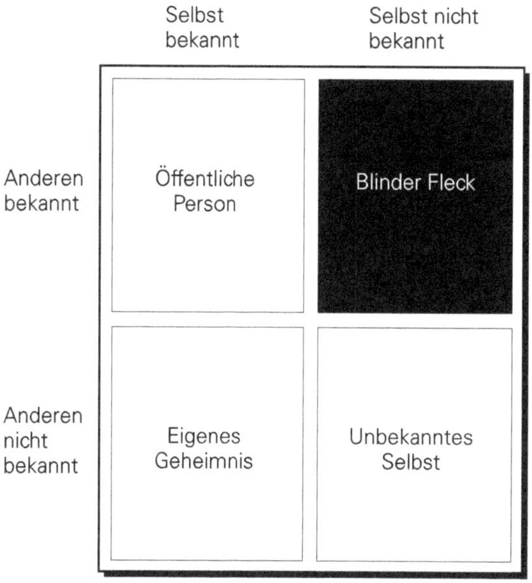

Abbildung 8.1: Blinde Flecken im Johari-Fenster

Aufgaben nach Dringlichkeit und Bedeutung unterscheiden

Steht Ihr innerer Kritiker mit der Peitsche hinter Ihnen und verlangt von Ihnen, dass Sie alles sofort erledigen müssen? Macht er Ihnen Vorwürfe, wenn Sie nicht alles allein schaffen? Dann hat er das Prinzip des Delegierens noch nicht verstanden und möchte das Unmögliche möglich machen. Treten Sie innerlich einen Schritt zurück, schicken Sie den inneren Kritiker in die Kaffeepause und hinterfragen Sie, ob Sie Arbeit zurückstellen oder abgeben können. Dabei könnte Ihnen das Eisenhower-Prinzip helfen.

Der US-amerikanische General Dwight D. Eisenhower, der von 1953 bis 1961 Präsident der Vereinigten Staaten war, etablierte ein Verfahren, um wichtige und dringliche Aufgaben von unwichtigen zu unterscheiden. Dieses Prinzip wird heute auch im Management angewandt (siehe Abbildung 8.2).

Sie können das Eisenhower-Prinzip sowohl im Privat- als auch im Berufsleben nutzen, um zu entscheiden, in welcher Reihenfolge Sie Aufgaben abarbeiten, welche Aufgaben Sie delegieren und welche Sie ruhig ignorieren können.

Lassen Sie sich nicht dazu verführen, alle Aufgaben in der Reihenfolge des Eingangs zu bearbeiten, sondern setzen Sie Prioritäten: Alles, was wichtig und dringlich ist (im Diagramm: das rechte obere Viertel), sollten Sie umgehend erledigen. Dringliche, aber weniger wichtige Aufgaben (rechtes unteres Viertel des Diagramms) kann jemand anders für Sie übernehmen. Für wichtige Arbeiten, die nicht so eilig sind (linkes oberes Viertel), sollten Sie sich einen ruhigen Moment aussuchen, um sich konzentriert und mit Muße damit zu beschäftigen.

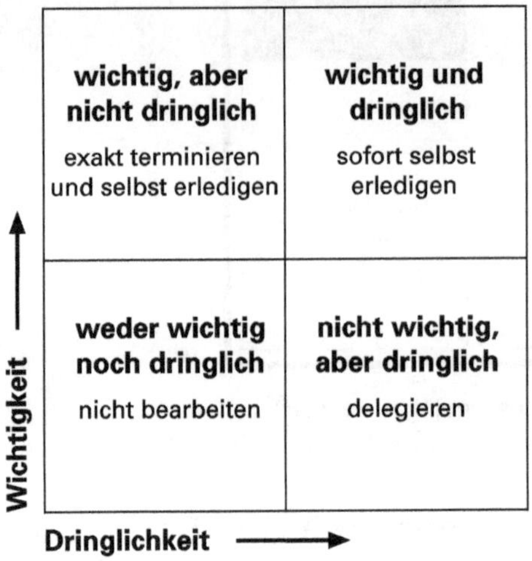

Abbildung 8.2: Delegation nach dem Eisenhower-Prinzip

Oft hilft die Unterscheidung zwischen »wichtig« und »wesentlich«, um Aufgaben korrekt zu priorisieren: Wichtig nimmt jeder die Dinge, die ihn gerade intensiv beschäftigen – aber sind diese Dinge auch wesentlich, also für das Wesen Ihrer Arbeit oder Ihrer Person nützlich? Beschäftigen Sie sich künftig vermehrt mit dem Wesentlichen, damit Ihre Arbeitszufriedenheit wächst. Sie können ganz gelassen Dinge liegen lassen, die weder wichtig noch dringlich sind (linkes unteres Viertel in Abbildung 8.2). Denn danach wird Sie vermutlich niemand fragen und Sie sparen viel Zeit, wenn Sie künftig solche unwichtigen und aufschiebbaren Aufgaben einfach ignorieren oder in den Papierkorb werfen.

Erfolge feiern

Im deutschen Berufsalltag wird aus meiner Sicht viel zu selten und viel zu wenig gelobt. Wertschätzung und Anerkennung sind wichtige Motivationsfaktoren – doch in den Umfragen des US-amerikanischen Meinungsforschungsinstituts

Gallup geben deutsche Arbeitnehmer regelmäßig zu Protokoll, dass die Rahmenbedingungen in ihrem Job zwar in Ordnung sind, dass ihnen aber die Rückmeldung ihrer Vorgesetzten fehle – sowohl Lob und Anerkennung als auch ein Feedback zu ihren Fortschritten und Entwicklungsmöglichkeiten. Das schwäbische Sprichwort »Nicht geschimpft ist genug gelobt« scheint also bundesweit gültig zu sein und von Führungskräften beherzigt zu werden. Wie ist das in Ihrem Umfeld:

- ✔ Werden Erfolge zur Kenntnis genommen und wertgeschätzt? Oder sind Erfolge selbstverständlich, Misserfolge hingegen Grund für herbe Kritik?
- ✔ Beansprucht Ihr Vorgesetzter alle Erfolge für sich? Oder wird Ihr Anteil am Erfolg benannt?
- ✔ Wachen alle Kollegen eifersüchtig über ihre Erfolge? Oder wird ein konstruktives Miteinander gepflegt?
- ✔ Gibt es Gratifikationen, Bonuszahlungen oder Beförderungen für besondere Erfolge?

Mit Ehrlichkeit, Großzügigkeit, Fairness und Wertschätzung können Sie offen auf Kollegen zugehen und deren Erfolge anerkennen. Sorgen Sie aber auch dafür, dass Ihre Erfolge gesehen werden, und nutzen oder schaffen Sie in Ihrem Umfeld Möglichkeiten, damit Erfolge – Ihre eigenen und die Ihrer Kollegen – gefeiert werden können:

- ✔ Kommunizieren Sie Erfolge übers Intranet oder als ersten Tagesordnungspunkt bei Routinebesprechungen.
- ✔ Benennen Sie alle Beteiligten, die dazu beigetragen haben, den Erfolg zu erreichen.
- ✔ Sorgen Sie für informelle Anerkennung der Erfolge – beispielsweise Kuchenbacken, gemeinsames Mittagessen, zusätzliche Pause für alle.
- ✔ Wenn Sie Vorgesetzter sind, teilen Sie Ihre Erfolge nach dem Motto »Erfolge der Mitarbeiter gehören den Mitarbeitern; Erfolge des Chefs gehören allen«.

BEISPIEL

Katharina Pauly ist Lehrerin an einer Mädchenschule. Sie betreut Referendare und stellt fest, dass die jungen Kollegen und Kolleginnen oft sehr unsicher sind und sich wenig zutrauen. Sie fühlt sich dadurch an ihren eigenen Start in den Lehrerberuf erinnert und weiß, wie gut ihr das Lob eines Mentors getan hat. Darum achtet sie besonders sorgfältig darauf, was ihre Referendare leisten und benennt deren Erfolge und Lernfortschritte ausdrücklich. Dadurch nimmt sie den Nachwuchslehrern die Angst und fördert ihre Motivation für den

Beruf. Nach Abschluss des Referendariats bekommt sie oft kleine Geschenke von ihren Schützlingen, die sie gerne aufbewahrt. Denn die positiven Rückmeldungen fördern auch ihre eigene Motivation.

Je regelmäßiger Sie gelobt werden und auf sich selbst stolz sein können, desto eher werden Sie Ihren inneren Kritiker besänftigen können. Denn äußere und innere Anerkennung tragen dazu bei, das Selbstwertgefühl zu steigern und die Selbstakzeptanz zu fördern. Dadurch wird die innere Kritik leiser und der Umgang mit sich selbst weniger streng. Seien Sie ganz bewusst wohlwollend und nachsichtig mit sich, gehen Sie mit Ihrem inneren Kritiker ins Gespräch und weisen Sie auf Ihre Persönlichkeitsentwicklung hin. Folgende Formulierungen können Ihnen dabei helfen:

- ✔ Ich gebe mein Bestes.
- ✔ Mir gelingt viel.
- ✔ Ich bekomme Anerkennung.
- ✔ Auf meine Erfolge bin ich stolz.
- ✔ Meine Arbeit hilft anderen.
- ✔ Ich bin die richtige Frau / der richtige Mann am richtigen Platz.
- ✔ Die Wertschätzung meiner Kollegen/Kolleginnen ist bedeutsam.
- ✔ Meine Chefin / mein Chef ist zufrieden mit mir.
- ✔ Ich bin zuverlässig und verantwortungsbewusst.

Achten Sie darauf, welche innere Wirkung diese Bestätigungen haben, und suchen Sie Formulierungen, die für Sie (und Ihren inneren Kritiker) überzeugend und glaubhaft klingen.

Am besten spüren Sie die Wirkung einer Affirmation, wenn Sie Ihren Körper beobachten: Löst die Formulierung ein warmes Gefühl in der Herzgegend aus oder bemerken Sie eine innere Ruhe und Entspannung, dann sind Sie auf dem richtigen Weg.

Sich und andere motivieren

Wie können Sie sich und andere im beruflichen Umfeld besser motivieren? Vielleicht inspirieren folgende Gedanken Sie, auf diese Frage eine individuelle Antwort zu finden:

- Ihnen ist wichtig, dass jeder zu seinem Recht kommt. Sie wissen, dass die Menschen unterschiedlich sind und unterschiedlich viel Raum, Zeit und Aufmerksamkeit brauchen.
- Sie sammeln Informationen und Ideen, wägen ab und entscheiden mit Bedacht. Sie erkennen mögliche Konsequenzen des Handelns früh und können ungenutzte Ressourcen bündeln.
- Unerschrocken setzen Sie sich dafür ein, dass neue Wege erprobt und ungewöhnliche Maßnahmen ergriffen werden. Sie geben Andersdenkenden Raum, setzen innovative Ideen um und lassen sich von Misserfolgen nicht entmutigen.
- Sie denken in Ruhe nach, stellen Querverbindungen her, sind ein Meister der Transferleistung und können Sichtweisen aufzeigen, die bislang niemand gesehen hat. Mit Ihrem Wissen und Können sind Sie Vorbild und Leuchtturm.
- Ihre Fähigkeit, über den Tellerrand zu schauen, Sinnzusammenhänge zu erkennen und anderen Menschen Wertschätzung zu geben, macht Sie zu einem Fels in der Brandung. Sie ruhen in sich und können mühelos Wichtiges von Unwichtigem unterscheiden.
- Empathie und Kommunikation sind die Werkzeuge, mit denen Sie Konflikte lösen und Zusammenarbeit fördern können. Sie glauben an das Gute im Menschen und nehmen anderen ihre Schwächen nicht übel.
- Sie finden aus einer Sackgasse rasch und zuversichtlich Auswege, nehmen Schwierigkeiten nicht allzu schwer und gleichen einem Stehaufmännchen. Wer ein aufmunterndes Wort braucht, kann jederzeit zu Ihnen kommen.

Finden Sie sich in diesen Beschreibungen wieder? Suchen Sie nach Motivatoren, die zu Ihnen passen, also authentisch sind. Authentizität bedeutet, unverwechselbar zu sein: Sie sind einzigartig in Ihrer Persönlichkeit, Ihrem Können und Wissen, Ihrem Denken und Handeln.

Authentisch zu leben, bedeutet, die Individualität sichtbar zu machen und zu sich selbst zu stehen. Dieses Thema behandele ich in meinem Buch *Authentisch leben für Dummies*. Darin finden Sie viele Impulse, um sich besser kennenzulernen und unverwechselbar zu agieren.

Um im beruflichen Umfeld gesehen und wertgeschätzt zu werden, gibt es viele unterschiedliche Strategien:

- Wenn Sie ein eher introvertierter, stiller Mensch sind, wählen Sie vermutlich eher einen leisen Weg, indem Sie Ihre Arbeit gewissenhaft erledigen, zuverlässig sind und niemanden enttäuschen.

- Sind Sie hingegen extrovertiert und dynamisch, machen Sie vielleicht deutlich auf sich aufmerksam und rücken Ihre Erfolge und Ihr Können ins Scheinwerferlicht.
- Haben Sie besondere Stärken, die in Ihrem Umfeld eher selten vertreten sind, können Sie diese nutzen, um Aufgaben zu übernehmen, deren Ergebnisse sichtbar sind und Ihr Unternehmen voranbringen.
- Sind Sie mutig, innovativ und risikofreudig, probieren Sie neue Wege aus und scheuen keine Risiken.
- Wenn Sie sehr gewissenhaft sind, übernehmen Sie Aufgaben im Qualitätsmanagement.

Für die allermeisten Menschen ist es motivierend, gelobt und anerkannt zu werden. Und zwar für ihre spezifischen Fähigkeiten und ihre individuellen Leistungen, nicht etwa dafür, dass sie sich besonders gut anpassen oder alle Vorgaben brav erfüllen.

Versuchen Sie, eine für Sie passende Strategie zu finden, um in Ihrer Einzigartigkeit und Authentizität sichtbar zu werden:

- Sagen Sie Ihre Meinung.
- Übernehmen Sie zusätzliche Aufgaben, die Sie gerne erledigen.
- Machen Sie Verbesserungsvorschläge.
- Arbeiten Sie neue Kollegen ein.
- Engagieren Sie sich in der Nachwuchsförderung.
- Initiieren Sie neue Projekte.
- Berichten Sie im Intranet oder in der Mitarbeiterzeitung über Ihre Arbeit.
- Interessieren Sie sich für die Arbeit Ihrer Kollegen und bleiben Sie im Gespräch.
- Nehmen Sie an den gesellschaftlichen Aktivitäten Ihres Unternehmens teil und lernen Sie andere Arbeitsbereiche kennen.

Egal ob Sie sich eher im Hintergrund halten oder an vorderster Front stehen – wichtig ist, dass Sie für Ihre Überzeugungen und Werte einstehen. Menschen, die authentisch auftreten, wirken überzeugend und vertrauenswürdig. Und wenn Sie unverwechselbar sind, können andere Sie nicht so schnell übersehen oder übergehen. Das fördert Ihr Selbstwertgefühl und verringert idealerweise auch die innere Kritik.

Überzeugen und begeistern

Menschen haben intuitiv eine Antenne dafür, ob ihr Gegenüber authentisch ist oder nicht. Authentizität wirkt überzeugend und berührend, während unauthentisches Verhalten irritiert und Widerstand auslöst. Oft ist das Störgefühl, wenn ein Gesprächspartner unauthentisch ist, kaum in Worte zu fassen. Es äußert sich eher als unbestimmtes Gefühl: »Da stimmt was nicht.« Wenn Sie im beruflichen Umfeld authentisch sind, sich also in Ihrer Unverwechselbarkeit zeigen und nicht verbiegen, beeinflussen Sie die Interaktion mit Ihren Kollegen, Mitarbeitern und Vorgesetzten:

- ✔ Sie wirken überzeugend und vertrauenerweckend.
- ✔ Sie können begeistern und mitreißen.
- ✔ Andere Menschen erkennen Ihre Stärken und Fähigkeiten.
- ✔ In Konfliktsituationen beziehen Sie eine klare Position.

Prüfen Sie, ob Ihre berufliche Rolle mit Ihrer Persönlichkeit und Ihren eigenen Werten kompatibel ist. Denn wenn Sie wesentliche Anteile, Werte oder Prioritäten unterdrücken oder verleugnen müssen, um eine bestimmte Rolle auszufüllen, werden Sie auf Dauer nicht authentisch sein können. Ihr innerer Kritiker findet in diesem Fall immer wieder etwas auszusetzen und Sie kommen innerlich nicht zur Ruhe.

Folgende Impulse können Ihnen helfen, noch überzeugender im Arbeitsumfeld zu agieren und Ihren inneren Kritiker zunehmend ins Boot zu holen:

- ✔ Welches Bild von sich möchten Sie Ihren unterschiedlichen Interaktionspartnern (Kollegen, Mitarbeitern, Vorgesetzten, Kunden) vermitteln? Wie unterscheiden sich diese Bilder abhängig vom jeweiligen Gegenüber? Mit welchen Bildern fühlen Sie sich wohl und welche Bilder lösen Widerstände in Ihnen aus?
- ✔ Welche persönlichen Werte können Sie in der beruflichen Beziehung mit den unterschiedlichen Partnern umsetzen, welche nicht? Gibt es Interaktionspartner, bei denen Sie bestimmte Werte verleugnen müssen? Wie geht es Ihnen damit?

- ✔ Können Sie bei den verschiedenen Interaktionspartnern Ihre Meinung offen vertreten? Oder müssen Sie bestimmten Gruppen nach dem Mund reden? Wie geht es Ihnen damit?
- ✔ Fällt Ihnen die Kommunikation mit den unterschiedlichen Interaktionspartnern im Berufsleben leicht oder gibt es Gruppen, mit denen Sie ungerne kommunizieren? Wie gehen Sie damit um?
- ✔ Erkennen Sie sich im Umgang mit den verschiedenen Interaktionspartnern wieder oder sind Sie sich bei bestimmten Partnern eher fremd? Woran könnte das liegen?
- ✔ Was möchten Sie in der Kommunikation mit den unterschiedlichen Gruppen verändern und was kann so bleiben wie es ist?

Vielleicht erkennen Sie durch diese Überlegungen weitere Stellschrauben, an denen Sie drehen könnten, um im Berufsleben mit sich selbst ins Reine zu kommen. Machen Sie sich immer wieder klar, dass es zwar äußere Anforderungen und Erwartungen an eine berufliche Rolle gibt, dass es andererseits aber oft auch sehr bereichernd sein kann, wenn eine Rolle individuell gestaltet wird.

Nutzen Sie Ihren Handlungsspielraum und bringen Sie sich so ein, wie es Ihnen angemessen erscheint. Wenn es Konflikte zwischen Erwartung und Realität gibt, gehen Sie in Kontakt mit dem jeweiligen Interaktionspartner, aber auch mit sich selbst und Ihrem inneren Kritiker. Seien Sie offen für Feedback, stehen Sie aber auch zu Ihren persönlichen Grenzen.

IN DIESEM KAPITEL

Perfektionismus: unrealistisch und anstrengend

Das Selbstwertgefühl stärken

Nicht zu viel von sich verlangen

Kapitel 9
Abschied vom Perfektionismus

Jeder Mensch hat Schwächen, Fehler, Macken oder Marotten – niemand ist perfekt. Doch der innere Kritiker vieler Menschen verlangt Perfektionismus: »Mach keine Fehler!«, »Stell dich nicht so dumm an!« oder »So wie du das machst, geht es wirklich nicht!« sind typische Kommentare eines nörgelnden oder vernichtenden inneren Kritikers.

In diesem Kapitel lade ich Sie dazu ein, sich vom Perfektionismus zu verabschieden und eine realistische Haltung zu sich selbst einzunehmen: Wenn Sie sich mit all Ihren Ressourcen und Defiziten akzeptieren, können Sie im Kontakt mit anderen Menschen unverwechselbar und aufrichtig agieren, über Ihre Fehler lachen, aus Missgeschicken lernen – und nicht zuletzt auch Ihre Mitmenschen mit all ihren Eigenheiten wertschätzen. Ich erläutere, wie Perfektionismus entsteht, wie er wirkt und was Sie tun können, um ihn aus ihrem Leben zu entfernen. Sie finden am Ende des Kapitels in Tabelle 9.1 einen Fragebogen, um Ihr persönliches Maß an Perfektionismus zu erkennen. Sollte Ihnen der Perfektionismus jedoch völlig fremd sein, blättern Sie weiter zum nächsten Kapitel.

Selbstwertgefühl durch Leistung

Viele Menschen in der westlichen Welt definieren ihren Selbstwert durch Leistung, Können, Ansehen oder Besitz: Wer viel hat und viel kann, ist viel wert. Diese Definition spornt dazu an, sich im Leben anzustrengen und Ziele zu erreichen. So ist sie durchaus funktional und hilfreich. Sie kann sich aber auch ins Gegenteil verkehren und großen inneren Druck bewirken, wenn sie sich in einen negativen

Glaubenssatz verwandelt, der den inneren Kritiker in Gang setzt: »Wenn ich nicht genug leiste, bin ich nichts wert.«

Seinen Selbstwert von der Leistungsfähigkeit abhängig zu machen, ist insbesondere dann gefährlich (also dysfunktional), wenn innere oder äußere Faktoren im Leben wie etwa Krankheit oder Arbeitslosigkeit die persönliche Schaffenskraft verringern. Eine Abwärtsspirale beginnt: Da das Selbstwertgefühl Brüche bekommt, steigen Angst und Unsicherheit, wodurch zumeist auch die Leistungsfähigkeit weiter abnimmt. Diesen Teufelskreis zu durchbrechen, erfordert Selbstreflexion, Veränderung von Glaubenssätzen und möglicherweise professionelle Hilfe.

Wer seinen Selbstwert nahezu ausschließlich über seine Leistung definiert, ist anfällig für Perfektionismus. Denn der stetige Drang, sich und anderen etwas beweisen zu wollen, führt nicht selten dazu, dass die eigenen Fähigkeiten nur zählen, wenn das Ergebnis deutlich besser ist als der Durchschnitt. »Gut« ist dann einfach nicht gut genug. 80 oder 100 Prozent reichen nicht aus, es müssen schon 150 Prozent sein.

Perfektionisten streben nach Fehlerlosigkeit, haben hohe Leistungsansprüche und neigen zu überkritischem Bewerten. Sie sehnen sich nach Vollkommenheit und neigen zu Selbstzweifeln.

Perfektionismus ist bis zu einem gewissen Grad funktional: Wenn Sie Ihr eigenes Handeln als wirksam erleben, Ihre Selbstorganisation hoch ist und Sie keine Versagensangst haben, kann Perfektionismus für Sie eine hilfreiche Triebfeder sein. Er bewirkt in diesen Fällen Gewissenhaftigkeit und Durchhaltevermögen. Sobald sich jedoch perfektionistische Besorgnis einstellt, die Zweifel und Unsicherheit nährt sowie Fehler und Schwächen bedrohlich macht, wird der Perfektionismus dysfunktional, also störend. Er kann sogar krank machen, denn anhaltende Versagensangst führt zu innerer Anspannung, zu körperlichen Stresssymptomen und seelischer Not. Bauch- und Rückenschmerzen, Depressionen oder Angststörungen können mit Perfektionismus in Zusammenhang stehen.

Wenn Eltern zu hohe Ansprüche stellen

Perfektionistische Charakterzüge sind zum Teil angeboren, werden also durch die Gene bestimmt. Eine wichtige Rolle bei der Entwicklung von Perfektionismus spielt neben der Vererbung auch die Erziehung. Eltern oder andere primäre Bezugspersonen, die einem Kind mit viel Strenge, Kontrolle und Autorität begegnen, bedingungslose Unterordnung fordern oder wenig Wärme und Herzlichkeit vermitteln, fördern den Perfektionismus.

Wissenschaftliche Studien haben gezeigt, dass insbesondere die gegengeschlechtliche Bezugsperson eine besonders wichtige Rolle spielt – bei Frauen also der Vater, bei Männern die Mutter.

Ein Kind braucht Möglichkeiten, eigene Erfahrungen zu machen, Entscheidungen zu treffen und Verantwortung zu übernehmen. Diese Aspekte fördern seine Autonomie. Da es aber noch wenig kann und weiß, wird es bei seinen Bemühungen unweigerlich Fehler machen oder Misserfolge haben. Dann benötigt es Eltern oder Erziehende, die es trösten, bestärken und unterstützen. So erlebt es eine gesunde Mischung aus Autonomie und Abhängigkeit, die seine Persönlichkeitsentwicklung fördert.

Ein Kind, das in einem Klima hoher Erwartung und harscher Kontrolle aufwächst, versucht möglichst perfekt zu sein – oder es rebelliert irgendwann und lehnt die elterlichen Ansprüche rigoros ab.

Überzogene elterliche Erwartungen frustrieren das Kind, weil es merkt, dass es diesen Erwartungen nicht auf Dauer gerecht werden kann. Es strengt sich an, gibt sich große Mühe, zweifelt aber immer wieder an sich selbst. Sein Streben ist auf Perfektion ausgerichtet in dem Bemühen, alles richtig zu machen und endlich Anerkennung zu bekommen. Es saugt jedes kleine Lob auf und lernt, dass es nur mit harter Arbeit und größtmöglicher Perfektion von seinen Eltern gesehen und wertgeschätzt wird. So verfestigen sich perfektionistische Persönlichkeitsanteile, oft im Gewand des inneren Kritikers.

Viele Perfektionisten haben das Gefühl, trotz aller Anstrengung die Erwartungen ihrer Eltern niemals erfüllen zu können und ihren Anforderungen nicht gerecht zu werden – auch wenn die Eltern längst gestorben sind. Sie berichten, dass ihre Eltern Fehler weder verstehen noch akzeptieren konnten und dass mangelhafte Leistungen bestraft wurden. Verinnerlicht das Kind die hohen Erwartungen, entwickelt es Strategien, um diese Erwartungen zu erfüllen. Je nach Intelligenz und Temperament wird es sich vielleicht besonders gut organisieren und strukturieren – oder es wird immer wieder frustriert und fühlt sich klein und ungenügend.

Perfektionisten möchten für ihre besonderen Leistungen geliebt werden und strengen sich daher ganz besonders an. Im späteren Leben machen sie die Erfahrung, dass sie nicht selten das Gegenteil erreichen: Weil Perfektionisten ihre hohen Maßstäbe auch an die Menschen in ihrer Umgebung anlegen, fühlen diese sich oft abgewertet oder infrage gestellt. Perfektionismus kann einsam machen.

Versagensängste regulieren

Hinter dem Perfektionismus stehen oft große Versagensängste. Sie wirken sehr bedrohlich, weil sie eine beklemmende Botschaft enthalten: »Wenn ich etwas tue und dabei versage, beweise ich mir und anderen, dass ich nichts wert bin.« Diese Ängste können in allen Lebensbereichen auftreten, in Schule, Studium, Ausbildung oder Beruf, in zwischenmenschlichen Beziehungen, bei der Sexualität, bei Hobbys wie Sport oder Musizieren. Sie führen zu Vermeidungsverhalten, zu sozialem Rückzug oder eben zu massiver Anspannung, um möglichst alles richtig zu machen.

Folgende Übungen helfen bei akuten Versagensängsten:

- ✔ **Umfokussierung:** »Fehler sind Lernchancen, Scheitern macht schlau« – mit solchen Gegenentwürfen stellen Sie Ihren Perfektionismus infrage.
- ✔ **Entspannung:** Wenn der innere Druck sinkt, etwa durch Atemübungen oder Meditation, steigt Ihre Handlungsfähigkeit.
- ✔ **Gedankenstopp:** Negative Gedankenspiralen, die sich mit dem Versagen beschäftigen, können Sie bewusst mit einem Stoppsignal oder durch die Umlenkung auf Außenreize (»Was spielt sich gerade vor dem Fenster ab?«, »Welche Geräusche nehme ich gerade wahr?«) unterbrechen.
- ✔ **Imagination:** Sich den Erfolg des eigenen Handelns möglichst plastisch vorzustellen, erhöht Ihre Zuversicht und Handlungsbereitschaft.

Um Versagensängste wirksam zu regulieren, damit sie weder den Alltag bestimmen noch zu perfektionistischem Handeln führen, können Sie auf vier Ebenen ansetzen:

1. **Ebene der Gedanken:** Machen Sie sich klar, dass Sie Herr Ihrer Gedanken sind – »Ich denke«, nicht »Es denkt mich«. Entscheiden Sie sich bewusst dafür, positiv und funktional zu denken, Ihre Möglichkeiten realistisch einzuschätzen und Ihre Grenzen zu respektieren. Sie können viel, müssen aber nicht alles können! Wenn Sie einen negativen Gedanken bemerken, stellen Sie aktiv mindestens drei positive Gedanken dagegen.
2. **Ebene der Gefühle:** Sorgen Sie für angenehme, entspannte Gefühle. Nutzen Sie Musik, Düfte, Entspannungsübungen, Sport oder Sex, um Ihre Gefühlswelt aktiv zu regulieren. Lassen Sie unangenehme Gefühle kommen und gehen, räumen Sie ihnen nicht zu viel Platz in Ihrem Leben ein.

3. **Ebene der Handlungen:** Tun Sie Dinge, die Ihnen Freude machen und sicheren Erfolg bescheren. Erweitern Sie Ihre Komfortzone, indem Sie Neues ausprobieren, sich dabei aber auch Fehler und Rückschläge erlauben. Lachen Sie. Legen Sie eine Liste mit Ihren Fähigkeiten und Fertigkeiten an. Loben Sie sich für erfolgreiches Handeln.

4. **Ebene der Persönlichkeitsentwicklung:** Versuchen Sie herauszufinden, woher Ihre Versagensängste kommen. Reflektieren Sie Ihre Glaubenssätze, hinterfragen Sie die Erziehungsmethoden Ihrer Eltern. Spüren Sie in sich hinein: Was gehört zu Ihrem Wesen, Ihrer Persönlichkeit, und was wurde Ihnen übergestülpt? Lösen Sie sich nach und nach von Zuschreibungen und Projektionen, entdecken Sie Ihr wahres Selbst.

Authentisch statt perfekt

Die Vorstellung, perfekt sein zu können, ist ein unrealistisches Konstrukt. Denn kein Mensch ist perfekt, jeder hat Schwächen und macht Fehler. Wer verbissen nach Perfektion strebt, verfolgt ein unerreichbares Ziel und wirkt ständig angespannt. Entscheiden Sie sich gegen Perfektionismus, um authentisch zu sein! Zeigen Sie sich Ihren Mitmenschen so, wie Sie eben sind. Stehen Sie zu Ihren Stärken und Schwächen. Gehen Sie entspannt mit Rückschlägen um und nutzen Sie jeden Fehler als Möglichkeit, etwas zu lernen oder noch mal neu anzufangen.

Wenn Sie sich Ihre Unzulänglichkeiten verzeihen und angemessen damit umgehen, werden Ihnen auch Ihre Mitmenschen vermutlich nachsichtig gegenübertreten. Und wenn Ihre Ansprüche an andere realistisch statt überzogen sind, jagen Sie Ihren Mitmenschen keine Angst ein, sondern stärken ein wohlwollendes Miteinander. Authentizität im Hinblick auf die eigenen Möglichkeiten und Grenzen führt also auch zu entspannten und damit angenehmeren Interaktionen.

Der Abschied vom Perfektionismus macht Sie gelassener und senkt Ihren inneren Druck.

Wenn Sie bislang einen sehr mächtigen inneren Kritiker hatten, der von Ihnen forderte, perfekt zu sein, brauchen Sie wahrscheinlich Zeit und Geduld, um sich von Fehlern oder Schwächen nicht mehr verunsichern zu lassen. Vielleicht hilft Ihnen die Vorstellung, dass Ihr innerer Kritiker als Teil Ihrer Persönlichkeit den Auftrag hatte, Ihnen dabei zu helfen die Anforderungen und Erwartungen Ihrer Eltern zu erfüllen. Denn wenn in Ihrer Ursprungsfamilie Liebe und Wertschätzung an Leistung gekoppelt waren, hatte es für Sie eine lebensnotwendige Bedeutung, sich anzustrengen.

Inzwischen sind Sie erwachsen und können selbst entscheiden, woran Sie Ihren Selbstwert und Ihre Selbstliebe knüpfen. Möglicherweise haben sich Ihre Werte verändert und Sie erleben sich nicht nur dann als wertvoll, wenn Sie etwas leisten. Folgende Aspekte könnten für Sie viel bedeutsamer geworden sein:

- ✔ Ihre Fähigkeiten und Fertigkeiten
- ✔ Ihre persönlichen Stärken
- ✔ Ihr Beziehungsnetzwerk
- ✔ Ihre Wirkung in der Welt und auf die Welt

Idealerweise erleben Sie sich vorbehaltlos als wertvoll – so, wie Sie eben sind. Diese Selbstakzeptanz wird Ihnen dabei helfen, sich vom Perfektionismus zu lösen und sich und anderen mit realistischen Anforderungen zu begegnen.

Die Selbstakzeptanz stärken

Je gelassener und freundlicher Sie sich in Ihrem individuellen Sein akzeptieren, desto authentischer wirken Sie. Um Ihre Selbstakzeptanz zu festigen und den Perfektionismus zu beenden, ist es hilfreich, sich mit den eigenen Standards zu befassen. Überlegen Sie, was Sie in Ihren unterschiedlichen Lebensbereichen von sich erwarten, worauf Sie Wert legen und wie Sie mit sich umgehen. Können Sie Ihre Anforderungen an sich senken? Sind Ihre Erwartungen realistisch? In welchen Bereichen wäre weniger vielleicht mehr?

Das *Pareto-Prinzip*, auch *80/20-Regel* genannt, besagt: 80 Prozent des Ergebnisses werden mit 20 Prozent der Energie erzielt. Um auch noch die letzten 20 Prozent des Ergebnisses zu erreichen, bedarf es 80 Prozent Kraftaufwand. Wenn Sie also nicht überall 100 oder gar 150 Prozent leisten müssen, sondern auch mal mit 80 Prozent zufrieden sind, sparen Sie sehr viel Energie.

Wenn Sie Ihre Standards verändern und alte Verhaltensmuster durchbrechen möchten, setzen Sie einen Prozess der Persönlichkeitsveränderung in Gang. Veränderungsprozesse brauchen Zeit und einen langen Atem. Das gilt für den einzelnen Menschen genauso wie für die Gesellschaft. Um Verhaltensänderungen beschreiben und erforschen zu können, haben zwei US-amerikanische Wissenschaftler, James Prochaska und Carlo DiClemente, Ende der 1970er-Jahre das sogenannte *transtheoretische Modell* entwickelt und fünf Stadien definiert, die bei jeder Verhaltensänderung eine wichtige Rolle spielen:

1. **Absichtslosigkeit:** Ich brauche nichts zu verändern.

2. **Absichtsbildung:** Ich möchte (könnte, sollte) etwas verändern.

3. **Vorbereitung:** Ich definiere Ziele und mache einen Plan.

4. **Handlung:** Ich setze meinen Plan um.

5. **Aufrechterhaltung:** Ich sorge dafür, dass die Veränderung dauerhaft bestehen bleibt.

Dieses Modell ist hilfreich, um eigene Veränderungen bewusst einzuleiten und erfolgreich zu durchlaufen und zu festigen. Jede Veränderung braucht Willenskraft und Geduld. Beide Qualitäten sind nicht konstant, sondern ändern sich individuell von Tag zu Tag und von Situation zu Situation. Nehmen Sie sich Zeit, um genau zu definieren, was Sie verändern möchten. Analysieren Sie die Hintergründe der gewünschten Veränderung: Was versprechen Sie sich konkret davon? Je klarer Ihre Ziele, desto motivierter werden Sie sein.

Um beispielsweise im Berufsalltag weniger perfektionistisch zu werden und Fehler besser zu tolerieren, könnte Ihr Veränderungsmodell wie folgt aussehen:

✔ Sie stellen fest, dass Ihre Bemühungen, fehlerfrei zu arbeiten, unrealistisch sind, Sie unter großen Druck setzen und viel Zeit kosten. Sie wünschen sich mehr Leichtigkeit und Freude bei der Arbeit (Absichtsbildung).

✔ Sie machen Arbeitsbereiche ausfindig, in denen ein Fehler keine Katastrophe wäre, und nehmen sich vor, in diesen Bereichen künftig mit 80-prozentigen Ergebnissen zufrieden zu sein. Um Ihre Erwartungen an sich zu senken, schauen Sie sich die Ergebnisse der Kollegen an und entscheiden, wie Ihr neuer Qualitätskorridor sein soll (Vorbereitung: Zieldefinition und Plan).

✔ In den nächsten zwei Monaten reduzieren Sie den Zeitaufwand für den definierten Arbeitsbereich nach und nach. Sie beenden die Arbeit, wenn das Ergebnis in dem von Ihnen neu definierten Qualitätskorridor liegt. Wenn bei Ihnen Zweifel oder negative Gefühle entstehen, halten Sie Rücksprache mit Kollegen oder Vorgesetzten und prüfen, ob das Ergebnis ausreicht (Handlung).

✔ Wenn Sie spüren, dass Sie Frieden mit Ihrem neuen, niedrigeren Standard geschlossen haben, achten Sie darauf, dass Sie nicht wieder in alte Muster zurückfallen, sondern erinnern Sie sich immer wieder aktiv daran, die Arbeit zu beenden oder abzugeben, wenn Sie Ihren neuen Qualitätskorridor erreicht haben. Die dadurch gewonnene Zeit nutzen Sie für Dinge, die Ihnen besonderen Spaß machen (Aufrechterhaltung).

Der Abschied vom Perfektionismus braucht ein wenig Mut – vielleicht hatten Sie bislang ein Gefühl von Sicherheit, weil Sie versucht haben, alles so perfekt wie möglich zu machen. Doch wenn Sie ehrlich mit sich sind, waren diese Versuche sicherlich manchmal zum Scheitern verurteilt, haben Sie frustriert, enttäuscht oder verunsichert.

Trauen Sie sich, authentisch und unperfekt zu sein. Das Feedback der Menschen in Ihrem Umfeld wird Sie hoffentlich ermutigen.

Innere Freiheit gewinnen

Wenn Sie sich vom Perfektionismus verabschieden, gewinnen Sie innere Freiheit. Denn Sie lösen sich von den überzogenen Erwartungen Ihrer Eltern, von Ihren eigenen überhöhten Ansprüchen und von dem Druck, in jeder Situation das Beste geben zu müssen.

Mit der Grundhaltung »Fehler sind Lernchancen« wird es Ihnen künftig leichter fallen, Ihre Komfortzone zu verlassen und neue Erfahrungen zu machen. Es darf auch mal etwas schiefgehen, ohne dass Sie sich gleich wie ein Versager oder eine Niete fühlen müssen.

Vielleicht machen Sie sich Sorgen um den Eindruck, den andere Menschen von Ihnen haben werden, wenn Sie zu Ihren Schwächen und Fehlern stehen und nicht länger versuchen, perfekt zu sein. Nutzen Sie Ihre neue innere Freiheit, um diese Sorgen zu entkräften und mehr Selbstsicherheit zu gewinnen:

- **Sie entscheiden, wer wie viel Macht über Sie hat.** Ist die Meinung Ihrer Nachbarn, Ihrer Schwiegereltern, Ihrer ehemaligen Klassenkameraden wirklich bedeutsam für Sie? Oder können Sie lernen, sich von der befürchteten Abwertung durch diese Mitmenschen zu distanzieren?
- **Sie sind nur sich selbst Rechenschaft schuldig.** Versuchen Sie Rechtfertigungsschleifen zu durchbrechen, indem Sie zu Ihren individuellen Eigenschaften stehen. Wer damit nicht zurechtkommt, hat vielleicht gar keinen Platz in Ihrem Leben verdient.
- **Sie geben Ihr Bestes, nicht mehr und nicht weniger.** Manchmal kommt dabei ein perfektes Ergebnis heraus, manchmal nicht. Die Erde dreht sich trotzdem weiter.
- **Üben Sie Gelassenheit und gehen Sie humorvoll durch den Alltag.** Mit etwas Leichtigkeit wird das Leben bunter und weniger anstrengend. Lachen Sie über Missgeschicke, denn daraus werden oft die interessantesten Geschichten.

Ihre Gelassenheit und innere Freiheit werden vermutlich auf Ihre Umgebung abfärben. Sind Sie entspannter und begegnen anderen Menschen mit Nachsicht, hat das große Auswirkungen auf Ihre Interaktionen. Mit realistischen Anforderungen und Erwartungen ist das Risiko, enttäuscht zu werden, deutlich geringer. Und dadurch gewinnen Sie nicht zuletzt auch mehr Lebensfreude.

Fragebogen: Wie perfektionistisch sind Sie?

Der Fragebogen in Tabelle 9.1 kann Ihnen dabei helfen, Ihre eigene Neigung zum Perfektionismus zu hinterfragen. Lesen Sie sich jede Aussage in Ruhe durch und entscheiden Sie, ob Sie der Aussage eher zustimmen oder sie eher ablehnen. Kreuzen Sie das entsprechende Feld an und zählen Sie am Ende, wie oft Sie den Aussagen zugestimmt haben.

Aussage	Zustimmung	Ablehnung
Es ist sehr wichtig für mich, in allem, was ich tue, sehr kompetent zu sein.		
Wenn jemand etwas besser macht als ich, fühle ich mich als Versager.		
Wenn ich nicht so gut bin wie andere, bin ich als Mensch weniger wert.		
Selbst bei einfachen alltäglichen Dingen, die ich tue, habe ich oft Zweifel, ob ich es richtig mache.		
Ich erwarte von mir höhere Leistungen als die meisten anderen Menschen von sich erwarten.		
Meine Eltern hatten an meine Zukunft immer höhere Erwartungen als ich selbst.		
Die Menschen in meinem Umfeld werden wahrscheinlich weniger von mir halten, wenn ich einen Fehler mache.		
Meine Eltern haben nie versucht, meine Fehler zu verstehen.		
Ich hatte nie das Gefühl, dass ich die Erwartungen meiner Eltern erfüllen kann.		
Ich neige dazu, bei meiner Arbeit in Rückstand zu geraten, weil ich manche Dinge mehrfach mache, damit ich sicher bin, dass sie richtig sind.		

Tabelle 9.1: Den eigenen Perfektionismus erkennen

Haben Sie drei oder weniger Aussagen zugestimmt, sind Sie vermutlich wenig perfektionistisch. Wenn Sie hingegen sieben oder mehr Aussagen zugestimmt haben, sind Sie vermutlich sehr perfektionistisch. Prüfen Sie bei Ihren Zustimmungen, ob es eher um Ihre familiären Prägungen, eher um Angst vor Fehlern oder eher um hohe eigene Ansprüche geht. Daraus können Sie ableiten, wie Sie lernen, mit Ihrem Perfektionismus umzugehen: Die Glaubenssätze aus Ihrer Ursprungsfamilie könnten Sie hinterfragen und modifizieren, Ihre Fehlertoleranz könnten Sie erhöhen und Ihre eigenen Ansprüche könnten Sie reduzieren.

Als Grundlage für diesen Fragebogen habe ich die »Frost Multidimensionale Perfektionismus-Skala (FMPS)« von 1990 genutzt, die sich in Studien zu diesem Thema bewährt hat. Der US-amerikanische Psychologe Randy Frost schlägt fünf Unterskalen vor, die den Perfektionismus verstehbar machen und einteilen: Sorge vor Fehlern, Zweifel an eigenen Handlungen, elterliche Erwartungen, Kritik der Eltern und eigene Standards. Wenn Sie die vollständige Frost-Skala, die 35 Fragen umfasst, nachlesen und ausfüllen möchten, können Sie die deutsche Version von Joachim Stoeber auf `www.academia.edu` herunterladen.

IN DIESEM KAPITEL

Positiver und negativer Stress

Inneren Antreibern etwas entgegensetzen

Bewusste Entspannung im Job

Kapitel 10
Weniger Stress durch besseres Selbstmanagement

Ein mittleres Maß an Stress und Anspannung ist nötig, damit Sie im Berufsleben zur Hochform auflaufen und Leistung erbringen können. Stellen Sie sich Ihre Leistungsfähigkeit vor wie einen Automotor: Wenn Sie nicht aufs Gaspedal treten, bleibt das Auto stehen. Geben Sie Gas und dosieren den Druck aufs Pedal, rollt der Wagen mit zunehmender Geschwindigkeit. Je nach Beladung des Autos oder Steigung der Straße brauchen Sie mehr oder weniger Antriebskraft. Wenn Sie allerdings das Gaspedal mit allzu viel Kraft durchtreten, heult der Motor auf und überdreht – bis er kaputtgeht. Sowohl zu wenig als auch zu viel Beschleunigung sind also hinderlich.

Im übertragenen Sinne heißt das: Sie brauchen jeden Tag aufs Neue die richtige Dosis Anspannung, um Ihr Berufsleben erfolgreich zu meistern. Wenn der Stress jedoch überhandnimmt und Sie ununterbrochen auf Hochtouren laufen, besteht die Gefahr, dass Sie im wahrsten Sinne des Wortes durchdrehen.

Falls Sie einen inneren Kritiker haben, der ständig Höchst- oder Bestleistung von Ihnen fordert, ist die Gefahr groß, dass Sie durch Dauerstress krank werden. Besser ist es, die Anspannung so zu dosieren, dass Sie gar nicht erst Gefahr laufen zu überdrehen.

In diesem Kapitel erfahren Sie, wie Sie durch konsequentes Selbstmanagement Ihre Stressfaktoren minimieren und wie Sie sich im Arbeitsalltag wirksam entspannen können.

Anspannung und Entspannung ausbalancieren

Wie hoch ist Ihr Stresslevel im Berufsalltag und was bewirkt dieser Stress bei Ihnen? Vielleicht helfen Ihnen folgende Impulse, Ihre Belastung konkret zu benennen:

- ✔ Notieren Sie an mehreren Tagen kontinuierlich, beispielsweise im Stundenrhythmus, wie viel Stress Sie haben. Sie können dafür wörtliche Beschreibungen benutzen oder Zahlen auf einer Skala von 1 bis 10 (1 bedeutet keinen Stress, 10 extrem viel Stress).
- ✔ Schreiben Sie auf, wie Sie sich im Tagesverlauf körperlich und seelisch fühlen. Spüren Sie Unterschiede zwischen verschiedenen Anspannungsgraden?
- ✔ Ziehen Sie jeden Abend schriftlich Bilanz und markieren Sie den Tag im Kalender mit einem Stresssymbol (beispielsweise ein Smiley für einen entspannten Tag und ein Blitz für einen besonders stressigen Arbeitstag).
- ✔ Halten Sie fest, wie Sie nachts schlafen – gibt es einen Zusammenhang zwischen dem Stressniveau des Arbeitstags und Ihrem Nachtschlaf sowie zwischen dem Nachtschlaf und Ihrer Leistungsfähigkeit am Folgetag?

Verschaffen Sie sich dann einen Überblick über die Stressoren, mit denen Sie im Beruf zu tun haben:

- ✔ Welchen Anteil haben die Rahmenbedingungen Ihrer Arbeit auf Ihr Anspannungsniveau? Hierbei geht es beispielsweise um den Weg zur Arbeit, die Arbeitszeiten, die Pausenregelungen, die Arbeitsumgebung, die technische Ausstattung, die Räumlichkeiten und Ähnliches.
- ✔ Wie stark beansprucht Ihre Arbeit Sie körperlich?
- ✔ Müssen Sie sich bei Ihrer Arbeit sehr konzentrieren? Werden Sie oft unterbrochen?
- ✔ Welche Rolle spielen Ihre Arbeitskollegen im Hinblick auf mögliche Stressfaktoren?
- ✔ Bekommen Sie Anerkennung und Wertschätzung für Ihre Arbeit?
- ✔ Wie ist Ihr Verhältnis zu Ihren Vorgesetzten?
- ✔ Fühlen Sie sich den Herausforderungen in Ihrem Beruf gewachsen oder sind Sie überfordert?

- ✔ Meldet sich Ihr innerer Kritiker in bestimmten Situationen und weist Sie auf Fehler, Versäumnisse oder Missgeschicke hin?
- ✔ Machen Sie Ihre Arbeit gern und freuen sich darauf? Oder wären Sie lieber ganz woanders?

Sie werden beim Schreiben und Analysieren feststellen, dass es bei Ihrer Arbeit sowohl guten, förderlichen und aktivierenden Stress (auch Eustress genannt) als auch negativen, krank machenden Stress (Dysstress) gibt.

Vielleicht hilft es Ihnen, Ihre Reflexionen über den Stresspegel und die Stressoren kontinuierlich fortzuschreiben. So bekommen Sie immer wieder eine Standortbestimmung und können prüfen, ob Handlungsbedarf besteht. Wägen Sie ab:

- ✔ In welchem Verhältnis stehen positiver und negativer Stress?
- ✔ Haben Sie die Möglichkeit, positiven Stress zu fördern und negativen Stress abzubauen?
- ✔ Können Sie den negativen Stress bei der Arbeit durch positive Erlebnisse in der Freizeit oder in der Familie kompensieren?

Negativer Stress entsteht insbesondere dann, wenn Sie sich in einer Situation befinden, die Ihnen bedrohlich erscheint und von der Sie annehmen, dass Sie ihr nicht gewachsen sind. Wenn Sie den Eindruck haben, dass Ihre Ressourcen nicht ausreichen, um eine Lösung zu finden, oder wenn Sie in einer ähnlichen Situation schon einmal gescheitert sind, geraten Sie unter Druck.

Bei zunehmendem Stress schaltet Ihr Organismus um auf »Kampf oder Flucht« – ein Programm, das der Mensch schon seit der Steinzeit in sich trägt und das zwar hilfreich, aber kräftezehrend ist.

Wenn Sie sich in schwierigen Situationen jedoch auf Ihre Stärken, Fähigkeiten, Fertigkeiten sowie auf Ihr Netzwerk besinnen und diese Ressourcen bewusst einsetzen, erhöhen Sie die Chance, Probleme zu lösen und Schwierigkeiten aus dem Weg zu räumen. Dadurch fördern Sie einen Kompetenzkreislauf: Die Erfahrung, trotz anfänglicher Zweifel doch ans Ziel zu kommen, erlaubt es Ihnen, sich bei nächster Gelegenheit entspannt zurückzulehnen, da Sie Ihre Ressourcen kennen. Somit geraten Sie erst gar nicht in negativen Stress, sondern erleben allenfalls positiven Stress, der mit einem Prickeln einhergeht und möglicherweise sogar für einen Kick im Alltag sorgt.

Ihre Stärken entwickeln sich in dem Maße weiter, wie Sie aus der Routine ausbrechen und immer wieder mutig Neues ausprobieren. Lassen Sie sich nicht einreden: »Was Hänschen nicht lernt, lernt Hans nimmermehr« – für die Persönlichkeitsentwicklung sind Sie nie zu alt.

Antreiber identifizieren

Das menschliche Handeln wird von Motivatoren angetrieben: Wir handeln auf ein Ziel hin, das wir erreichen möchten, weil es uns die Befriedigung von Bedürfnissen verspricht. Nicht nur unsere bewussten Erwartungen, Hoffnungen und Werte leiten das Handeln, sondern auch unbewusste Verhaltensmuster, die in früher Kindheit angelegt wurden. Hierfür sind die durch die Erziehung geprägten sogenannten *Antreiber* verantwortlich. Die Transaktionsanalyse des US-amerikanischen Psychiaters Eric Berne befasst sich mit diesen Antreibern und benennt sie wie folgt:

1. Sei stark!
2. Sei perfekt!
3. Mach es allen recht!
4. Beeil dich!
5. Streng dich an!

Solche Antreiber, die in unterschiedlicher Ausprägung in jedem Menschen wirken, sind keineswegs verwerflich – im Gegenteil, sie sind mit dafür verantwortlich, dass jeder Erwachsene den Platz erreicht hat, an dem er steht. Denn die fünf Antreiber repräsentieren fünf sehr positive Eigenschaften:

1. Unabhängigkeit,
2. Leistungsbereitschaft,
3. Umgänglichkeit,
4. Effizienz und
5. Willenskraft.

Problematisch werden die Antreiber erst dann, wenn sich aus ihnen unreflektierte Glaubenssätze ableiten, die das Handeln bestimmen und die in Form des inneren Kritikers erheblichen Druck ausüben können:

- **Sei stark!** Ich muss immer auf das Schlimmste gefasst sein, ich kann niemandem vertrauen, ich darf keine Gefühle zeigen.
- **Sei perfekt!** Nur wenn ich etwas leiste, werde ich geliebt.
- **Mach es allen recht!** Nur wenn ich anderen das Leben angenehm mache, werde ich geliebt.
- **Beeil dich!** Ich muss meine Arbeit umgehend erledigen und darf mir keine Ruhe gönnen. Zeit ist Geld!
- **Streng dich an!** Ich muss immer bis zum Äußersten gehen und meine ganze Kraft einsetzen, um geliebt zu werden. Ohne Fleiß kein Preis!

Insbesondere unter Druck neigt man dazu, auf Verhaltensmuster zurückzugreifen, die durch diese Glaubenssätze geprägt wurden. Dadurch engt man sich selbst stark ein. Es fördert die Gelassenheit und Handlungsfreiheit und senkt den Stress, wenn man sich seiner Antreiber bewusst wird und sie in Schach hält. Mehr zum Thema erfahren Sie in *Transaktionsanalyse für Dummies* von Paul Gamber.

Um entspannter zu arbeiten, können Sie den unreflektierten Glaubenssätzen etwas Entlastendes entgegensetzen. Denn so befreien Sie sich von einengenden, erdrückenden Pseudowahrheiten. Hilfreich für den Dialog mit Ihrem inneren Kritiker könnten folgende Impulse sein:

- Leistungsbereitschaft ist gut und wichtig – aber nicht bis zur Selbstausbeutung.
- Harmoniebedürfnis ist in Ordnung – aber nicht um den Preis der Selbstaufgabe.
- Willensstärke ist ausgesprochen hilfreich – solange sie nicht in Verbissenheit umschlägt.

In Tabelle 10.1 finden sich entlastende Formulierungen für jeden der fünf Antreiber. Machen Sie sich in stressigen Situationen klar, welchem inneren Antreiber Sie gerade kritiklos folgen oder welcher innere Antreiber durch äußere Einflüsse in den Vordergrund gerückt ist. Reden Sie sich gut zu, setzen Sie Ihrem inneren Kritiker etwas entgegen und entschärfen Sie die Stresssituation bewusst.

Antreiber	Persönlichkeitsmerkmale	Negative Auswirkung	Entlastung
Sei stark!	Autonomie, Stärke	Einzelkämpfertum, Gefühlskälte	Ich darf Hilfe annehmen und Gefühle zeigen!
Sei perfekt!	Effizienz, Korrektheit	Perfektionismus	Fehler sind erlaubt!
Mach es allen recht!	Anpassung, Mitgefühl	Selbstaufgabe	Wer Ja sagen kann, darf auch Nein sagen!
Beeil dich!	Tempo, Zielstrebigkeit	Hektik	In der Ruhe liegt die Kraft!
Streng dich an!	Ausdauer, Gründlichkeit	Selbstausbeutung	Arbeit darf Spaß machen, Pausen sind wichtig!

Tabelle 10.1: Innere Antreiber, Persönlichkeitsmerkmale und Entlastungsmöglichkeiten

Destruktive Gedankenkreise durchbrechen

Oft entsteht innerer Druck auch durch negative Gedanken, die sich im Kreis drehen und aus denen man nur schwer ausbrechen kann. Beispiele für destruktive Gedanken sind:

- ✔ Das klappt sowieso nicht.
- ✔ Ich habe das noch nie richtig geschafft.
- ✔ Diese Arbeit macht einfach keinen Spaß.
- ✔ Immer muss ich die unangenehmen Aufgaben übernehmen.
- ✔ Wenn ich die erste Aufgabe fertig habe, wartet gleich die nächste auf mich. Es hört nie auf.
- ✔ Wenn ich einfach Nein gesagt hätte, könnte ich jetzt nach Hause gehen.
- ✔ Für die Kollegen bin ich der Depp, dem man immer alles aufbürden kann.

Sie erkennen wenig hilfreiche Überlegungen insbesondere daran, dass sie die Wörter »immer«, »nie« oder »hätte« enthalten. Diese Wörter erlauben kein Entrinnen – sie zementieren eine schlechte Stimmung, verderben die Stimmung und rufen negative Gefühle hervor.

Wenn Sie bemerken, dass Sie sich in einem zerstörerischen Gedankenkreis befinden, sagen Sie laut »Stopp« und hinterfragen, was gerade in Ihrem Kopf los ist:

- ✔ **Selbstabwertung:** Sie machen sich viel schlechter, als Sie sind. Sie schauen nur auf Ihre Schwächen und vergessen Ihre Stärken. Sie erinnern sich deutlicher an Misserfolge als an Erfolge. Sie finden überall ein Haar in der Suppe, statt das große Ganze zu sehen.

- ✔ **Unsicherheit:** Sie befürchten, dass Ihre Fähigkeiten und Fertigkeiten nicht ausreichen. Sie gehen davon aus, dass es den Kollegen leichter fällt als Ihnen, obwohl Sie das gar nicht genau wissen können. Ihnen fehlen Informationen oder Sie brauchen Unterstützung, trauen sich aber nicht, danach zu fragen.

- ✔ **Ratlosigkeit:** Sie sind überfordert und sehen keinen Ausweg. Sie sind mutlos und befürchten, sich eine Blöße zu geben. Sie sehen den Wald vor lauter Bäumen nicht und haben den Überblick verloren.

- ✔ **Einsamkeit:** Sie haben das Gefühl, dass Ihnen niemand helfen kann oder will. Sie fühlen sich von Ihrem Netzwerk alleingelassen. Sie halten sich für einen Außenseiter oder finden keinen Kollegen mit gleicher Wellenlänge.

- ✔ **Erschöpfung:** Ihnen ist im Moment alles zu viel. Sie haben noch einen Stapel unerledigter Aufgaben und wissen nicht, wie Sie das alles schaffen sollen. Ihnen fehlt ein realistischer Plan. Sie haben sich zu lange mit Details aufgehalten oder sich verzettelt.

Wenn Sie erkennen, wodurch die destruktiven Gedanken ausgelöst werden, können Sie versuchen, Abhilfe zu schaffen.

- ✔ Hinterfragen Sie Ihre Planung, Ihr Arbeitspensum und Ihre Arbeitsweise.

- ✔ Bitten Sie um Unterstützung

- ✔ Delegieren Sie.

- ✔ Holen Sie sich Rat bei Kollegen.

- ✔ Füllen Sie Wissenslücken.

- ✔ Besinnen Sie sich auf Ihre Stärken und setzen Sie diese mit Nachdruck ein.

- ✔ Und vor allem: Entscheiden Sie sich bewusst dafür, Ihre Gedanken in eine konstruktive Richtung zu lenken, die Ihnen positive Gefühle verschafft.

Ersetzen Sie die oben genannten Formulierungen beispielsweise so:

- ✔ Dieses Mal fällt es mir zwar schwer, aber ich werde es schaffen. Ich verschaffe mir einen guten Überblick und bitte notfalls einen Kollegen um Hilfe.
- ✔ Viele Aufgaben erledige ich mit links, da ist es durchaus in Ordnung, wenn mir mal etwas nicht ganz so leichtfällt. Vielleicht brauche ich einfach etwas mehr Zeit.
- ✔ Der Spaßfaktor ist im Moment zwar nicht so groß, aber ich bekomme ja Geld für meine Arbeit und muss keine Vergnügungssteuer abführen.
- ✔ Da ich dieses Mal eine unbeliebte Aufgabe übernommen habe, kann ich mich beim nächsten Mal einfach zurücklehnen und die Kollegen machen lassen.
- ✔ Sobald ich diese Teilaufgabe fertig habe, gönne ich mir eine Pause und etwas Ablenkung.
- ✔ Ich werde am Freitag ein paar Überstunden abfeiern und früher als sonst ins Wochenende starten.
- ✔ Wenn die Kollegen mich gelegentlich unterschätzen, ist das gar nicht so schlecht – umso größer wird ihre Überraschung sein, wenn ich richtig auftrumpfe.

Insbesondere Gedanken im Konjunktiv, also beispielsweise »hätte, wäre, könnte«, sind oft wenig hilfreich, denn das Leben findet nicht im Konjunktiv, sondern im Indikativ statt: es ist, es kann, es soll. Mir gefällt in diesem Zusammenhang die ironische Redewendung besonders gut: »Hätte, hätte, Fahrradkette«.

Übungen gegen Stress am Arbeitsplatz

Je weniger negativen Stress Sie erleben, weil Sie Ihre Kräfte gut einteilen und Ihre Ressourcen sinnvoll einsetzen, desto entspannter können Sie arbeiten. Denn Sie achten auf Ausgleich, Pausen und Entspannung. Außerdem leben Sie gesünder: Sie sind gelassen, Ihre Stresshormone werden zeitnah abgebaut und Ihr Organismus arbeitet in einer guten Balance aus Aktivierung und Ruhe. Diese Balance fördert Ihr Immunsystem, entlastet Herz und Kreislauf, hilft dem Stoffwechsel, der

Verdauung und dem Hormonhaushalt. Ein stressarmer Lebens- und Arbeitsstil ist also auf die Dauer gesundheitsfördernd. Gehen Sie im Berufsleben möglichst aufmerksam mit sich selbst um und nehmen Sie so oft wie möglich wahr, was in Ihrem Körper und in Ihren Gedanken passiert:

- ✔ Sind Sie wach, konzentriert, mit sich und der Welt im Reinen?
- ✔ Oder sind Sie verkrampft, ausgelaugt, unzufrieden mit sich und der Welt?
- ✔ Beschäftigen Sie sich intensiv und voller Freude mit Ihrer Aufgabe?
- ✔ Oder werden Sie ständig unterbrochen, sind lustlos bei der Sache und können den Feierabend kaum erwarten?

Die aufmerksame Beobachtung ist der erste Schritt zu einer Haltung der Achtsamkeit. Dabei geht es um wertungsfreies, akzeptierendes und neugieriges Beobachten der eigenen Befindlichkeit. Versuchen Sie einmal, bei der Beschreibung Ihres körperlichen und seelischen Befindens auf jede Art der Bewertung zu verzichten – auch wenn das nicht einfach ist, denn vermutlich sind Sie es gewohnt, ständig zu bewerten, was gut oder schlecht, richtig oder falsch, angenehm oder unangenehm ist. Doch es lohnt sich: Eine achtsame Haltung sich selbst und anderen gegenüber fördert die Gelassenheit und Entspannung auch im Beruf.

Der Begriff der *Achtsamkeit* stammt aus der buddhistischen Meditationspraxis. Im Gegensatz zur Konzentration, bei der die Aufmerksamkeit auf ein Thema oder einen Gedanken fokussiert wird, geht es bei der Achtsamkeit um eine Ausweitung der Aufmerksamkeit. Es handelt sich gleichsam um eine »ungerichtete Offenheit«. Versuchen Sie, die innere Haltung der Achtsamkeit konsequent einzuüben, denn mit dieser Haltung bekommen Sie einen völlig neuen Blick auf die Welt – sowohl auf Ihre Umgebung als auch auf Ihr Innenleben.

Stress fängt im Kopf an: Wenn Sie in einer Situation das Gefühl haben, über zu wenig Ressourcen oder Informationen zu verfügen, um die Situation beherrschen zu können, verspannen Sie sich und fühlen sich unter Druck gesetzt. Entspannung und Gelassenheit beginnen ebenfalls im Kopf:

Versetzen Sie sich in eine heitere Stimmung, denken Sie an etwas Schönes, atmen Sie tief durch und lächeln Sie in sich hinein, und schon geht Ihnen der Arbeitsalltag leichter von der Hand.

Die folgenden Übungen können Ihnen helfen, in Ihrem Kopf den Gelassenheitsknopf zu drücken.

Achtsamkeitsbasierte Stressverringerung

Einer der wichtigsten Vertreter des Achtsamkeitsgedankens ist der amerikanische Molekularbiologe Jon Kabat-Zinn. Er hat die *Mindfulness-Based Stress Reduction* (MBSR, übersetzt etwa achtsamkeitsbasierte Stressreduktion) entwickelt. Das Training dauert acht Wochen und enthält Übungen zur Körperwahrnehmung, Sitz- und Gehmeditationen, Yogaübungen und das Verharren in Stille.

Es gibt inzwischen zahlreiche Forschungsarbeiten über die Wirkung des MBSR-Trainings. Insbesondere Schmerzpatienten, Menschen mit Depressionen, Burnout, Panikattacken oder Schlafstörungen profitieren nachweislich von MBSR. Im Vordergrund steht bei der Achtsamkeit die aufmerksame Wahrnehmung dessen, was sich gerade im Augenblick im eigenen Körper und Geist abspielt – Gefühle, Gedanken, Stimmungen, Körperempfindungen, Sinneseindrücke. Alle Wahrnehmungen werden wertungsfrei akzeptiert.

Die Achtsamkeitsübung »Rosine«

Probieren Sie die Achtsamkeitsübung »Rosine« aus: Nehmen Sie eine bequeme Sitzhaltung in einem ruhigen Raum ein und sorgen Sie dafür, dass Sie die nächsten 15 Minuten ungestört sind. Atmen Sie einige Male tief in den Bauch ein und aus. Legen Sie sich nun eine Rosine auf die Hand und betrachten Sie sie aufmerksam: Welche Farbe hat sie? Wie sieht ihre Oberfläche aus? Was nehmen Ihre Augen noch wahr? Lassen Sie die Rosine dann in Ihrer Handfläche hin und her rollen: Wie fühlt sich das auf Ihrer Haut an? Streichen Sie sanft mit einem Finger über die Rosine: Was nehmen Sie wahr? Denken Sie über den Prozess nach, der dazu geführt hat, dass diese Rosine heute in Ihrer Hand liegen kann – vom Wachsen der Frucht am Weinstock über die Ernte bis zur Verarbeitung –, und über die Menschen, die an diesem Prozess beteiligt waren. Schnuppern Sie anschließend an der Rosine und nehmen Sie die verschiedenen Anteile ihres Geruchs wahr. Legen Sie dann die Rosine auf Ihre Zunge und schmecken Sie sie aufmerksam – noch ohne sie zu zerbeißen! Spüren Sie, wie Ihnen das Wasser im Mund zusammenläuft? Wie groß ist der Wunsch, die Rosine zu essen? Beißen Sie dann in die Rosine hinein und kauen Sie sie langsam und aufmerksam. Was können Sie schmecken? Wie fühlen sich die Fasern der Rosine im Mund an? Können Sie den Weg der Rosine aus Ihrem Mund durch Ihre Speiseröhre bis in Ihren Magen verfolgen? Was empfinden Sie, wenn die Rosine restlos zerkaut ist? Wenn Sie möchten, schreiben Sie sich im Anschluss an die Übung auf, was Sie gedacht und wahrgenommen haben. Vielleicht werden Sie verwundert sein, wie intensiv die Sinneserfahrungen in dieser Achtsamkeitsmeditation sind und wie gelassen Sie aus der Übung in Ihren Alltag zurückkehren.

Wenn Sie lernen, sich selbst, andere Menschen, Situationen und Dinge so zu nehmen, wie sie sind, nehmen Sie eine gelassene Haltung ein. Sie können sich selbst so akzeptieren, wie Sie sind. Viele Menschen haben viel zu hohe Ansprüche an sich selbst. Wenn sie diese Erwartungen nicht erfüllen, kritisieren sie sich, sind unzufrieden mit sich oder machen sich Vorwürfe. Manche werten sich ab oder empfinden sogar Selbsthass.

Aus einer solchen Haltung heraus ist es fast unmöglich, gelassen zu sein, denn immer wieder fällt Ihnen ein, was noch fehlt, was nicht gut läuft, was noch zu tun ist oder was ein anderer besser macht. Sie stehen unter Dauerspannung, können nicht loslassen und setzen sich selbst immer weiter unter Druck. Dieser selbst gemachte Stress hält im Körper eine Stresshormonspirale in Gang, die auf Dauer krank macht.

Ansprüche an sich und andere sind gut und wichtig. Sie ermöglichen, dass Sie sich stetig weiterentwickeln und Ihre Ziele erreichen. Es geht bei der Achtsamkeit keinesfalls darum, eine »Alles-egal-Haltung« einzunehmen und auf Ansprüche zu verzichten. Sondern es geht darum, eine respektvolle Haltung gegenüber Fehlern und Versagen einzuüben, um sich selbst und andere nicht abzuwerten oder unter Leistungsdruck zu stellen.

Viele interessante Hinweise und Hintergrundinformationen finden Sie in den Büchern *Achtsamkeit für Dummies, Übungsbuch Achtsamkeit für Dummies*, von Shamash Alidina.

Die Perspektive wechseln

Immer dann, wenn ein Kollege oder Ihr Vorgesetzter Sie aus der Ruhe bringen, unter Druck setzen oder Ihre Gelassenheit gefährden, können Sie einen Moment innehalten und die Perspektive wechseln, um einen neuen Blick auf die anstrengende Situation zu werfen. Gehen Sie in die Vogelperspektive und schauen Sie wie ein unbeteiligter Dritter von oben auf die stressige Situation:

- ✔ Wo liegt das Problem?
- ✔ Wie kommunizieren die Beteiligten miteinander?
- ✔ Wer steht wo und wer will wohin?

Schlüpfen Sie in die Haut Ihres Kollegen oder Vorgesetzten:

- ✔ Womit ist er gerade beschäftigt?
- ✔ Steht er selbst unter Druck?
- ✔ Was will er Ihnen wirklich sagen?

Stellen Sie sich neben sich selbst und tun Sie so, als wären Sie Ihr bester Freund, der gerade unter Druck gebracht wird:

- ✔ Was würden Sie Ihrem besten Freund in dieser Situation raten?
- ✔ Welche Handlungsalternativen hätte er?
- ✔ Was könnte ihn beruhigen?

Der Perspektivwechsel klappt nicht immer sofort. Wenn der Druck am Arbeitsplatz hoch ist oder Sie unter sehr großer Anspannung stehen, werden Sie vermutlich oftmals ganz automatisch so reagieren, wie Sie immer reagieren. Nutzen Sie den Perspektivwechsel dann in der Rückschau und spielen Sie die Situation aus einer anderen Perspektive im Geiste noch mal durch. Nehmen Sie sich vor, in der nächsten ähnlichen Situation dann doch einmal ganz anders zu reagieren.

Bewusst das Tempo drosseln

Ihre Entspannung und Gelassenheit sind immer dann in Gefahr, wenn das Tempo am Arbeitsplatz steigt. Wer schnell arbeitet, macht auch schnell Fehler. Unter erhöhtem Tempo erhöht sich auch der Druck. Und wenn Sie sich abhetzen, können Sie nicht in Ruhe über Situationen, Probleme oder Herausforderungen nachdenken – und schon gar nichts zulassen oder einfach geschehen lassen. Versuchen Sie daher, anstrengende Situationen ganz bewusst zu entschleunigen. Folgende Übungen könnten dabei helfen:

- ✔ **Zählen Sie bis zehn, bevor Sie etwas sagen, tun oder lassen.** Atmen Sie tief durch und achten Sie auf Ihre Körperreaktionen. Wenn Sie spüren, dass Sie bestimmte Muskelgruppen an- oder verspannen, atmen Sie in diese Muskelgruppen hinein.
- ✔ **Zerlegen Sie eine komplizierte Aufgabe in mindestens drei Teilaufgaben** und erledigen Sie die Teilaufgaben nacheinander. Sobald Sie eine Teilaufgabe abgearbeitet haben, schauen Sie sich das Ergebnis an: Sind Sie auf dem richtigen Weg? Sind Sie zufrieden mit dem Teilergebnis? Bringt Sie das Teilergebnis weiter?
- ✔ **Entschleunigen Sie eine bestimmte Tätigkeit.** Wählen Sie eine beliebige Routinetätigkeit aus, die Sie an Ihrem Arbeitsplatz mehrfach täglich oder wöchentlich durchführen. Prüfen Sie, wie lange Sie üblicherweise brauchen, um diese Tätigkeit durchzuführen. Nehmen Sie sich einmal am Tag oder in der Woche genau die doppelte Zeit, um diese Tätigkeit zu absolvieren, und achten Sie dabei genau auf das, was Sie tun. Während Sie viel

langsamer arbeiten als normalerweise, erhöht sich Ihre Achtsamkeit für das, was Sie tun. Wie fühlen sich die Arbeitsgeräte an, welche Gedanken gehen Ihnen bei der Routine durch den Kopf, wie reagieren die beteiligten Menschen auf das langsamere Tempo – und vor allem: Wie geht es Ihnen, wenn Sie entschleunigen?

- **Tragen Sie sich in Ihren Kalender mehrmals in der Woche einen »Termin mit mir selbst« ein.** Nehmen Sie sich mindestens eine halbe Stunde Zeit, um eine länger liegen gebliebene Aufgabe ganz in Ruhe zu erledigen, um Pläne zu schmieden, Konzepte zu erarbeiten oder über komplizierte Probleme nachzudenken. Lassen Sie sich in dieser Zeit nicht stören und vermeiden Sie jede Ablenkung.

BEISPIEL

Felizitas Brückner ist ein Wirbelwind: Sie kümmert sich im Betrieb neben ihrer Hauptaufgabe als Projektmanagerin auch noch um Personalangelegenheiten, Gleichstellung von Frauen und die Organisation von Betriebsausflügen. Ihr innerer Antreiber hält sie auf Trab mit dem Satz »Zeit ist Geld!« und ihr innerer Kritiker meint »Pausen sind was für Schwächlinge!«. Nach einer längeren Krankheitsphase, in der Felizitas ein neues Hüftgelenk bekam und eine Rehabilitation in Anspruch genommen hatte, kehrt sie zurück in den Betrieb und stellt fest, dass ihre Zusatzaufgaben in der Zwischenzeit von Kollegen und Kolleginnen übernommen worden sind. Da sie in der Reha gelernt hat, sich besser um sich und ihre Gesundheit zu kümmern, bittet sie die Kollegen, einen Teil der übernommenen Aufgaben auch weiterhin zu erledigen. Sie gewinnt dadurch viel Zeit und macht keine Überstunden mehr. Ihrem inneren Antreiber entgegnet sie: »Die Gesundheit ist unbezahlbar«, und ihrem inneren Kritiker konnte sie glaubhaft erklären, dass Pausen und Auszeiten ganz normal sind.

Zauberwort und sicherer Ort

Wenn Sie im Arbeitsalltag spüren, dass der Stresspegel steigt, Ihre Gelassenheit schwindet und Sie anfangen sich zu ärgern, nutzen Sie eines der folgenden Zauberworte, um sich wieder in eine entspannte Gemütsverfassung zurückzubefördern:

- Darüber muss ich erst mal nachdenken.
- Das werde ich mir in Ruhe überlegen.
- Dazu kann ich spontan jetzt nichts sagen.
- Ich komme so bald wie möglich wieder auf Sie/dich zu.

Mit diesen Formulierungen verschaffen Sie sich höflich, aber deutlich einen Freiraum, um nicht unter Druck reagieren zu müssen, in ein Streitgespräch zu geraten oder eine Aufgabe zu übernehmen, die Sie gerade nicht übernehmen können oder wollen. Vielleicht fällt Ihnen auch eine ganz individuelle Formulierung ein, mit der Sie sich elegant aus einer stressigen Situation entfernen können. Nutzen Sie Ihr Zauberwort regelmäßig.

Aus der psychotherapeutischen Behandlung von Traumafolgestörungen weiß man, dass die Stressspirale durch Imaginationsübungen unterbrochen werden kann. Dabei nutzt man das bildhafte Vorstellungsvermögen und die Tatsache, dass der Geist den Körper steuern kann.

Wenn Sie sich während der Arbeit in Gedanken kurz an einen »inneren sicheren Ort« begeben, kommen Sie zur Ruhe und entspannen sich:

- **Stellen Sie sich vor Ihrem inneren Auge einen Raum vor, in dem Sie sich wohlfühlen.** Es kann ein großer oder kleiner Raum sein, ein Baumhaus, ein Zelt, eine Höhle, ein Saal oder eine Hütte. Wo befindet sich dieser Raum – am Meer, in den Bergen, in der Stadt, an einem See, im Wald, auf einem Lavendelfeld, in der Luft oder gar auf einem anderen Stern?

- **Was können Sie an Ihrem sicheren Ort sehen, riechen, fühlen, hören?** Beschreiben Sie sich Ihren Raum der Gelassenheit so detailliert wie möglich, damit er so lebendig wie möglich für Sie wird: Der Bach plätschert leise, der Fluss rauscht majestätisch, das Feld duftet herbstlich feucht, der Raum ist behaglich warm und sanft beleuchtet und so weiter.

- **Statten Sie den Raum so aus, wie es Ihnen guttut.** Vielleicht brauchen Sie ein Bett, eine Hängematte, ein Sofa, einen Tisch oder ein Bild an der Wand? Brauchen Sie Begleitung in Ihrem Raum der Gelassenheit (Mensch oder Tier) oder sind Sie lieber allein?

- **Sobald Sie sich Ihren Raum der Gelassenheit geschaffen haben, atmen Sie tief in Ihren Bauch und kommen Sie zur Ruhe.** Lassen Sie alle übrigen Gedanken ziehen, halten Sie nichts fest. Genießen Sie Ihren persönlichen Raum und spüren Sie, wie gelassen Sie werden. Lächeln Sie sich selbst zu!

Um den sicheren Ort auch am Arbeitsplatz nutzen zu können, ist es sinnvoll, ihn mit einer Arm-, Hand- oder Kopfbewegung zu verbinden, mit der Sie sich im Bruchteil einer Sekunde an Ihren sicheren Ort versetzen können. Während Sie sich Ihren ganz persönlichen sicheren Ort ausmalen und ausschmücken, machen Sie eine bestimmte, immer gleiche Bewegung mit Ihrem Arm (zum Beispiel anwinkeln oder die Arme kreuzen), Ihrer Hand (kreisen oder spreizen oder

Handflächen zusammenlegen) oder mit Ihrem Kopf (nach oben schauen, nicken oder den Kopf zu einer Seite neigen). Diese Bewegung ist der Trigger oder Anker für Ihre Imaginationsübung.

Verbinden Sie die Bewegung immer wieder in Gedanken mit dem sicheren Ort, bis Sie merken, dass die Bewegung und der sichere Ort zusammengehören. Sobald Sie am Arbeitsplatz in eine Stresssituation geraten, aus der Sie sich im Geiste entfernen möchten, machen Sie Ihre Triggerbewegung – und schon sind Sie da, wo Sie Gelassenheit und Entspannung tanken können.

Mittagsschlaf oder Powernap

Ein kurzer Mittagsschlaf, auch Powernap genannt, kann Wunder wirken und Ihre Lebensgeister in der Tagesmitte wiederbeleben. Sie müssen weder besonders tief noch besonders lange schlafen – und Sie müssen sich auch nicht unbedingt hinlegen. Eine Ruhepause mit geschlossenen Augen geht auch im Sitzen. Stellen Sie sich den Smartphone-Wecker auf 15 oder 20 Minuten ein. Wenn Sie sich mittags an einem ungestörten Ort hinlegen können, schließen Sie die Augen, atmen tief in den Bauch und sagen sich selbst mehrfach in Gedanken: »Ich bin ganz ruhig und völlig entspannt.« Lassen Sie alle Gedanken kommen und wieder gehen.

Ob Sie bei Ihrem Powernap einschlafen oder einfach nur ruhig und entspannt werden, ist im Grunde völlig egal. Wichtig ist, dass Sie abschalten und loslassen können.

Im Sitzen nehmen Sie eine bequeme Position ein, stellen die Füße fest auf den Boden, lassen die Schultern fallen und schließen Ihre Augen oder schauen auf einen Punkt auf der Wand oder auf dem Boden. Atmen Sie tief in den Bauch und sagen Sie sich in Gedanken: »Ich kann, ich darf, ich will ganz ruhig sein.« Genießen Sie die Auszeit und zwingen Sie sich zu nichts.

Falls Sie am Arbeitsplatz Schwierigkeiten mit dem Abschalten haben, suchen Sie sich einen Duft aus, der Ihnen besonders angenehm ist. Lavendel, Pfefferminze, Zitrone oder Melisse sind gute Kandidaten für einen Lieblingsduft. Träufeln Sie einen Tropfen Aromaöl auf ein Papiertaschentuch, schließen Sie die Augen und atmen Sie den Duft durch die Nase ein. Wahrscheinlich rückt der Arbeitsalltag schon nach wenigen Atemzügen in die Ferne und Sie werden ruhiger.

Wenn Sie unter ausgeprägten, chronischen Schlafstörungen leiden, ist ein Powernap für Sie möglicherweise nicht geeignet, weil Sie abends dann möglicherweise nicht müde genug sind, um einzuschlafen. Sprechen Sie mit Ihrem Arzt darüber.

Wenn Sie bei Ihrem Powernap keinen Wecker benutzen können oder wollen, nehmen Sie einen Schlüsselbund in die Hand. Sobald Sie ganz entspannt sind, wird Ihre Hand sich öffnen und der Schlüssel fällt auf den Boden – davon werden Sie wieder wach.

Progressive Muskelentspannung im Sitzen

Die Progressive Muskelrelaxation wurde in den 1920er-Jahren von dem amerikanischen Arzt Edmund Jacobson entwickelt. Dieses Training basiert auf der Beobachtung, dass man durch einen Wechsel von bewusster Anspannung und bewusster Entspannung einzelner Muskelgruppen den gesamten Körper in einen Zustand tiefer Entspannung bringen kann.

Progressive Muskelentspannung wird in Kursen gelehrt, Sie können sie aber auch durch die Nutzung von CDs, beispielsweise aus meinem Buch *So leicht geht Progressive Muskelentspannung für Dummies*, erlernen.

Möchten Sie die Progressive Muskelentspannung einmal ausprobieren? Sie konzentrieren sich im Sitzen oder Liegen jeweils auf eine Körperregion und spannen Ihre Muskeln in dieser Region einige Sekunden fest an. Anschließend lassen Sie die Spannung los und spüren die Entspannung in der Körperregion. Wichtig ist, dass die Entspannung etwa zwei- bis dreimal so lange dauert wie die Anspannung. Während des Übens atmen Sie tief und ruhig.

Es gibt wissenschaftliche Studien, die sich mit der Wirkung der Progressiven Muskelentspannung auf die körperliche und seelische Befindlichkeit befassen. Es konnte nachgewiesen werden, dass das Verfahren Angst- und Spannungszustände reduziert und das körperliche Wohlbefinden verbessert. Am Arbeitsplatz können Sie die Übungen der gezielten An- und Entspannung einzelner Muskelgruppen gut im Sitzen durchführen:

- ✔ Ballen Sie die Hände zu Fäusten, halten Sie die Spannung drei Atemzüge lang an und lassen Sie die Hände dann bewusst locker. Spüren Sie der Entspannung mindestens sechs Atemzüge lang nach. Wiederholen Sie dies zwei- oder dreimal.
- ✔ Ziehen Sie die Schultern zu den Ohren, atmen Sie dreimal ein und aus und lassen Sie Ihre Schultern anschließend ganz entspannt fallen. Sechs Atemzüge lang spüren Sie, wie sich die körperliche Entspannung über Ihre Schultern in Ihre Arme und den Oberkörper ausbreitet. Zwei- oder dreimal wiederholen.

- Spannen Sie das Gesäß und die Oberschenkel an und ziehen Sie Ihre Zehen Richtung Nase. Halten Sie die Spannung drei Atemzüge lang an und entspannen Sie dann mit dem Ausatmen Ihre Beine ganz bewusst. Genießen Sie die sich ausbreitende Entspannung in Ihren Beinen mindestens sechs Atemzüge lang. Die Übung machen Sie zwei- oder dreimal hintereinander.

Übersprunghandlungen bewusst einsetzen

Beobachten Sie sich selbst oder Ihre Kollegen einmal, wenn der Druck größer wird – was tun Sie/sie, um unbewusst Druck abzubauen? Viele Menschen führen Übersprunghandlungen aus: Sie wackeln mit den Beinen, trommeln mit den Fingern, kritzeln auf der Schreibtischunterlage herum, verbiegen Büroklammern, spielen mit ihrer Armbanduhr, zerknüllen Papier, laufen im Kreis herum, werfen Dinge in die Luft und fangen sie wieder auf oder Ähnliches.

Solche Übersprungreaktionen können Sie auch bewusst einsetzen, um in einer anstrengenden Situation Dampf abzulassen, gelassener zu werden oder sich nach starker Anspannung wieder zu entspannen:

- Zeichnen Sie freundliche Smileys, Blümchen, Herzchen oder andere Symbole, die für Sie mit Glück und Freude verbunden sind.
- Büroklammern verhaken sich gerne zu einem großen Klammerhaufen. Befreien Sie langsam und sorgfältig alle Büroklammern, ohne sie zu verbiegen.
- Zerschneiden Sie Schmierpapier zu Notizzetteln: Nutzen Sie eine lange Schere und schneiden Sie die Bogen einmal längs und dreimal quer durch. Atmen Sie bei jedem Scherenschnitt ganz bewusst durch den leicht geöffneten Mund aus.
- Kneten Sie einen Igelball oder jonglieren Sie mit drei kleinen Gummibällen.
- Laufen Sie herum, wenn Sie telefonieren oder nachdenken – und wechseln Sie dabei öfter die Laufrichtung und das Gehtempo.

Wenn Ihre Kollegen Sie auf Ihre bewussten Übersprungreaktionen ansprechen, erläutern Sie ihnen, was Sie da tun und warum Sie es machen. Vielleicht haben die Kollegen eigene Ideen und Vorschläge – auf jeden Fall kommt am Arbeitsplatz ein Gespräch über An- und Entspannung in Gang.

Die Arbeit-Freizeit-Bilanz verbessern

Sie können die Balance zwischen positivem und negativem Stress verbessern, wenn Sie Ihre Fähigkeiten, Fertigkeiten und Ihr Netzwerk konsequent nutzen. Denn immer dann, wenn Sie aus einem Problem oder einem Konflikt eine Aufgabe machen, die Sie durch den Einsatz Ihrer Ressourcen lösen, wird der ungesunde Druck geringer und die gesunde Anspannung, mit der Sie Höchstleistungen bringen können, steigt.

Der Begriff »Work-Life-Balance« ist in aller Munde – gemeint ist damit zumeist eine Balance zwischen dem Berufsleben und der Freizeit oder dem Privatleben. Ich finde diese Bezeichnung nicht sehr gelungen, denn aus meiner Sicht gehört die Arbeit (*work*) untrennbar zum Leben (*life*). Daher spreche ich lieber von Arbeit-Freizeit-Bilanz.

Sich mit seiner persönlichen Energie- und Zeitbilanz in Bezug auf das Verhältnis zwischen Arbeit und Freizeit auseinanderzusetzen, ist wichtig und hilfreich, um in beiden Lebensbereichen ausgeglichen und erfolgreich sein zu können. Machen Sie den Check:

- ✔ Legen Sie ein großes Blatt Papier quer und ziehen Sie in der Mitte einen senkrechten Strich. Links schreiben Sie »Arbeit« in die Überschriftenzeile, rechts »Privatleben« – oder umgekehrt. Sie können auch ein Textverarbeitungsprogramm benutzen und ein Dokument im Querformat anlegen.
- ✔ Notieren Sie nun möglichst spontan, also ohne lange nachzudenken, rechts und links alles, was Ihnen zu den Themen Arbeit und Privatleben einfällt: die Namen von beteiligten Menschen, die Aufgaben, die Sie erledigen müssen oder wollen, die Gefühle, die Sie haben, Ihre Pläne und Wünsche, die Dinge, über die Sie sich ärgern oder freuen und so weiter.
- ✔ Nehmen Sie Buntstifte zur Hand und markieren Sie die Wörter, die Sie aufgeschrieben haben, mit passenden Farben: alles Positive mit hellen, warmen Farben, alles Negative mit dunklen, kalten Farben. Wenn Sie die Übung am Computer machen, können Sie die Funktion »Texthervorhebungsfarbe« benutzen.
- ✔ Legen oder hängen Sie das Blatt in einiger Entfernung vor sich hin (oder rücken Sie vom Computer weg) und lassen Sie das entstandene Farbbild auf sich wirken: Wie unterscheiden sich die beiden Hälften des Papiers? Welche Seite spricht Sie farblich mehr an? Ist die Farbverteilung ausgeglichen? Welche Assoziationen haben Sie zu Ihrem Bild?

Vielleicht haben Sie auf einer der beiden Hälften viel mehr geschrieben als auf der anderen oder die Farbverteilung ist sehr unsymmetrisch. Dann scheint Ihre Arbeit-Freizeit-Bilanz nicht ausgeglichen zu sein.

Versuchen Sie diejenigen Zeit- und Energiefresser auf beiden Seiten zu identifizieren, die Ihnen das Leben besonders schwer machen. Benennen Sie jeweils zwei oder drei Aspekte, die Sie in Zukunft ändern wollen, und planen Sie möglichst konkret, wie Sie diese Veränderungen umsetzen könnten. Folgende Anregungen können Ihnen dabei helfen:

- ✔ Verringern Sie die Zahl Ihrer Überstunden.
- ✔ Lernen Sie Nein zu sagen.
- ✔ Übernehmen Sie keine zusätzlichen Aufgaben mehr.
- ✔ Gehen Sie pünktlich nach Hause.
- ✔ Planen Sie feste Zeiten für Sport, Hobbys, Kultur und Ähnliches.
- ✔ Verbringen Sie mehr Zeit mit Ihren Kindern, Ihrem Partner oder Ihrem Haustier.
- ✔ Suchen Sie sich Betätigungen, bei denen Sie viel Bestätigung bekommen.
- ✔ Gönnen Sie sich ein verlängertes Wochenende.
- ✔ Lernen Sie etwas Neues.
- ✔ Planen Sie Ihren Urlaub frühzeitig, um die Vorfreude möglichst lange genießen zu können.
- ✔ Gehen Sie an einem Tag in der Woche früher nach Hause.
- ✔ Verabreden Sie sich mit Menschen, die Sie schon lange nicht mehr gesehen haben.
- ✔ Schauen Sie sich im Internet oder in der Zeitung Stellenanzeigen an und reflektieren Sie, was Ihnen dabei durch den Kopf geht: Haben Sie Lust auf Veränderung? Oder sind Sie derzeit genau am richtigen Ort?

Für Ihre Arbeit-Freizeit-Bilanz sind Sie selbst verantwortlich. Sachzwänge spielen zwar eine wichtige Rolle, doch die Entscheidung für oder gegen Veränderung treffen Sie allein.

Wenn Sie einerseits unter einer schlechten Arbeit-Freizeit-Bilanz leiden, andererseits aber nichts verändern wollen, könnte es hilfreich sein zu hinterfragen, wovor Sie Angst haben. Besinnen Sie sich auf Ihre Stärken, Fähigkeiten und Fertigkeiten und nutzen Sie sie, um Ihre Ängste zu überwinden und Veränderungen zu wagen. Es muss ja nicht sofort sein – viele Veränderungen brauchen Zeit und detaillierte Planung. Oft ist es schon sehr entlastend, überhaupt den Gedanken an eine mögliche Veränderung zuzulassen.

Teil IV
Die persönliche Erfolgsformel finden

IN DIESEM TEIL …

Eine realistische Einschätzung der eigenen Fähigkeit und Fertigkeiten führt dazu, dass Sie künftig konstruktiv mit Ihrem inneren Kritiker umgehen werden. Ich erläutere in diesem Teil, wie Sie Ihre Selbstwirksamkeitserwartung erhöhen, Ihre Komfortzone vergrößern und Ihr Selbstwertgefühl verbessern können. Sie erfahren, wie Sie die Ihnen anvertrauten Kinder in ihrer Entwicklung unterstützen und ihnen angemessene Selbstkritik beibringen.

Ein 100-Tage-Programm soll Sie dabei unterstützen, sich fokussiert und intensiv mit Ihrem inneren Kritiker zu beschäftigen und ihn zu entmachten. Dadurch erhöhen Sie Ihre Lebensfreude, verbessern Ihr Lebensgefühl und werden freier.

IN DIESEM KAPITEL

Sich realistisch einschätzen

Gelassen mit Herausforderungen umgehen

Förderliche Beziehungen pflegen

Kapitel 11
Freude an der Veränderung

Je intensiver Sie sich mit Ihrer Persönlichkeitsentwicklung und Ihrem inneren Kritiker beschäftigen, desto wirksamer können Sie sich und Ihr Verhalten verändern.

- ✔ Sie lernen Ihre Stärken und Schwächen kennen.
- ✔ Sie verstehen Ihre Motivatoren besser.
- ✔ Sie wählen Ihren privaten und beruflichen Lebensweg ganz bewusst.
- ✔ Sie lenken Ihr Schicksal selbst.
- ✔ Sie überlassen Ihre Entscheidungen weder unbewussten Verhaltensmustern noch unreflektierten Glaubenssätzen.

In diesem Kapitel erfahren Sie, wie Sie noch mehr Freude an der Entfaltung Ihres Potenzials bekommen, wie Sie Grenzen überwinden und sich erfolgreich wieder aufrappeln können, wenn Probleme oder Krisen Sie in die Knie gezwungen haben. Sie erfahren, warum es so wichtig ist, den inneren Kritiker nicht zu bekämpfen, sondern Frieden mit ihm zu schließen. Außerdem bekommen Sie Impulse zum Thema hilfreiche Beziehungen – prüfen Sie, welche Menschen Ihnen guttun und welche Ihnen Energie und Lebensfreude rauben. Gestalten Sie Ihr Netzwerk aktiv und umgeben Sie sich mit Personen, die Ihnen vielleicht durchaus kritisch, aber wohlwollend und fördernd gegenüberstehen.

Die Kraft kommt von innen

Es ist gar nicht so einfach, sich selbst realistisch einzuschätzen. Manche Menschen neigen dazu, sich zu unterschätzen, andere überschätzen sich mehr oder weniger stark:

- ✔ **Selbstunterschätzung:** Minderwertigkeitskomplexe, Selbstwertprobleme, mangelnde Anerkennung von außen, eine ängstlich-vermeidende Persönlichkeitsstruktur, falsche Bescheidenheit oder ein vernichtender innerer Kritiker sind häufige Gründe für die Selbstunterschätzung.
- ✔ **Selbstüberschätzung:** Eine narzisstische Persönlichkeitsstruktur, übersteigerter Geltungsdrang, Egomanie oder ausgeprägtes Wunschdenken können hingegen zur Selbstüberschätzung führen.

In psychologischen Studien neigen Frauen dazu, andere Menschen als kompetenter einzuschätzen als sich selbst, während Männer sich selbst tendenziell besser einschätzen als ihre Mitmenschen. Unfallstatistiken bezüglich des Straßenverkehrs belegen beispielsweise, dass Männer sich in ihrer Qualität als Autofahrer deutlich überschätzen.

Wer sich selbst zu wenig zutraut, geht Problemen gern aus dem Weg oder leugnet sie. Wer sich zu viel zutraut, handelt hingegen fehlerhaft oder leichtsinnig und setzt sich nicht selten unrealistische Ziele. Um eine stimmige Einschätzung der eigenen Fähigkeiten und Kompetenzen sowie eine angemessene Erfahrung der eigenen Wirksamkeit zu erreichen, sind sechs Faktoren unverzichtbar:

1. seine Ziele kennen,
2. die Ziele als eigene Ziele akzeptieren,
3. Wege zu den Zielen sehen,
4. diese Wege gehen können,
5. diese Wege tatsächlich gehen und
6. das Ergebnis (also das Erreichen der Ziele) wahrnehmen und bewerten.

Sind diese Bedingungen erfüllt, erlebt ein Handelnder sich als wirksam. Erfahrung, Training und Selbstaufmerksamkeit sind weitere wichtige Grundvoraussetzungen für die Selbstwirksamkeitserwartung und eine realistische Selbsteinschätzung.

Es ist leichter, den inneren Kritiker zu entmachten, wenn Sie die eigenen Fähigkeiten gut einschätzen können, Ideen für die Problemlösung haben und von Ihrer eigenen Wirksamkeit überzeugt sind. Außerdem hilft es, sich anzustrengen, immer wieder Neues zu lernen und Ihr Bestes zu geben.

Wenn Sie sich nicht sicher sind, ob Sie sich eher unter- oder überschätzen beziehungsweise in welchen Lebensbereichen Sie Ihre Fähigkeiten und Ihre Wirksamkeit möglicherweise falsch bewerten, können Sie zwei Ansätze nutzen, um mehr Sicherheit zu erreichen: die Selbstbeobachtung und die Fremdeinschätzung.

Selbst- und Fremdwahrnehmung abgleichen

Nutzen Sie konkrete Situationen, um Ihr Selbstbild zu präzisieren und Ihre Wirksamkeit möglichst realistisch einschätzen zu lernen. Folgende Anleitung kann Ihnen dabei helfen, Ihre Selbstwahrnehmung durch Abgleich mit der Fremdeinschätzung zu verbessern.

1. **Richten Sie Ihre Aufmerksamkeit auf eine Herausforderung, die Ihnen wichtig ist.**

   Überlegen Sie sich, wie Sie dieser Herausforderung begegnen können. Schätzen Sie ein, wie hoch die Wahrscheinlichkeit ist, dass Sie das Problem lösen werden. Fragen Sie eine Vertrauensperson, ob diese Ihnen zutraut, dass Sie eine gute Lösung finden werden. Vergleichen Sie dann Selbst- und Fremdeinschätzung, *bevor* Sie mit der Problemlösung beginnen:

   - Deckt sich Ihr Selbstbild mit der Prognose Ihrer Vertrauensperson?
   - Falls nicht, woran könnte das liegen? Denken Sie darüber nach oder sprechen Sie mit Ihrem Mitmenschen darüber.

2. **Beginnen Sie mit der Problemlösung.**

   Beobachten Sie dabei aufmerksam, was Ihnen leicht- und was Ihnen schwerfällt. Achten Sie auf Ihre Gefühle und Gedanken und nehmen Sie bewusst wahr, ob und wann der innere Kritiker sich meldet. Analysieren Sie den Verlauf der Problemlösung:

   - Haben Sie einen gangbaren Weg gewählt?
   - Brauchen Sie Hilfe von anderen?
   - Ergeben sich im Verlauf neue Probleme?
   - Wie gehen Sie mit diesen um?

- Lösen Sie das Problem oder geben Sie auf?
- Kommt Ihnen Ihr innerer Kritiker nörgelnd oder vernichtend in die Quere?

3. **Vergleichen Sie den Verlauf und das Ergebnis des Vorhabens mit Ihrer Selbsteinschätzung.**

   Lagen Sie richtig oder falsch? Haben Sie Ihre Fähigkeiten und Ihre Wirksamkeit realistisch oder unrealistisch beurteilt?

4. **Bitten Sie schließlich Ihre Vertrauensperson um erneutes Feedback.**

   Wie ist deren Einschätzung Ihrer Fähigkeiten und Ihrer Wirksamkeit? Wie beurteilt sie das erzielte Ergebnis?

5. **Vergleichen Sie Ihre Selbstbeobachtung und die Fremdbeurteilung kritisch:**

   Sind diese deckungsgleich oder unterschiedlich? In welchen Bereichen weichen sie voneinander ab?

Reflektieren Sie Ihre Erkenntnisse und überlegen Sie sich, was Sie daraus lernen können, um sich künftig realistischer einzuschätzen.

Wenn Sie Ihre Fähigkeiten und Fertigkeiten sowie Ihre Willensstärke gut kennen, fällt es Ihnen auf Dauer leichter, Probleme zu lösen und Veränderungen anzugehen. Außerdem können Sie Ihrem inneren Kritiker selbstbewusster gegenübertreten und ihm verdeutlichen, was Sie können und wie wirksam Sie sind.

Innere Kraft auch in schwierigen Situationen

Die wichtigste Kraft, die Ihnen hilft, Veränderungen einzuleiten und dabei auch Widrigkeiten gut zu überstehen, ist Ihr Selbstvertrauen. Wenn Sie Ihre eigenen Ressourcen, Ihre Stärken und Talente gut einschätzen können, gewinnen Sie innere Sicherheit und Kraft.

Sie können sich Ihre innere Kraft bildlich vorstellen als Brunnen, aus dem Sie Wasser schöpfen, oder als Stromleitung, die Sie mit Energie versorgt. In Krisenzeiten ist der Zugang zu den inneren Kräften manchmal verschüttet und es fühlt sich so an, als wäre man leer und hilflos. In solchen Momenten ist es unverzichtbar, sich eine Pause zu gönnen und sich zurückzuziehen. Wenn der Brunnen versiegt oder die Stromleitung einen Kurzschluss hat, wenn Sie also krank sind oder unter Erschöpfung leiden, brauchen Sie Zeit und Ruhe, um die Wasserreserven wieder aufzufüllen oder die Leitung zu reparieren.

Grenzen Sie sich von den Ansprüchen Ihrer Umgebung ab, nehmen Sie sich frei, lassen Sie sich krankschreiben oder delegieren Sie Ihre Aufgaben an andere Menschen. Ernst zu nehmende Anzeichen für leere Batterien, also einen möglichen Burn-out, sind beispielsweise:

- ✔ Schlafstörungen
- ✔ Infektanfälligkeit
- ✔ Ruhelosigkeit, Gedankenkreisen
- ✔ Interessensverlust
- ✔ fehlender Antrieb
- ✔ Freudlosigkeit

Geben Sie Ihrer Umgebung in diesem Fall deutlich zu verstehen, dass Sie eine Auszeit brauchen und keine Kapazitäten haben, um sich mit Alltagsproblemen oder den Sorgen der anderen zu beschäftigen. Wenn Sie sich gut genug einschätzen können, werden Sie vielleicht ahnen, wie viel Zeit Sie brauchen: Signalisieren Sie Ihrer Umwelt, dass Sie in zwei Stunden, zwei Tagen, zwei Wochen oder zwei Monaten wieder zur Verfügung stehen werden.

Fällt es Ihnen schwer, sich mal hängen zu lassen? Oder können Sie sich gut eingestehen, dass Sie für eine Weile Schonung brauchen und nichts tun können? So oder so, probieren Sie verschiedene Strategien aus, um sich zu regenerieren und neue Kräfte zu sammeln:

- ✔ Konzentrieren Sie sich ausschließlich auf sich selbst.
- ✔ Nehmen Sie Hilfe an, wenn Ihnen danach ist – schicken Sie wohlmeinende Menschen aber ruhig wieder weg, wenn Sie allein sein möchten.
- ✔ Füllen Sie Ihre Akkus auf, indem Sie viel schlafen, genug essen und trinken, Grübeln und kreisende Gedanken durch positive Selbstsuggestionen unterbrechen und Ihren Körper pflegen.

Irgendwann werden Sie spüren, dass Ihre Kräfte zurückkehren. Signale dafür sind beispielsweise:

- ✔ ungestörter Schlaf
- ✔ größerer Appetit, Freude am Essen und eine gute Verdauung
- ✔ stabiler Kreislauf mit warmen Händen und Füßen

- ✔ entspannte Muskulatur
- ✔ Interesse an der Umgebung
- ✔ Bedürfnis nach Kommunikation
- ✔ wachsende Zuversicht

Sobald Sie diese Veränderungen wahrnehmen, richten Sie Ihre Aufmerksamkeit wieder nach außen, melden sich bei Ihrer Familie, Ihren Freunden und Kollegen zurück und beginnen wieder mit Ihrem Alltag. Vermutlich wird Ihr Blick auf die sonst so alltäglichen Sorgen und Ärgernisse sich verändert haben und vielleicht gehen Sie gelassener mit Kleinigkeiten um, die Sie früher auf die Palme gebracht haben. Nach einer Krise schrumpfen viele Alltäglichkeiten auf ein angemessenes Maß und nehmen nicht mehr so viel Kraft in Anspruch. Denn Sie haben ja deutlich gespürt, wofür Sie Ihre Kräfte wirklich brauchen! Erfahrungsgemäß hält diese Änderung im Blickwinkel aber nicht sehr lange an und Sie werden bald wieder zu Ihrer Routine zurückkehren. Das ist völlig in Ordnung – solange Sie nicht in kräftezehrende Hamsterräder geraten oder gar in Selbstausbeutung verfallen.

Wenn Sie in einer schwierigen Situation kurz davor sind zu verzweifeln, halten Sie einen Moment inne und fragen Sie sich: »Was wäre das Schlimmste, das jetzt passieren könnte?« Überlegen Sie sich, wie Sie mit dem Schlimmsten umgehen würden und wer Ihnen helfen würde, das Schlimmste zu überstehen. Werden Sie auch nach den schwerwiegendsten Konsequenzen der Situation weiterleben? Wappnen Sie sich für das Schlimmste und schauen Sie, was passiert. Vermutlich wird die Situation sich real weniger schrecklich entwickeln, als Sie gedacht haben. Machen Sie das Beste daraus!

An sich selbst glauben

Wichtig ist, dass Sie auch in dunklen oder schwierigen Zeiten den Glauben an sich selbst bewahren. Dieser Glaube wird unerschütterlich, wenn Sie sich selbst ein guter Freund sind. Nehmen Sie Ihre Bedürfnisse ernst, haushalten Sie mit Ihren Kräften, besinnen Sie sich auf Ihre Fähigkeiten und Ihre Selbstwirksamkeit. Gehen Sie so aufmerksam mit sich um, wie Sie mit Ihrem besten Freund umgehen würden, wenn er in Schwierigkeiten ist:

- ✔ Sprechen Sie sich Mut zu.
- ✔ Erinnern Sie sich daran, welche Probleme Sie in Ihrem Leben schon gemeistert haben.

- ✔ Muntern Sie sich mit positiven Selbstsuggestionen auf.
- ✔ Erfüllen Sie sich Wünsche.
- ✔ Nehmen Sie sich Zeit.
- ✔ Akzeptieren Sie Rückschläge.
- ✔ Haben Sie Geduld.
- ✔ Geben Sie nicht auf.
- ✔ Bleiben Sie hartnäckig, auch wenn es eine Weile nicht vorangeht.

Vielen Menschen fällt es leichter, jemand anderem zu helfen, als sich selbst. Üben Sie daher ganz bewusst, auf sich selbst zu achten und sich nach Kräften zu unterstützen. Wenn Sie Hilfe von anderen Menschen benötigen, sehen Sie dies nicht als Schwäche an, sondern denken Sie daran, wie gern Sie selbst anderen helfen und wie angenehm das Gefühl ist, tatsächlich helfen zu können.

Sie stärken Ihren Glauben an sich selbst auch dadurch, dass Sie anderen Menschen über Ihre Probleme und Ihre Lösungsansätze berichten. Fragen Sie um Rat, diskutieren Sie Ihre Ideen mit anderen und entscheiden Sie sich für Ihren eigenen Weg. Oft ergibt sich allein durch die Diskussion und das Gespräch eine neue Perspektive und Ihr Blick öffnet sich.

- ✔ Wenn Sie Ihre Probleme gelöst haben, seien Sie stolz auf sich und bedanken Sie sich bei Ihren Ratgebern.
- ✔ Wenn eine gewählte Lösung nicht funktioniert, suchen Sie eine neue. Geben Sie nicht auf – Sie haben innere Kraft und ein Netzwerk, das Sie unterstützt.

Neue Ideen entstehen manchmal im Schlaf: Wenn eine Herausforderung, ein Problem oder ein Konflikt Sie sehr beschäftigen, lenken Sie sich eine Zeit lang ganz bewusst ab und kümmern sich um ein anderes Thema. Denken Sie dann abends vor dem Schlafengehen noch einmal kurz an das problematische Thema, ohne sich lange gedanklich damit aufzuhalten. Schlafen Sie ausreichend und erinnern Sie sich beim Erwachen an das Problem: Vielleicht sehen Sie im Licht des neuen Morgens eine ganz neue Seite oder haben neue Gedanken.

Umgang mit Kritik und Kränkung

Achten Sie darauf, ob Sie eher wahrnehmen, dass Ihre Mitmenschen positiv auf Sie reagieren, oder ob Ihr Fokus auf Kritik und Kränkungen liegt:

- ✔ Wer hat Sie heute schon angelächelt?
- ✔ Hat Ihnen heute schon jemand etwas Freundliches gesagt?
- ✔ Wer ist Ihnen heute blöd gekommen?
- ✔ Hat Sie heute schon jemand kritisiert oder gekränkt?

Wenn Ihnen spontan mehr positive als negative Reaktionen Ihrer Mitmenschen einfallen, sind Sie auf einem guten Weg. Sie haben eine feine Antenne für Wertschätzung, Freundlichkeit und Unterstützungsbereitschaft.

Achten Sie hingegen deutlich mehr auf die negativen Reaktionen Ihrer Umwelt und registrieren die positiven Reaktionen wenig oder gar nicht, dann könnten Sie an Ihrer Wahrnehmung arbeiten:

- ✔ Führen Sie drei Tage lang eine Strichliste und notieren Sie jedes Lächeln, das man Ihnen schenkt.
- ✔ Schreiben Sie sich drei Tage lang jeden freundlichen Satz, jedes nette Wort und jede Anerkennung auf.
- ✔ Kramen Sie in Ihrem Gedächtnis und holen Sie positive Erinnerungen ans Licht: Wer war in der Kindheit besonders nett zu Ihnen? Welche Anerkennung haben Sie in der Schule bekommen? Wie haben Ihre Kollegen in der Ausbildung oder Ihre Kommilitonen im Studium auf Sie reagiert? An welchen Nachbarn erinnern Sie sich besonders gern? Warum mögen Sie Ihren besten Freund oder Ihre beste Freundin so gern – und umgekehrt?

Wenn Sie einen vernichtenden inneren Kritiker haben, reagieren Sie wahrscheinlich besonders dünnhäutig auf äußere Kritik oder Kränkung. Daher sollten Sie sich intensiv damit auseinandersetzen, wie Sie Ihren vernichtenden inneren Kritiker entmachten können. Denn sonst werden Ihr Selbstvertrauen und Selbstwertgefühl immer geringer.

Je mehr Sie Ihre Aufmerksamkeit für positive Reaktionen schärfen, desto weniger kränkbar werden Sie. Sie konzentrieren sich auf das Gute und sammeln Abwehrkräfte gegen das Schlechte. Ganz immun gegen Kränkung werden Sie so zwar nicht, aber Sie lassen sich nicht mehr ganz so tief verletzen. Darüber hinaus ist es hilfreich zu üben, sich gar nicht kränken zu lassen, sondern eine vermeintlich kränkende Situation neu zu interpretieren:

- ✔ Alle Kollegen sind zu einem Geburtstagsumtrunk eingeladen worden, nur Sie nicht? Vielleicht hat der Jubilar so viel um die Ohren gehabt, dass er Sie einfach vergessen hat. Gehen Sie zu dem Umtrunk und gratulieren Sie besonders herzlich.
- ✔ Sie haben ein gutes Arbeitsergebnis abgeliefert, werden dafür aber nicht gelobt? Vielleicht hat Ihr Chef etwas anderes von Ihnen erwartet. Sprechen Sie ihn an und fragen Sie ihn, wie er Ihr Ergebnis bewertet und was Sie anders machen könnten.
- ✔ Ihr Mann hat Ihre neue Frisur nicht bemerkt? Vielleicht findet er Sie einfach mit jeder Frisur schön. Fragen Sie Ihre Freundin, wie ihr die neue Frisur gefällt.

Entscheiden Sie sich bewusst dafür, nicht gekränkt zu sein. Hilfreich ist es, eine positive Selbstsuggestion zu finden, die Sie mehrfach wiederholen können, wenn Sie spüren, dass eine Kränkung Ihnen Schmerz bereitet, beispielsweise: »Halb so schlimm« oder »Das geht vorbei« oder »Ich bin gut so, wie ich bin«.

Das Netzwerk pflegen

Neben den vermeintlichen Kränkungen, die nur auf Ihrer persönlichen Wahrnehmung und Interpretation einer Situation beruhen, gibt es jedoch auch absichtliche Kränkungen. Wenn Sie bemerken, dass jemand immer wieder versucht Sie zu kränken und zu verletzen, ist es an der Zeit, sich mit dieser Person auseinanderzusetzen:

- ✔ Welche Rolle spielt diese Person in Ihrem Leben?
- ✔ Sind Sie von ihr abhängig?
- ✔ Welche Macht hat sie über Sie?
- ✔ Warum hat sie diese Macht?
- ✔ Welche Gründe könnte sie haben, Sie ständig verletzen zu wollen?
- ✔ Lassen sich die Konflikte zwischen Ihnen und dieser Person klären?

- ✔ Wie möchten Sie zukünftig mit dieser Person umgehen?
- ✔ Ist Ihr Leben ohne diese Person vorstellbar?

Sein Netzwerk zu pflegen, bedeutet, gute Beziehungen zu stärken und schlechte Beziehungen zu beenden. Denn ein Netzwerk, in dem es vergiftete Maschen gibt, ist schädlich für Ihre innere Widerstandskraft. Wenn Sie erleben, dass Menschen in Ihrem Netzwerk schlecht für Sie sind und Ihnen Kraft rauben, sollten Sie sich von diesen Menschen verabschieden.

Gerade für enge zwischenmenschliche Beziehungen gilt: Auch ans Leiden kann man sich gewöhnen – muss man aber nicht. Aus Angst vor Einsamkeit, aus Unselbstständigkeit oder aus Gewohnheit und Bequemlichkeit scheuen viele Menschen davor zurück, eine zerrüttete Beziehung zu hinterfragen oder gar zu beenden.

Kränkungen machen krank: Wer in einer schlechten Beziehung verharrt, verliert Lebensfreude und schadet sich selbst erheblich. Es ist nicht einfach, eine kränkende oder kranke Beziehung zu beenden, insbesondere wenn weitere Menschen davon betroffen sind oder wenn materielle beziehungsweise ideelle Abhängigkeiten bestehen. Gehen Sie achtsam mit sich selbst um und horchen Sie in sich hinein:

- ✔ Haben Sie das Bedürfnis nach einem klärenden Gespräch?
- ✔ Möchten Sie der Beziehung eine zweite Chance geben? Wenn ja, zu welchen Bedingungen?
- ✔ Möchten Sie sich lieber schriftlich aus der Beziehung verabschieden?
- ✔ Brauchen Sie einen Vermittler?
- ✔ Wäre es Ihnen am liebsten, die Beziehung ganz ohne Worte oder Erklärungen zu beenden?
- ✔ Wovor haben Sie im Hinblick auf das Ende der Beziehung Angst?
- ✔ Wie können Sie mit dieser Angst umgehen und wer hilft Ihnen dabei?

Bleiben Sie authentisch und zwingen Sie sich zu nichts. Es geht in erster Linie um Sie und erst in zweiter Linie um die anderen. Seien Sie ehrlich mit sich selbst und versuchen Sie, Ihre eigenen Anteile an Konflikten und Kränkungen zu sehen – so schützen Sie sich davor, in neuen Beziehungen in die gleichen alten Fallen zu tappen.

Befürchten Sie, dass Sie von manchen Mitmenschen manipuliert oder ausgenutzt werden? Dann empfehle ich Ihnen das Buch *Gesunder Umgang mit toxischen Menschen für Dummies* von Daniela Voigt. Darin lernen Sie, wie Sie sich von Narzissten oder Soziopathen lösen können, um Ihre seelische Gesundheit zu schützen.

In Bewegung bleiben

Ihr innerer Kritiker möchte Sie vor Fehlern schützen und Ihnen dabei helfen, die an Sie gestellten Erwartungen zu erfüllen.

- ✔ Wenn Sie spüren, dass er Sie von einer Veränderung abhalten will, treten Sie in Dialog mit ihm und hinterfragen Sie, was er befürchtet.
- ✔ Wenn Sie spüren, dass die Zeit noch nicht reif ist oder dass Ihre Kraft noch nicht reicht, um einen neuen Weg zu gehen, geben Sie dem Kritiker nach und gönnen Sie sich die Zeit, die Sie brauchen.
- ✔ Wenn Sie jedoch bemerken, dass Sie eigentlich genau wissen, was besser für Sie wäre, dass Ihnen aber Mut und Zuversicht fehlen, dann entwickeln Sie ein möglichst buntes und verlockendes Zukunftsbild.

  Prüfen Sie, ob dieses Bild Ihre Lust auf Veränderungen steigert und Ihren Wunsch nach Aufbruch vergrößert. Spornen Sie sich an und freuen Sie sich auf das, was in Zukunft auf Sie wartet. Beruhigen Sie Ihren inneren Kritiker mit dem Hinweis darauf, dass Sie nicht kopflos unterwegs sind, sondern sich selbst hinterfragen. Wenn Sie eines Tages zurückblicken, werden Sie vielleicht sehen, dass die Veränderung längst fällig war.

Sobald Sie spüren, dass der richtige Zeitpunkt gekommen ist, um ins Handeln zu kommen, können folgende Impulse Ihnen helfen, in Bewegung zu bleiben:

- ✔ Erzählen Sie so vielen Menschen wie möglich von Ihrem Vorhaben und bitten Sie um Unterstützung, wo immer es Ihnen sinnvoll erscheint.
- ✔ Planen Sie Ihr Vorhaben, indem Sie konkrete Ziele benennen, Meilensteine und Zwischenziele formulieren und sich mit möglichen Hindernissen beschäftigen.
- ✔ Notieren Sie die Schritte, die Sie gehen, und die Wirkung, die Sie erzielen, um nachhaltig und erfolgreich zu sein.

- Dokumentieren Sie Meilensteine und haken Sie Zwischenziele ab.
- Evaluieren Sie, welche Maßnahmen besonders hilfreich sind, insbesondere, um Hindernisse aus dem Weg zu räumen.
- Gehen Sie Schritt für Schritt weiter voran und modifizieren Sie Ihren Plan, wenn Sie merken, dass Sie Ihre Teilziele früher oder später erreichen als gedacht.

Jeder Plan ist nur ein Hilfsmittel. Er kann jederzeit geändert werden, beispielsweise

- wenn die Rahmenbedingungen sich ändern,
- wenn Sie neue Ideen haben oder etwas Neues lernen,
- wenn andere Menschen sich beteiligen oder
- wenn ein Hindernis auftaucht, das Sie nicht vorhergesehen haben.

Sie sind nicht der Sklave Ihres Plans – verabschieden Sie sich ohne Bedauern oder Selbstvorwürfe von Ihrer Planung, wenn sie unrealistisch war oder durch äußere Faktoren hinfällig geworden ist.

Nehmen Sie sich immer wieder Zeit für die Überprüfung des Plans und verändern Sie, was nicht mehr stimmig ist.

Handeln ist der Königsweg

Beobachten Sie, wie Sie über Ihre gewünschten Veränderungen denken und sprechen. Modifizieren Sie Ihre Gedanken und Äußerungen so, dass sie Ihr Handeln unterstützen.

- Wenig hilfreich ist der Konjunktiv: »Ich könnte …«, »Ich würde gern …« oder »Ich sollte …« bringen Sie nicht voran, denn dadurch bleiben Sie gedanklich im Unverbindlichen.
- Sie erleichtern sich den Weg ins Handeln durch Formulierungen wie »Ich will …«, »Ich werde …« und »Jetzt mache ich …«. Zögern Sie möglichst wenig, sondern unterstützen Sie Ihre Willenskraft durch Selbstverpflichtungen.
- Halten Sie die selbst definierten Termine ein, stellen Sie kurzfristige Bedürfnisse zurück und fokussieren Sie sich auf Ihr Tun. Denn Ihre Energie fließt dorthin, wohin Sie Ihre Aufmerksamkeit lenken.

✔ Machen Sie den ersten Schritt. Oft ist es der erste Schritt, der schwerfällt – denken Sie nicht länger darüber nach, sondern gehen Sie ihn. Geben Sie sich dadurch die Chance ins Handeln zu kommen, denn nicht selten stellt sich dann auch die Freude am Tun ein.

Wenn Sie einen Apfelkuchen backen möchten, hilft es wenig, stundenlang Rezepte zu recherchieren oder über den Kuchen nachzudenken. Sie müssen das erste Ei aufschlagen und den ersten Apfel schälen – dann ist die Chance groß, dass zwei Stunden später ein Apfelkuchen auf Ihrem Kaffeetisch steht. Vielleicht ist es nicht der raffinierteste oder leckerste Kuchen der Welt geworden, aber von einem Bild im Kochbuch werden Sie garantiert nicht satt.

Je klarer Ihnen der Weg ist, den Sie gehen wollen, und je attraktiver das gewünschte Ziel, desto geringer ist der Widerstand. Der erste Schritt kostet die meiste Willenskraft und nicht selten viel Überwindung. Nach einer Weile zeigen sich vielleicht die ersten Hindernisse oder es tauchen Trigger auf, die Ihren inneren Kritiker aktivieren und Sie auf alte Verhaltensmuster zurückfallen lassen. Seien Sie darauf vorbereitet: Schauen Sie auf Ihren Plan und wählen Sie aus den vorbereiteten Strategien die passende aus, um ein Hindernis zu umgehen oder den inneren Kritiker zu neutralisieren. Überfordern Sie sich dabei jedoch nicht, sondern gönnen Sie sich nach erfolgreichem Umgang mit einer schwierigen Situation eine Pause und/oder eine Belohnung. So verbrauchen Sie nicht alle Willenskraft, sondern sammeln neue Kraft.

Wenn Sie vom gewählten Weg abkommen, halten Sie inne und fragen Sie sich, wie das passiert ist. Hat Ihr innerer Kritiker Sie gebremst? Können Sie ohne große Mühe das Ruder drehen und mit festem Blick auf Ihr Ziel weitermachen? Oder brauchen Sie einen Plan B? Vielleicht benötigen Sie eine Auszeit und beschäftigen sich eine Weile mit einem anderen Vorhaben. Der Vorteil dieser Strategie: Sie bleiben aktiv und erreichen ein anderes Ziel, wodurch Sie Ihre Selbstwirksamkeitserwartung stärken. Der Nachteil: Sie laufen Gefahr, das ursprüngliche Ziel aus den Augen zu verlieren und sich mit dem erfolgreichen anderen, wahrscheinlich deutlich weniger wichtigen Vorhaben zu trösten.

Der Lohn der Veränderung

»Bewegung ist Leben, Stillstand der Tod«, sagte der norwegische Seemann und Langstreckenläufer Mensen Ernst im 19. Jahrhundert. Ihr Weg zu Ihrem wahren Ich, zur Authentizität und Unverwechselbarkeit, ist lebendige Bewegung, denn Sie wachsen und entfalten sich. Ihr innerer Kritiker wird zunehmend entspannter und lässt Sie künftig frei handeln. Sie profitieren auf verschiedenen Ebenen:

- ✔ **Selbstverwirklichung:** Sie kommen sich selbst immer näher, nutzen Ihre Stärken optimal und wissen, wie Sie Ihren Schwächen begegnen können. Sie beschäftigen sich mit Dingen, die Ihren Werten entsprechen, und setzen Ihre eigenen Prioritäten. Sie probieren sich aus, lernen sich besser kennen und verwirklichen Ihre Träume.

- ✔ **Gesundheit:** Wenn Sie gelassen mit sich umgehen und Ihren inneren Kritiker besänftigt haben, können Sie sich nachhaltig entspannen. Sie sind im Einklang mit sich und fühlen Ihre innere Stärke. Das Gefühl der Selbstwirksamkeit führt zu Zufriedenheit und Glücksgefühlen.

- ✔ **Anerkennung:** Die meisten Menschen werden von Ihrer Authentizität beeindruckt sein und sich vielleicht sogar an Ihnen orientieren. Nicht nur Ihr innerer Kritiker, sondern auch die äußeren Kritiker werden verstummen, weil Sie zu sich stehen und sich nicht irritieren lassen. Sie strahlen Energie und Wohlwollen aus und bekommen dies von anderen Menschen gespiegelt.

- ✔ **Beziehungspflege:** Sie stärken Ihre Beziehungen und pflegen Ihr Netzwerk bewusst und sorgsam. Sie konzentrieren sich auf die Menschen, die für Ihr Leben bedeutsam sind, und sind verlässlich und verbindlich. Weil Sie sich so zeigen, wie Sie sind, werden auch Ihre Mitmenschen den Mut haben können, authentisch mit Ihnen zu kommunizieren.

Je überzeugender Sie sind, desto mehr können und werden Sie erreichen. Hindernisse sind für Sie Herausforderungen, Rückschläge stecken Sie gelassen weg. Was heute noch nicht gelingt, kann morgen umso leichter gehen – Ihre Zuversicht stärkt Sie und lässt Unmögliches möglich erscheinen.

IN DIESEM KAPITEL

Neues wagen und ungewohnte Wege gehen

Den Mut behalten und Kränkungen überwinden

Ausstrahlung und Charisma nutzen

Kapitel 12
Die Komfortzone verlassen

Der innere Kritiker betrachtet Ihr Handeln immer dann besonders aufmerksam, wenn Sie gewohnte Pfade verlassen und etwas Neues wagen. Solange Sie sich in Ihrer Komfortzone aufhalten, ist der innere Kritiker vergleichsweise entspannt, denn in der Komfortzone kennen Sie alle Regeln und können kaum etwas falsch machen.

Sie erinnern sich: Die wichtigste Aufgabe des inneren Kritikers ist es, Sie vor Fehlern, Peinlichkeiten und auffälligem Verhalten zu bewahren. Wenn Sie sich ausprobieren wollen, etwas Ungewohntes erleben möchten oder eine ausgefallene Idee haben, besteht immer die Gefahr, dass etwas schiefgeht. Daher warnt Ihr innerer Kritiker Sie frühzeitig und zeigt Ihnen auf, wie groß das Risiko ist.

- ✔ Sollten Sie einen zumeist konstruktiven inneren Kritiker haben, bleibt es vielleicht bei einem Hinweis wie: »Das hast du noch nie versucht, pass bloß auf!«
- ✔ Ein eher destruktiver innerer Kritiker garniert seine Warnung mit Nörgelei oder Abwertung: »Wie kommst du auf so eine dumme Idee? Das ist mal wieder typisch.« oder: »Versuch es erst gar nicht, du bist sowieso zu blöd/ungeschickt/schwach dazu.«

In diesem Kapitel lernen Sie Ihre individuelle Komfortzone kennen. Ich erläutere, wie Sie diese Zone erweitern und wie Sie damit umgehen können, wenn es nicht so klappt wie gewünscht. Außerdem lade ich Sie ein, Verantwortung für Ihr Handeln zu übernehmen und sich Schritt für Schritt von inneren Einschränkungen zu befreien.

Komfort vermittelt Sicherheit

Die Komfortzone ist Ihr persönlicher Wohlfühlbereich. Hier kennen Sie sich aus und Sie wissen, womit Sie zu rechnen haben.

Lernen Sie Ihre Komfortzone kennen, indem Sie sich für unterschiedliche Lebensbereiche überlegen,

- ✔ was Sie gut können,
- ✔ was Sie gerne tun,
- ✔ wovor Sie Angst haben und
- ✔ was Sie schon immer einmal ausprobieren wollten.

Alles, was Sie gut können und gerne tun, liegt innerhalb Ihrer Komfortzone. Alles, wovor Sie Angst haben oder was Sie noch nicht ausprobiert haben, liegt außerhalb.

Die Komfortzone ist ein Basislager im Alltag: Sie haben Routine, kennen sich aus, werden nicht überrascht, müssen nicht über einzelne Schritte nachdenken oder Entscheidungen treffen.

Ihr Tagesablauf ist üblicherweise geprägt von Aktivitäten, bei denen Sie genau wissen, was von Ihnen erwartet wird und was Sie zu tun haben. Haushalt, Arbeit und viele Freizeitaktivitäten folgen einem bewährten Muster, das über Jahre erprobt ist und wie am Schnürchen läuft. Der innere Kritiker meldet sich innerhalb der Komfortzone nur dann, wenn etwas schiefgeht oder Sie einen inneren Glaubenssatz missachten.

Doch die Komfortzone ist manchmal wie ein Käfig – sie hält Sie davon ab, Ungewohntes und Neues zu tun, ausgetretene Wege zu verlassen, sich weiterzuentwickeln und Risiken einzugehen.

Bleiben Sie daher möglichst nicht ständig in Ihrer Komfortzone, sondern verlassen Sie sie regelmäßig, um Neues kennenzulernen. Anschließend können Sie in Ihre Komfortzone zurückkehren wie in ein warmes Nest und Sie werden sehen: Die Grenzen der Komfortzone haben sich ein wenig erweitert.

Jeder Weg beginnt mit dem ersten Schritt – auch der Weg aus Ihrer Komfortzone hinaus ins Unbekannte. Oft kostet es viel Überwindung, diesen ersten Schritt zu gehen. Aufbruch erfordert Mut, den Sie beispielsweise dadurch gewinnen, dass Sie

- ✔ sich Unterstützung suchen,
- ✔ anderen von Ihren Plänen erzählen,
- ✔ sich gut zureden,
- ✔ sich daran erinnern, was Sie bereits an Neuem ausprobiert haben, und
- ✔ Lust auf das haben, was außerhalb Ihrer Komfortzone auf Sie wartet.

Ihr Mut und Ihre Änderungsbereitschaft schwinden hingegen, wenn Sie

- ✔ zu intensiv darüber nachdenken, was schiefgehen könnte,
- ✔ sich überlegen, was die anderen Menschen wohl über Sie sagen werden,
- ✔ sich mit dem zufriedengeben, was Sie längst haben.

Vielleicht haben Sie Lust, einen Anti-Komfortzonen-Plan zu entwickeln?

1. Suchen Sie sich fünf Dinge aus, die außerhalb Ihrer Komfortzone liegen.
2. Setzen Sie sich einen Termin, bis zu dem Sie sie ausprobieren können und wollen.
3. Schreiben Sie diese fünf Vorhaben auf einen Zettel oder notieren Sie sie im Computer oder auf dem Smartphone, damit Sie sie immer vor Augen haben.

Wie fühlt es sich an, wenn Sie den ersten Punkt abhaken können? Und was denken Sie beim zweiten Punkt? Vielleicht kommen Sie in ein Anti-Komfortzonen-Fieber und es wird immer leichter, Dinge zu tun, vor denen Sie Angst hatten oder die Sie noch nie ausprobiert haben. Vielleicht wächst zunächst aber auch Ihre Unsicherheit und Sie befürchten, den Mut zu verlieren. Machen Sie trotzdem weiter – irgendwann wird es leichter.

Positiv denken

Finden Sie heraus, was Sie davon abhält, Neues auszuprobieren und Ungewohntes zu tun. Meistens sind es nur Gedanken, die Ihnen im Weg stehen – doch diese Gedanken können sehr mächtig sein. Folgende Gedanken, die sich nicht selten als Einflüsterungen des inneren Kritikers darstellen, sind typische Komfortzonenbewahrer:

- ✔ Das klappt sowieso nicht.
- ✔ Ich kann das nicht.
- ✔ Andere Menschen schaffen es auch nicht.
- ✔ Ich habe es schon so oft probiert.
- ✔ Ich mache mich bestimmt lächerlich.
- ✔ Ich bin zufrieden mit dem, was ich habe.

Denken Sie daher Anti-Komfortzonen-Gedanken, beispielsweise:

- ✔ Ich bin sehr neugierig.
- ✔ Das wird bestimmt toll.
- ✔ Darauf freue ich mich.
- ✔ Hinterher bin ich stolz auf mich.
- ✔ Das kann doch gar nicht so schwer sein.
- ✔ Nichts leichter als das!

Wenn Sie bei Ihrem Anti-Komfortzonen-Training nicht von Anfang an auf Ihren inneren Kritiker hören und denken »Das schaffe ich sowieso nicht«, sondern sich auf den ersten Schritt konzentrieren, hat das den Vorteil, dass Sie nicht gleich über alle weiteren notwendigen Schritte nachdenken müssen. Stellen Sie in Gedanken alles auf Anfang: Sammeln Sie Energie, konzentrieren Sie sich, fokussieren Sie Ihre Aufmerksamkeit und starten Sie durch.

Planen Sie den Weg aus Ihrer Komfortzone in einzelnen Schritten. Ist der erste Schritt Richtung Veränderung einmal geschafft, läuft es leichter: Planen Sie den zweiten und den dritten Schritt. Da Sie bereits gemerkt haben, dass der erste Schritt gar nicht so schwierig war, wird Ihnen der zweite Schritt vermutlich leichter fallen. In Tabelle 12.1 finden Sie ein Muster für eine Checkliste, die Ihnen hilft, Ihren ganz persönlichen Weg aus der Komfortzone zu finden:

1. Beschreiben Sie die Ist-Situation und die gewünschte Soll-Situation.
2. Notieren Sie Ihre Erfahrungen mit der Ist-Situation und beschreiben Sie, warum Sie diese Situation ändern, also Ihre Komfortzone verlassen möchten.
3. Beschreiben Sie den ersten Schritt, den Sie tun werden, und nehmen Sie sich vor, wann Sie ihn gehen.
4. Beschreiben Sie anschließend Ihre Erfahrungen und Erlebnisse mit dem ersten Schritt.
5. Formulieren Sie den zweiten Schritt und bis wann Sie diesen gegangen sein wollen.
6. Arbeiten Sie sich auf diese Weise immer weiter voran, bis Sie die Soll-Situation, also Ihr Ziel, erreicht haben.
7. Beschreiben Sie schließlich Ihre Erfahrungen mit der neuen Situation und dem Weg dorthin. So halten Sie Ihren Lernerfolg fest und sehen, dass es gar nicht so schwer war, die einzelnen Schritte zu gehen.

Schritt	Beschreibung	Termin	Erfahrung
Ist-Situation			
erster Schritt			
zweiter Schritt			
dritter Schritt			
Soll-Situation			

Tabelle 12.1: Checkliste für ein Anti-Komfortzonen-Programm

Bequemlichkeit überwinden

Je mehr Neues Sie lernen, je intensivere Erfahrungen Sie machen und je öfter Sie Ihre Komfortzone verlassen, desto mehr entwickeln Sie sich.

Nehmen Sie den Begriff der Entwicklung ganz wörtlich: Sie *ent*-wickeln sich, befreien sich also aus *Ver*-wicklungen. Und je mehr Sie sich entwickeln, desto freier und beweglicher werden Sie.

Sie können sich sogar an das Ungewöhnliche gewöhnen und sich immer wieder aufraffen, Ihre Komfortzone zu verlassen und Neues zu erleben. Das klingt logisch und ist theoretisch auch gar nicht kompliziert – doch die Umsetzung ist nicht einfach. Denn die Komfortzone ist so herrlich bequem und gemütlich.

Nehmen Sie sich nicht zu viel auf einmal vor. Fangen Sie klein an und machen Sie nur einen ersten Schritt aus der Komfortzone heraus. Halten Sie inne und prüfen Sie, wie es sich anfühlt, etwas getan, unterlassen oder gesagt zu haben, das Sie zuvor noch nie getan, unterlassen oder gesagt haben:

- ✔ Leben Sie noch oder sind Sie tot umgefallen?
- ✔ Dreht die Welt sich weiter oder ist sie stehen geblieben?
- ✔ Mögen Sie sich selbst noch oder finden Sie sich unerträglich?
- ✔ Sind die Menschen in Ihrer Umgebung noch da oder sind sie schreiend davongelaufen?
- ✔ Hat überhaupt jemand außer Ihnen gemerkt, dass Sie Ihre Komfortzone verlassen haben?
- ✔ Wie fühlen Sie sich außerhalb Ihrer Komfortzone: verängstigt, verlassen und verzweifelt oder neugierig, wagemutig und lebenslustig?
- ✔ Was sagt Ihr innerer Kritiker?

Genießen Sie es, Stück für Stück über sich hinauszuwachsen. Sie stärken damit Ihre Willenskraft ganz erheblich, denn je öfter Sie spüren, dass ungeahnte Möglichkeiten in Ihnen stecken, desto besser werden Sie mit Problemen, Krisen und Katastrophen umgehen können.

Und Ihre Willenskraft ist eine wichtige Ressource bei der Zähmung Ihres inneren Kritikers.

Rom wurde nicht an einem Tag erbaut – überfordern Sie sich nicht mit allzu großen Schritten aus Ihrer Komfortzone heraus. Fangen Sie mit kleinen Schritten an und werden Sie Schritt für Schritt mutiger. Denken Sie daran, sich für Ihre Erfolge zu loben und immer wieder in Ihrer Komfortzone Kraft zu sammeln. Pausen sind wichtig!

Widrige Umstände ignorieren oder ändern

Ihre eigenen Begrenzungen können Sie abbauen, indem Sie ganz bewusst Neues ausprobieren, alte Pfade und Ihre Komfortzone verlassen, Schwierigkeiten mutig überwinden, Ihren inneren Kritiker entmachten und Ihre Visionen oder Träume erfüllen.

Äußere Begrenzungen sind aber nur bedingt beeinflussbar – finden Sie heraus, welche Grenzen Sie durchbrechen können und welche Sie akzeptieren müssen. Das betrifft Privatleben und Beruf gleichermaßen:

- ✔ Sie können weder Ihren Lebenspartner noch Ihren Chef ändern, aber Sie können prüfen, ob Ihnen die Liebes- oder Arbeitsbeziehung noch guttut, ob Sie sie verändern können oder lieber abbrechen sollten.
- ✔ Sie können weder Ihre Verwandtschaft noch Ihre Kollegen ändern, aber Sie können deutlich machen, was Ihnen missfällt und auf welche Spielregeln Sie Wert legen.
- ✔ Finanzielle Rahmenbedingungen können Sie oft nur zum Teil und zumeist nicht von heute auf morgen ändern, aber Sie können Ihre Ausgaben verringern oder versuchen, Ihre Einnahmen zu erhöhen.

Das Motto »Liebe es, ändere es oder (ver)lasse es« (auf Englisch: *Love it, change it or leave it*) kann Ihnen dabei helfen, gelassener zu werden und sich bewusst für oder gegen die Änderung von Situationen und Rahmenbedingungen zu entscheiden.

Jedes Mal, wenn Sie etwas verändern, das Ihnen nicht gefällt, stärken Sie Ihre Selbstwirksamkeitserwartung. Sie erleben sich als Ursache von Wirkung – das, was Sie erreichen möchten, tritt ein.

Genießen Sie das Gefühl der Selbstwirksamkeit, klopfen Sie sich auf die Schulter und erinnern Sie sich immer wieder daran, insbesondere wenn Sie sich im Alltag hilflos oder ausgeliefert fühlen.

Sollten Sie sich entschieden haben, widrige Umstände zu verändern, erarbeiten Sie einen Plan und suchen sich Verbündete.

1. Analysieren Sie die Ist-Situation,
2. formulieren Sie die gewünschte Soll-Situation und
3. benennen Sie Maßnahmen, die notwendig sind, um vom Ist zum Soll zu gelangen.

Diese Methode nennt man *Feedforward* (im Gegensatz zum Feedback, also der Rückmeldung). Feedforward ist zukunftsorientiert und dynamisch, generiert Ideen und eröffnet neue Möglichkeiten. Die Tabelle 12.1 weiter vorn in diesem Kapitel folgt dem Prinzip des Feedforward, indem sie das Verlassen der Komfortzone in Teilschritte zerlegt.

Achten Sie bei Veränderungen darauf, was in Ihrem Inneren passiert:

- ✔ Werden Sie von Schritt zu Schritt sicherer?
- ✔ Konzentrieren Sie sich auf Ihren Handlungsspielraum?
- ✔ Stehen Sie in Kontakt mit Ihrem inneren Kritiker?
- ✔ Sprechen Sie sich selbst Mut zu?

Je aufmerksamer Sie sind und je wohlwollender Sie sich selbst gegenüberstehen, desto entspannter können Sie sich auf Veränderungen einlassen.

Äußere Kränkungen einordnen

Nicht alles, was Sie tun oder lassen, sagen oder vertreten, findet Anklang bei den Menschen in Ihrer Umgebung. Sie werden kritisiert, infrage gestellt, be- oder verurteilt, gekränkt. Vielleicht wenden manche Menschen sich von Ihnen ab, reden hinter Ihrem Rücken schlecht über Sie oder machen sich über Sie lustig. All das ist schwer zu ertragen und kann dazu führen, dass Sie unsicher werden und so schnell wie möglich in Ihre Komfortzone zurückkehren wollen. Denn dort fühlen Sie sich sicher und meinen zu wissen, wie andere auf Sie reagieren. Doch selbst innerhalb Ihrer Komfortzone kann es passieren, dass Sie gekränkt werden. Kränkung ist ein sehr starkes und unangenehmes Gefühl. Damit fertigzuwerden, kostet Zeit und Kraft. Wichtig ist die Ursachenforschung:

- ✔ Warum kränkt oder beleidigt Sie etwas?
- ✔ Welche Ihrer Ängste oder Befürchtungen werden durch den Kränkenden geschürt?
- ✔ Warum hat diese Person Macht über Sie und kann Sie überhaupt kränken?
- ✔ Welches Gefühl wird durch die Kränkung hervorgerufen: Wut, Schmerz, Angst? Und woran erinnert Sie dieses Gefühl?
- ✔ Wie würden Sie nach der Kränkung spontan am liebsten reagieren: mit einem Gegenangriff, durch Flucht oder indem Sie sich tot stellen?

Durch die Ursachenanalyse schaffen Sie Distanz zwischen sich und der Kränkung und sind in der Lage, etwas nüchterner auf die Situation zu schauen.

BEISPIEL

Birgit Schmitz hat sich entschieden, vegan zu leben. Sie hat sich intensiv mit Tierhaltung, Klimaschutz und Nahrungsmittelherstellung beschäftigt und gute Gründe gefunden, warum sie künftig auf tierische Produkte verzichten wird. Ihre Entscheidung führt innerhalb ihrer Familie zu heftigen Kontroversen und sie muss sich immer wieder rechtfertigen. Besonders gekränkt ist sie, als ihr Bruder sagt: »Ach, das ist wieder mal eine deiner Phasen! Das legt sich auch wieder.« Sie spürt, dass dieses Urteil ihren inneren Kritiker bestätigt, der ihr zu Beginn der Umstellung auf vegane Lebensweise eingeflüstert hatte: »Das hältst du sowieso nicht durch.« Birgit prüft ihre Argumente und stellt fest, dass sie innerlich tief davon überzeugt ist, dass ihr Schritt richtig und nachhaltig ist. Sie vermeidet künftig Diskussionen mit ihrem Bruder und konzentriert sich darauf, ihr Leben nach und nach konsequent zu verändern. Ihrem inneren Kritiker signalisiert sie: »Das Thema ist mir so wichtig, dass ich alles dafür tun werde, um konsequent zu bleiben.«

Ein gekränkter Mensch fühlt sich zurückgewiesen, missachtet, gedemütigt, unverstanden, entwertet. Das Gefühl gleicht einem Schlag ins Gesicht und ist schwer zu ertragen und zu verarbeiten. Gerade deshalb ist ein gelassener Umgang mit Kränkungen besonders wichtig: Wer seine eigenen Gefühle gut versteht und die kränkende Situation nüchtern analysieren kann, schützt sich vor Verletzung und sozialem Rückzug. Um sich durch Kränkungen, Beleidigungen und Ablehnung nicht allzu sehr aus der Bahn werfen oder verunsichern zu lassen, halten Sie sich folgende Punkte vor Augen:

- ✔ **Ob Sie sich kränken lassen oder nicht, ist Ihre persönliche Entscheidung.** Sie sind verantwortlich für Ihre Gefühle und können sich für oder gegen Kränkung entscheiden. Tipps dafür finden Sie weiter hinten.
- ✔ **Sie können einem Menschen, der Sie kränken will, bewusst die Macht über Sie entziehen.** Nur wer Macht über Sie hat, kann Sie kränken. Diese Macht räumen Sie einem Menschen ein – oder eben nicht.
- ✔ **Kränkende Erlebnisse sind oft deshalb so schwer zu ertragen und zu verarbeiten, weil hinter der Kränkung ein unerfülltes Bedürfnis steht** – beispielsweise nach Wertschätzung, Anerkennung oder Wohlwollen. Dieses Bedürfnis zu erkennen, hilft, besser mit Kränkungen umzugehen.

Innere Kränkungen abbauen

Ist Ihr innerer Kritiker zumeist nicht konstruktiv, sondern nörgelnd oder vernichtend, werden Sie bei Veränderungen und Schritten aus Ihrer Komfortzone immer wieder innere Kränkungen einstecken müssen, denn der innere Kritiker wartet auf Fehler oder Missgeschicke und hält sie Ihnen gnadenlos vor Augen. Das kann fatale Folgen haben:

- ✔ Sie werten sich selbst ab, wenn es nicht so funktioniert wie geplant.

- ✔ Ihre Zweifel führen dazu, dass Sie verunsichert werden und sich selbst nicht trauen.
- ✔ Sie wagen es nicht, mutig voranzugehen, weil Sie sich für unfähig halten.
- ✔ Sie verharren in der Komfortzone und verpassen spannende Entwicklungsmöglichkeiten.

Überlegen Sie, wie Sie mit einem guten Freund umgehen würden, der sich verändern will oder seine Komfortzone verlässt, und behandeln Sie sich selbst genauso:

- ✔ Seien Sie aufmerksam und wohlwollend.
- ✔ Unterstützen Sie sich oder suchen Sie sich Helfer.
- ✔ Seien Sie nachsichtig, wenn der Prozess ins Stocken gerät.
- ✔ Loben Sie sich für erfolgreiche Teilschritte oder erreichte Zwischenziele.

Durch einen solchen konstruktiven Umgang mit inneren Kränkungen gewinnen Sie Sicherheit und Zuversicht. Sie kommen in Ihrem eigenen Tempo voran und Ihr innerer Kritiker verliert an Macht.

Jede Veränderung, die Sie initiieren, vergrößert Ihre Komfortzone. Dadurch gewinnen Sie größeren Handlungsspielraum, erhöhen Ihre Selbstsicherheit und bringen Bewegung in Ihr Leben. Auch wenn Ihr innerer Kritiker Sie in den ausgetretenen Bahnen halten will, liegt die Entscheidung bei Ihnen: Lernen Sie Neues, entwickeln Sie sich weiter, seien Sie mutig. Es lohnt sich – Ihre innere Freiheit wächst.

Je intensiver Sie sich mit Ihrem inneren Kritiker und den inneren Kränkungen beschäftigen, desto genauer lernen Sie die Trigger kennen, die dafür sorgen, dass Sie in Ihrem Elan gebremst werden. Achten Sie darauf, ob die innere Kritik Ihnen bekannt vorkommt und ob die innere Stimme so klingt wie eine Stimme aus Ihrer biografischen Vergangenheit:

- ✔ Vielleicht ist Ihr innerer Kritiker ein Ebenbild Ihrer Eltern oder frühen Bezugspersonen und wird insbesondere dann aktiv, wenn Sie Dinge tun, die in Ihrer Ursprungsfamilie verpönt, verboten oder tabuisiert waren.
- ✔ Möglicherweise stammt Ihr innerer Kritiker aus einer Zeit, in der Sie unsicher, ängstlich oder hilflos waren. Dann meldet er sich, wenn Sie Risiken eingehen oder unbekanntes Terrain betreten.
- ✔ Wenn Ihr innerer Kritiker vor allem dafür sorgen will, dass Sie nicht auffallen, ist er eventuell in Ihrer Jugend geprägt worden, als Sie einen Platz in

Ihrer Peergroup gesucht haben. Er meldet sich im Hier und Jetzt zu Wort, wenn Sie etwas Ungewöhnliches tun oder denken, und erinnert Sie daran, was von Ihnen erwartet wird.

Machen Sie sich bewusst, dass Sie inzwischen ein erwachsener, eigenverantwortlicher Mensch sind. Sie entscheiden selbst, an welche Regeln Sie sich halten, welchen Werten Sie folgen und wie Sie Ihr Leben leben.

Sehen Sie den inneren Kritiker als Sparringspartner, der Ihnen Vorschläge macht oder eine andere Sichtweise anbietet. Dadurch verliert er die Deutungshoheit und Sie können in einen inneren Dialog treten, in dem Sie Ihre Entscheidungen reflektieren und absichern.

Verantwortung für die eigenen Entscheidungen

Kleine Kinder können keine eigenen Entscheidungen treffen, sondern fügen sich den Entscheidungen ihrer Eltern oder naher Bezugspersonen. Der eigene Wille des Kindes zeigt sich jedoch schon früh: Etwa zu Beginn des zweiten Lebensjahres entwickelt das Kleinkind eigene Ideen, erkundet seine Umwelt und stößt an erste Grenzen. Es entdeckt noch vor seinem zweiten Geburtstag die Macht des Wörtchens »nein« und versteht nach und nach, dass es eine eigenständige Persönlichkeit ist. Sobald es das Pronomen »ich« korrekt gebrauchen kann, ist dem Kind die Trennung zwischen »selbst« und »fremd« bewusst und es testet seinen Wirkungskreis neugierig und erfahrbereit aus.

In dieser Zeit setzen die Eltern dem Kind Grenzen, gewöhnen es an Regeln und bringen ihm bei, wer wann das Sagen hat. In dieser Zeit wird auch der Grundstein für den inneren Kritiker gelegt: Eltern, die ihr Kind loben und ihm zeigen, dass es wertvoll ist und um seiner selbst willen geliebt wird, hinterlassen im Unbewussten des Kindes positive Spuren, die für ein gesundes Selbstwertgefühl wichtig sind. Wird ein Kind hingegen ständig kritisiert, abgewertet, eingeschränkt oder gemaßregelt, bleiben im Unbewussten negative Spuren zurück. Es prägen sich Glaubenssätze wie »Ich kann nichts«, »Ich bin nichts wert« oder »Ich mache alles falsch«.

Wer gelernt hat, dass er Entscheidungen treffen darf und die Konsequenzen seiner Entscheidungen verantworten kann, trägt mit großer Wahrscheinlichkeit einen konstruktiven inneren Kritiker in sich. Dieser Persönlichkeitsanteil unterstützt, reflektiert und stellt hilfreiche Fragen. Wer hingegen schon früh erfahren musste, dass sein Wille nicht zählt, seine Entscheidungen übergangen oder seine Grenzen missachtet werden, kämpft lebenslang mit einem nörgelnden oder vernichtenden inneren Kritiker. Er wagt es nicht oder nur sehr zögerlich, für sich einzustehen und seine Bedürfnisse zu verteidigen, weil er sich selbst ständig abwertet oder infrage stellt.

Prüfen Sie, wie Sie sich fühlen, wenn Sie eigene Entscheidungen treffen oder sich gegen Widerstände durchsetzen müssen:

- ✔ Haben Sie Vertrauen in sich oder befürchten Sie, oft falschzuliegen?
- ✔ Sind Sie bereit, Fehler zu machen, oder streben Sie nach Perfektion?
- ✔ Nehmen Sie Ihre Bedürfnisse ernst oder stellen Sie die Wünsche anderer über Ihre eigenen?
- ✔ Stehen Sie für sich ein oder geben Sie schnell nach?
- ✔ Können Sie Ihre Entscheidungen begründen oder haben Sie oft keine Erklärung für Ihr Verhalten?
- ✔ Fühlen Sie sich kompetent und wirksam oder halten Sie sich für klein und dumm?

Versuchen Sie, Ihre inneren Prägungen zu erkennen und zu verstehen, um die Stimme Ihres inneren Kritikers besser einordnen zu können. Wenn Sie spüren, dass der innere Kritiker Sie – ähnlich wie Ihre Eltern oder frühen Bezugspersonen es getan haben – kleinhält, setzen Sie sich intensiv und möglicherweise mit professioneller Hilfe mit Ihren Glaubenssätzen auseinander. Nur so erlangen Sie innere Freiheit und können sich von wenig hilfreichen inneren Überzeugungen emanzipieren.

Je mehr Sie zu sich selbst finden und sich Ihre Werte, Prioritäten, Wünsche und Bedürfnisse bewusst machen, desto kleiner wird der Einfluss eines nörgelnden oder vernichtenden inneren Kritikers. Sie können selbstbewusst entscheiden, Ihre Entscheidungen begründen, Widerstände überwinden und Verantwortung übernehmen. Sie sind erwachsen und selbstbestimmt!

Einschränkungen überwinden

Egal wie die Prägung durch Erziehung und biografische Ereignisse ist – als erwachsener Mensch haben Sie die Möglichkeit, sich weiterzuentwickeln und Ihre Einschränkungen zu überwinden. Folgende Impulse können Ihnen helfen, Ihre Persönlichkeit zu entfalten und erfüllt zu leben:

✔ **Trauen Sie sich etwas zu.** Außerhalb Ihrer Komfortzone liegen mit großer Wahrscheinlichkeit spannende Erfahrungen und interessante Begegnungen. Seien Sie offen für Neues und erkunden Sie die Welt. Denken Sie daran, was Sie bereits geschafft haben, und vertrauen Sie auf Ihre innere Stimme. Es muss nicht gleich beim ersten Mal klappen – wenn Sie Ihre Komfortzone verlassen möchten, sind kleine Schritte völlig in Ordnung.

✔ **Nehmen Sie Fehler in Kauf.** Denn aus Fehlern können Sie viel lernen. Perfektionismus ist eine Illusion – in vielen Fällen ist ein 80-prozentiges Ergebnis völlig ausreichend. Wer bereit ist, Fehler zu machen, ist auch bereit, Fehler wieder in Ordnung zu bringen. Diese Bereitschaft macht Sie nahbar und menschlich. Der Druck, keine Fehler machen zu dürfen, führt zu hoher Anspannung und macht vielleicht sogar Angst. Doch wer angespannt und ängstlich ist, macht noch eher Fehler. Wenn Sie zu Ihren Fehlern stehen und sich konstruktiv damit beschäftigen, steigt Ihre Gelassenheit.

✔ **Machen Sie sich Ihre Wünsche und Sehnsüchte bewusst.** Ziele und Träume sind wichtig, um Freude am Leben zu haben. Gönnen Sie sich Zeit für Fantasie und Kreativität. Malen Sie sich in bunten Farben aus, wie Sie sich einen lang gehegten Traum endlich erfüllen. Sparen Sie für Ihre Traumreise, Ihr Traumhaus oder Ihr Traumauto. Sprechen Sie mit vertrauten Menschen über Ihre sehnlichsten Wünsche. Wenn Sie spüren, dass Ihr Alltag kaum Raum lässt für Tagträume, reservieren Sie Zeitinseln ganz für sich allein: Meditieren Sie, machen Sie Traumreisen, hören Sie Musik, die Sie in träumerische Stimmung versetzt.

✔ **Übernehmen Sie Verantwortung.** Stehen Sie für Ihre Meinung ein, seien Sie mutig und konfliktbereit. Sie haben nur dieses eine Leben – leben Sie es so, wie es für Sie gut und richtig ist. Auch wenn Sie infrage gestellt werden oder sich erklären müssen, bleiben Sie bei sich. Sie sind in Bezug auf Ihre Entscheidungen zuallererst sich selbst Rechenschaft schuldig. Respektieren Sie die Grenzen Ihrer Mitmenschen, aber eben auch Ihre eigenen.

✔ **Reflektieren Sie Ihr Denken und Handeln.** Hinterfragen Sie, ob Sie authentisch sind oder unreflektierten Mustern folgen. Treten Sie immer wieder einen Schritt zurück und schauen Sie sozusagen von außen auf Ihr Tun. Begegnen Sie sich kritisch, aber wohlwollend. Lassen Sie sich nicht nur von Ihren Gefühlen leiten, sondern versuchen Sie, das große Ganze zu sehen.

✔ **Fokussieren Sie sich auf Ihre Stärken und Fähigkeiten.** Wer immer nur versucht, seine Schwächen auszugleichen, investiert viel Kraft und erzielt nur mühsam eine Wirkung. Wenn Sie hingegen Ihre Stärken bewusst weiterentwickeln und Ihre Fähigkeiten gezielt einsetzen, sparen Sie Energie und erreichen mühelos gute Ergebnisse.

Sie sind Ihrem inneren Kritiker nicht hilflos ausgeliefert, sondern können ihn entmachten. Nutzen Sie Ihre Intuition, Ihre Selbstreflexion und Ihr Selbstvertrauen, um Ihrem inneren Kritiker gestärkt entgegentreten zu können. Er meint es ja in der Regel gut – aber manchmal braucht er eine klare Ansage, um nicht übers Ziel hinauszuschießen.

Selbstvertrauen und Charisma

Es lohnt sich, das Selbstvertrauen zu stärken und sich auf seine Kompetenz und Entscheidungsfähigkeit zu fokussieren. Denn Menschen mit gesundem Selbstvertrauen sind sichtbar, füllen mit ihrer Präsenz den Raum und haben oft eine magnetische Wirkung.

Eine hohe persönliche Anziehungskraft beruht nicht selten auf Charisma, dem »gewissen Etwas«, einer ganz besonderen Ausstrahlung und Individualität, die zumeist sehr positiv wahrgenommen wird. Charismatische Menschen können aber auch polarisieren und anecken – denn nicht jeder mag das »gewisse Etwas«. Unsicherheit, Neid, Missgunst, Selbstzweifel oder schlechte Erfahrungen können dazu führen, dass jemand sich von einer charismatischen Person zurückzieht oder sie sogar ablehnt.

Charismatische Menschen fallen auf und bleiben in Erinnerung. Denken Sie an eine Begegnung mit einer Person, die Sie als charismatisch erlebt haben, und überlegen Sie, was Ihnen an dieser Person besonders aufgefallen ist:

- ✔ **Aufmerksam im Hier und Jetzt:** Charismatische Personen sind fokussiert und nehmen den Augenblick intensiv wahr. Sie bleiben am Ball, nehmen die Schwingungen im Raum auf und verändern das System durch ihre Präsenz. Sie ziehen die Aufmerksamkeit auf sich und bleiben im Kontakt.
- ✔ **Offen und zugewandt:** Mit offener Zuwendung geben charismatische Menschen ihrem Gegenüber das Gefühl, etwas Besonderes zu sein und einen besonderen Moment zu erleben. Sie können gut zuhören und haben die Gabe, angemessen zu reagieren und gute Stimmung zu verbreiten.
- ✔ **Empathisch und humorvoll:** Ein ansteckendes Lachen gehört oft zum Charisma, genauso wie Einfühlungsvermögen und Leichtigkeit. In der Begegnung mit der charismatischen Person fasst das Gegenüber Vertrauen, fühlt sich verstanden und gesehen.
- ✔ **Selbstbewusst und mit sich im Reinen:** Ein charismatischer Mensch kennt sich und seine Stärken gut, ist im Großen und Ganzen zufrieden mit sich, ohne anzugeben oder aufzuschneiden. Er kann über sich lachen und steht zu seinen Schwächen.

- ✔ **Authentisch und emotional:** Die Wirkung einer charismatischen Person ist echt, ihre Gefühle sind glaubhaft und nachvollziehbar. Die Luft um sie herum vibriert vor Lebensfreude und Intensität, sie begegnet den Mitmenschen freundlich und interessiert.

- ✔ **Unverwechselbar und einprägsam:** Eine charismatische Person vergisst man nicht. Auch wenn der Kontakt einmalig oder kurz war, bleibt die Begegnung in der Erinnerung lebendig und wertvoll.

Achten Sie darauf, wie andere Menschen sich im Kontakt mit Ihnen verhalten, je mehr Verantwortung Sie für sich selbst übernehmen und je selbstsicherer Sie auftreten. Vielleicht stellen Sie fest, dass Ihre Ausstrahlung die Mitmenschen fasziniert und sie Ihre Nähe suchen. Wenn jemand, an den Sie sich gar nicht erinnern, Sie auf eine Begegnung vor langer Zeit anspricht, ist das ein deutliches Zeichen dafür, dass Sie einen bleibenden Eindruck hinterlassen haben. Sie haben Charisma!

IN DIESEM KAPITEL

Selbstwertgefühl und Selbstbewusstsein stärken

Sozialkompetenz fördern

Den konstruktiven inneren Kritiker aktivieren

Kapitel 13
Kinder stark und selbstbewusst machen

Der innere Kritiker wird in der Kindheit angelegt und in vielen Familien von einer Generation zur nächsten weitergegeben. Hohe Leistungsanforderungen bis hin zum Perfektionismus, emotionale Kälte oder Selbstunsicherheit der Eltern bewirken nicht selten, dass Kinder einen sehr strengen oder gar vernichtenden inneren Kritiker in sich tragen. Werden Kinder aber wertgeschätzt, gefördert und gelobt und wachsen in einer Atmosphäre von Wärme und Unterstützung auf, ist die Wahrscheinlichkeit groß, dass sie einen konstruktiven inneren Kritiker entwickeln.

In diesem Kapitel erfahren Sie, was Sie als Eltern, Großeltern oder nahe Bezugs- und Erziehungspersonen dafür tun können, die Ihnen anvertrauten Kinder stark und selbstbewusst zu machen.

Kinder fördern und fordern

In einer guten Mischung aus Forderung und Förderung durch eine verlässliche Bindungsperson liegt der Schlüssel zur Entwicklung von innerer Stärke, einem stabilen Selbstwertgefühl und Selbstbewusstsein, denn Kinder brauchen sowohl Leistungsanreize als auch Schutzzonen.

Solange sie sich darauf verlassen können, dass ihre Beziehungsperson zuverlässig für sie da ist und hinter ihnen steht, sind sie wissbegierig, unternehmungslustig und mutig. Sobald sie aber auf sich allein gestellt sind oder gar im Stich gelassen, abgewertet oder vernachlässigt werden, ziehen sie sich zurück und trauen sich nichts mehr zu.

Den Bindungstyp erkennen

Ob ein Kind sichere oder unsichere Bindungserfahrungen gemacht hat, kann man bereits im Alter von elf bis achtzehn Monaten am Verhalten in einer fremden Situation ablesen:

Kinder mit einer sicheren Bindung fangen an zu weinen, wenn ihre Bezugsperson den Raum verlässt. Sie lassen sich aber von einem anderen Erwachsenen trösten und fangen an mit ihm zu spielen oder die Umgebung zu erkunden. Wenn die Bezugsperson wiederkommt, freuen sie sich und laufen ihr entgegen.

Unsicher gebundene oder gar vernachlässigte Kinder zeigen eine der folgenden drei Reaktionsweisen, wenn ihre Bezugsperson den Raum verlässt: Sie wirken unbeeindruckt, spielen überwiegend allein und ignorieren die Bezugsperson, wenn sie zurückkehrt (unsicher-vermeidende Bindung). Oder sie sind durch den Weggang der Bezugsperson total verunsichert, weinen und schreien, lassen sich kaum beruhigen oder ablenken und zeigen bei der Rückkehr der Bezugsperson abwechselnd aggressives und anklammerndes Verhalten (unsicher-ambivalente Bindung).

Die dritte Reaktionsmöglichkeit ist bizarres Verhalten, wenn die Bezugsperson den Raum verlässt, also beispielsweise Erstarren, Schaukeln, Suchen nach und gleichzeitig Ablehnen von Nähe (desorganisierte Bindung).

Die Persönlichkeitsentwicklung eines Kindes beginnt bereits vor der Geburt und ist einerseits durch den individuellen genetischen Bauplan festgelegt. Andererseits wird sie vom ersten Lebenstag an durch Umwelteinflüsse geprägt. Abhängig von ihren Entwicklungsphasen brauchen Kinder altersentsprechende Herausforderungen, um sich positiv entwickeln zu können.

Der innere Kritiker bei Kindern

An der emotionalen Reaktion eines Kindes oder Jugendlichen auf Fehler, Rückschläge, Misserfolge oder Enttäuschung kann man erkennen, welcher Kritikertyp im Inneren des Kindes oder Jugendlichen vermutlich aktiv ist:

- ✔ **Konstruktiver innerer Kritiker:** Das Kind oder der Jugendliche reagiert traurig auf Fehler oder Misserfolge, findet aber Akzeptanz und Zukunftsorientierung. Nach einer Phase der Enttäuschung oder Entmutigung folgen die Suche nach den Ursachen und die Bereitschaft, neu anzufangen.

- ✔ **Nörgelnder innerer Kritiker:** Das Kind oder der Jugendliche ist wütend auf sich oder die Umstände, zieht sich zurück oder ist entmutigt. Seine Fehlertoleranz ist niedrig, die Hoffnung auf Verbesserungsmöglichkeiten ist gering. Das Kind oder der Jugendliche traut sich wenig zu.
- ✔ **Vernichtender innerer Kritiker:** Das Kind oder der Jugendliche schämt sich für Misserfolge, hat Schuldgefühle oder empfindet Selbsthass. Das Selbstbild ist geprägt von Glaubenssätzen wie »Ich mache immer alles falsch«, »Ich bin nichts wert« oder »Ich habe es nicht verdient, geliebt zu werden«.

Achten Sie auf die Äußerungen der Ihnen anvertrauten Kinder und nehmen Sie ihre Selbstkritik ernst. Je früher Kinder und Jugendliche lernen, sich mit ihrem inneren Kritiker zu beschäftigen, desto größer ist die Chance, dass sie ihm nicht hilflos ausgeliefert sind. Wenn ein Kind lernt, dass es Fehler machen darf und bei Misserfolgen nicht abgewertet wird, traut es sich mehr zu und entwickelt ein stabiles Selbstbewusstsein.

Wenn ein Ihnen anvertrautes Kind sich selbst abwertet oder sich nichts zutraut, können Sie es mit folgender Übung ermuntern, sich auf seine Fähigkeiten zu besinnen und mutig zu sein: Lassen Sie Ihr Kind zu dem Thema »Was ich alles gut kann und gerne mache« etwas aufschreiben, malen oder eine Collage anfertigen. Unterstützen Sie es dabei mit Fragen, Erinnerungen oder Anregungen. Loben Sie es für seine Fortschritte, Fähigkeiten und Fertigkeiten. Hängen Sie den Text, das Bild oder die Collage Ihres Kindes im Kinderzimmer auf. Ermuntern Sie das Kind, immer wieder zu ergänzen, was es neu gelernt hat.

Die Sozialkompetenz unterstützen

Kinder lernen am Modell, sie ahmen also Verhaltensweisen anderer Menschen nach. Auch Sozialkompetenz lässt sich vorleben, damit ein Kind diese Stärke an einem Vorbild erlernen kann. Als Mutter oder Vater, Großmutter oder Großvater, Lehrerin oder Erzieher sind Sie ununterbrochen Vorbild: Das Ihnen anvertraute Kind spürt wie ein Seismograf, ob Sie authentisch und aufrichtig sind oder ob Sie etwas zu verstecken versuchen. Es nimmt wahr, wie es Ihnen geht und wie offen Sie für seine Belange sind.

Machen Sie sich bewusst, dass ein Kind als biologischer Nesthocker sehr lange auf die Versorgung durch zuverlässige Erwachsene angewiesen ist. Gleichzeitig sind Kinder aber auch auf Überleben programmiert – selbst wenn nicht alles ideal läuft, können sie gut gedeihen.

Sozialkompetenz lernt ein Kind im Umgang mit anderen Menschen, die ihm wohlwollend zugetan sind. Idealerweise lernt es,

- ✔ seine eigenen Ziele durchzusetzen, ohne andere Menschen zu verletzen.
- ✔ seine Rechte und Wünsche angemessen zu formulieren.
- ✔ Nein zu sagen, ohne Ablehnung befürchten zu müssen.
- ✔ Kontakte zu knüpfen und zu pflegen.
- ✔ Gespräche zu beginnen, aufrechtzuerhalten und zu beenden.
- ✔ positive und negative Gefühle zu äußern.
- ✔ Entscheidungen zu treffen und Verantwortung für die Entscheidungen zu tragen.
- ✔ sich selbst zu behaupten.
- ✔ Konflikte zu erkennen und zu lösen.
- ✔ Lob anzunehmen und Kritik zu akzeptieren.
- ✔ angstfrei auf andere Menschen zuzugehen.

Die soziale Kompetenz ist eine wichtige Voraussetzung für ein glückliches und zufriedenes Leben in der Gesellschaft. Sie entwickelt sich lebenslang weiter und sorgt dafür, dass der einzelne Mensch einen Platz im sozialen System findet und behält.

Säuglinge und Kleinkinder: Spielerisch lernen

Zwischen dem ersten und sechsten Lebensjahr liegen die besonders sensiblen Phasen der Persönlichkeitsentwicklung: Bereits Neugeborene verfügen über die Möglichkeit, ihre Gefühle auszudrücken. Sie können Wohlbefinden und Missempfinden durch Mimik, Gestik und Geräusche deutlich machen. Im ersten Lebensjahr bildet sich das Urvertrauen aus, wenn Säuglinge eine sichere Bindung erfahren und sich darauf verlassen können, dass angemessen und liebevoll für sie gesorgt wird.

- **Säuglinge** können ihre Gefühle nur im Austausch mit ihrer Bezugsperson regulieren, wenn diese einfühlsam auf die Gefühlsäußerungen des Babys eingeht, negative Äußerungen (beispielsweise bei Hunger, Kälte, Angst, Schmerzen) richtig interpretiert und umgehend für Abhilfe sorgt. Die Bezugsperson nimmt die Gefühle des Kindes also auf, verarbeitet sie und gibt sie zurück. Dadurch erleben Säuglinge, dass Wohlbefinden ein angenehmer und erreichbarer Zustand ist, und sie lernen, ihre Gefühle auch selbst auszuhalten und zu regulieren. Sie können in der zweiten Hälfte des ersten Lebensjahrs sehr genau zwischen ihren Bezugspersonen und fremden Menschen unterscheiden, was sich mit dem typischen Fremdeln (Wegschauen, Anklammern, Weinen) zeigt.

- **Im zweiten und dritten Lebensjahr** differenziert sich die Selbstwahrnehmung der Kleinkinder. Sie lernen, sich sprachlich auszudrücken und die Welt zu erkunden. Sie versuchen, ihre Bedürfnisse selbst zu befriedigen, und erleben Grenzen und Konflikte. Die Bezugsperson ist für die Kinder lebensnotwendig und sie reagieren sehr sensibel auf Anerkennung und Strafe. In dieser Zeit stoßen die Kinder mit ihrem Eroberungsdrang immer wieder an Grenzen, weil sie sich oder andere unwillentlich in Gefahr bringen, und werden ausgeschimpft. Dadurch entstehen Konflikte, die die Kinder einerseits stark verunsichern, weil sie geliebt werden möchten, die aber andererseits auch dringend notwendig sind, damit die Kinder lernen, Grenzen zu akzeptieren und sich an Regeln zu halten.

Sigmund Freud, der Begründer der Psychoanalyse, postulierte fünf Phasen der Persönlichkeitsentwicklung: die orale Phase (erstes Lebensjahr), in der das Kind sich über seinen Mund Befriedigung und Spannungsabbau verschafft; die anale Phase (zweites und dritten Lebensjahr), in der das Kind lernt, seine Körperfunktionen zu kontrollieren; die phallische Phase (viertes und fünftes Lebensjahr), in der das Kind die Unterschiede zwischen Mädchen und Jungen kennenlernt und Lustempfinden an seinen Genitalien erfährt; die Latenzphase (sechstes bis zwölftes Lebensjahr), in der die sexuelle Entwicklung stagniert und das Kind sich an die Umweltanforderungen anpasst; die genitale Phase (ab dem dreizehnten Lebensjahr), in der sich eine schnelle körperliche und geistige Entwicklung vollzieht und der Jugendliche sich an das andere Geschlecht annähert. Nach Freuds Modell wurzeln alle seelischen Erkrankungen in einer Störung der genannten Entwicklungsphasen.

- **Spätestens mit drei Jahren** gehen viele Kinder in den Kindergarten und die Erziehungsverantwortung wird zunehmend auch von familienfremden

Erwachsenen mit übernommen. Diese Bezugspersonen spielen ebenfalls eine bedeutende Rolle in der Persönlichkeitsentwicklung des Kindes. In dieser Zeit erleben die Kinder sehr deutlich, dass sie eine eigenständige Person sind. Dies drückt sich insbesondere darin aus, dass sie von sich selbst als »Ich« sprechen.

- ✔ **Im vierten Lebensjahr** lernen Kinder, aktiv Beziehungen aufzunehmen und zu vertiefen, sich in eine Gemeinschaft zu integrieren und ihre eigenen Interessen durchzusetzen.
- ✔ **Etwa im fünften Lebensjahr** entwickeln sie aber auch die typischen Ängste, beispielsweise vor der Dunkelheit, vor dem Alleinsein, vor Monstern oder dem bösen Wolf.
- ✔ **Mit dem Ende der Kindergartenzeit** erleben Kinder im sechsten Lebensjahr, dass es Unterschiede zwischen Jungen und Mädchen gibt, dass sie sich durch Berühren ihrer Geschlechtsorgane Lustgefühle verschaffen können und dass sie sich in ihrer Fantasie eigene Welten erschaffen können.
- ✔ **Vorschulkinder** fragen den Erwachsenen buchstäblich Löcher in den Bauch. Sie spielen mit großer Hingabe und vergessen dabei Zeit und Raum. Jeden Tag lernen sie Neues, sie sind aktiv, neugierig und kreativ.

Der Kontakt mit anderen Kindern ist für die Persönlichkeitsentwicklung sehr wichtig. Hat ein Kind keine Geschwister, empfiehlt es sich, schon frühzeitig alle Möglichkeiten zu nutzen, damit es regelmäßig mit Kindern ähnlichen Alters zusammen ist. Stillgruppen, Spiel- und Sportangebote schon für die Kleinsten, Krippen, Kindertagesstätten und Kindergärten, Familienangebote und die Nachbarschaft geben zahlreiche Chancen, dass auch Einzelkinder die Gemeinschaft mit anderen Kindern erleben.

Frühkindliche Förderung

Fordern und fördern heißt in den ersten sechs Lebensjahren,

- ✔ Kindern eine verlässliche Bindung zu bieten,
- ✔ auf ihre Bedürfnisse einzugehen,
- ✔ ihnen altersgerechte Aufgaben zu geben, damit sie Erfolgserlebnisse haben,
- ✔ ihre Fragen zu beantworten und
- ✔ ihrem Forscherdrang Raum zu geben.

Kinder brauchen klare Grenzen und konsequente Regeln, damit sie eine Struktur erleben und merken, dass sie Teil einer Gemeinschaft von Menschen sind, die nur dann funktioniert, wenn Regeln eingehalten werden. Kinder müssen lernen, »mein« und »dein« zu unterscheiden.

Sie brauchen die Erfahrung, dass ihre Freiheit dort endet, wo die Freiheit eines anderen Menschen beginnt – und gleichzeitig auch, dass ihre Freiheit von anderen respektiert wird.

Schon ganz kleine Kinder sind neugierig und lernbegierig und brauchen sowohl Förderung als auch Forderung. Es liegt in Ihrer Verantwortung als Erziehende, Kindern altersentsprechende Förderung angedeihen zu lassen und sie ihrer Persönlichkeit gemäß zu fordern. Die folgenden Hinweise geben Ihnen eine grobe Richtschnur für altersentsprechende Anforderungen, sollten aber individuell an jedes Kind angepasst werden, denn die Kindesentwicklung verläuft sehr unterschiedlich.

Im ersten Lebensjahr brauchen Kinder vor allem Liebe, Wärme, Nahrung, Körperpflege, Sicherheit und Schutz. Sie äußern ihre Bedürfnisse, indem sie schreien, weinen oder wimmern. Kein Kind schreit ohne Grund oder gar, um seine Eltern zu ärgern – lassen Sie sich nicht von der Großelterngeneration irritieren, die Ihnen möglicherweise rät, Ihr Kind schreien zu lassen. Versuchen Sie herauszufinden, wie Ihr Kind schreit, wenn es hungrig, nass, ängstlich, müde oder gelangweilt ist oder wenn es Schmerzen hat, denn es verfügt über verschiedene Tonlagen und Äußerungsmöglichkeiten. Wenn es von Anfang an erlebt, dass seine Bedürfnisse ernst genommen und befriedigt werden, kann es Urvertrauen und eine stabile Persönlichkeit entwickeln. Es lernt, dass Unlustgefühle vorübergehen und dass es Einfluss auf die Menschen in seiner Umgebung nehmen kann. Dies wiederum fördert seine Selbstwirksamkeitserwartung. Schon ganz kleine Kinder möchten ihre Umwelt kennenlernen. Bieten Sie Ihrem Kind daher schon im ersten Lebensjahr Anregung, ohne es mit Reizen zu überfluten. Musik, Licht, Spielzeug und Greiflinge sind für dieses Alter geeignet, um dem Kind Lernmöglichkeiten zu geben.

Ganz wichtig für eine gesunde Säuglingsentwicklung ist Körperkontakt – Studien haben gezeigt, dass Kinder, die viel gestreichelt werden und viel Hautkontakt haben dürfen, erfolgreicher und glücklicher werden als Kinder, deren Tastsinn nicht gefördert wurde.

Kleinkinder ermutigen

Im zweiten und dritten Lebensjahr erkunden Kinder ihre Umgebung neugierig und aktiv. In dieser Zeit brauchen sie noch besonders viel Aufsicht, da sie sich in Gefahr bringen können, ohne dies zu merken oder zu wollen. Sie brauchen

Anregung, Freiheit und ausreichend Aufmerksamkeit. Besonders gerne erforschen sie die Wohnung und ahmen nach, was die Großen tun. Kinder mit ausgeprägtem Forscherdrang sollten einen stetig wachsenden Aktionsradius bekommen, während ängstlichere Kinder die Nähe zu ihren Eltern suchen und mehr Schutz brauchen. So wird die Handlungsfähigkeit des Kindes unterstützt. Kleine Kinder, die eine zuverlässige Bindung an ihre Eltern oder Primärbezugspersonen erlebt haben, können gut damit umgehen, wenn sie im Tagesverlauf von unterschiedlichen Personen beaufsichtigt werden. Kindertagesstätten oder Tagesmütter bieten gute Möglichkeiten, dass Eltern ihr Familien- und Berufsleben vereinbaren können.

Wenn Eltern einen Teil ihrer Erziehungsverantwortung abgeben, sollten möglichst einheitliche Vorstellungen über die Erziehungsmethoden bestehen. Sprechen Sie sich mit den Großeltern oder der Tagesmutter gut ab, informieren Sie sich über das Erziehungskonzept von Kindergarten oder Kindertagesstätte und halten Sie engen Kontakt zu den professionell Erziehenden, beispielsweise als Elternvertreter.

Spätestens ab dem dritten oder vierten Lebensjahr sollten Kinder viel Zeit mit Gleichaltrigen verbringen können, um das Knüpfen und Halten von sozialen Kontakten zu erlernen. Sie brauchen Freiraum, um ihre Interessen auszuleben und eigene Erfahrungen zu machen. Viele Probleme können sie schon selbst lösen, wenn sie wissen, dass sie im Zweifelsfall Unterstützung bekommen. Ihre Verantwortungsbereitschaft wird gefördert, wenn sie Aufgaben in Familie und Haushalt übernehmen dürfen und dafür gelobt werden. Wichtig ist, dass die Eltern und Erziehenden möglichst konsequent und berechenbar sind, damit die Kinder lernen, dass ihr Handeln Folgen hat, die sie selbst beeinflussen können. Nichts ist verwirrender für ein Kind, wenn sein Wohlverhalten mal gelobt, mal ignoriert oder mal abgewertet wird, oder wenn sein Fehlverhalten mal drastische Strafen, mal ein Achselzucken oder mal überhaupt keine Reaktion nach sich zieht.

Mittlere und späte Kindheit: Hinaus ins Leben

Die vier bis sechs Grundschuljahre sind eine wichtige Zeit für die Persönlichkeitsentwicklung. Im Alter von sechs Jahren verändert sich das Denken des Kindes weg vom Magischen hin zum Realistischen. Es lernt, sich selbst zu steuern, auf andere Menschen Rücksicht zu nehmen und sich einzufügen. Es erlebt Frustration und Erfolg, Kränkung und Bestätigung, Zurückweisung und Angenommensein. Sprache und Kommunikationsfähigkeit werden in dieser Zeit immer differenzierter und das Kind kann zunehmend die Perspektive wechseln, sich also in andere Menschen hineindenken und -fühlen. Es übernimmt Verantwortung für sich und andere, strengt sich an, um Neues zu erlernen, und kann das Gefühl genießen, nützlich zu sein. Kinder wollen im Grundschulalter gerne an der Welt der Erwachsenen teilhaben, die Realität verstehen und bewältigen, Fähigkeiten und Fertigkeiten erlernen, um erfolgreich und sinnvoll handeln zu können. Je weiter ihre intellektuelle Entwicklung voranschreitet, desto mehr entwickelt sich auch ihr Moralempfinden.

Behutsame Loslösung vom Elternhaus

Grundschulkinder sind zwar noch nicht besonders gut in der Lage, sich selbst zu reflektieren und logisch zu denken, doch diese Fähigkeiten entwickeln sich stetig weiter und können von den Erwachsenen gefördert und unterstützt werden.

Von den Kindern wird in dieser Lebensphase viel gefordert: Sie lösen sich langsam vom Elternhaus, erproben ihre Fähigkeiten, müssen sich in Gruppen einordnen und Regeln beachten, Leistung erbringen und mit Enttäuschungen zurechtkommen.

Förderung brauchen sie daher insbesondere bei

- ✔ **der Frustrationstoleranz:** Eltern und andere Bezugspersonen, die das Kind liebevoll und aufmerksam begleiten, können ihm dabei helfen, mit Rückschlägen, Schwierigkeiten und Misserfolgen umzugehen, ohne ihm alle Steine aus dem Weg zu räumen.
- ✔ **der Selbstwirksamkeit:** Da die Selbstwirksamkeitserwartung ein wichtiger Resilienzfaktor ist, sollten Kinder gerade im Grundschulalter die Chance bekommen, Probleme selbst zu lösen.

Die Selbstständigkeit fördern

Im Schulalter fangen die Kinder an, ihre Gegenwart und Zukunft eigenständig zu gestalten. Dabei brauchen sie das Gefühl, dass die Erwachsenen ihnen vertrauen. Die Erziehenden sollten Leitplanken vorgeben, zwischen denen die Kinder sich frei bewegen können, denn einerseits brauchen sie klare Grenzen und berechenbare Konsequenzen, andererseits aber auch viel Freiheit und die Möglichkeit, sich selbst auszuprobieren. Es ist sinnvoll, Kindern unterschiedliche Angebote der Förderung zu machen und sie wählen zu lassen, wofür sie sich besonders interessieren. Oft brauchen sie dann aber auch noch ausreichend Rückendeckung und Unterstützung, damit sie ihre Interessen ausdauernd verfolgen lernen und sich von Schwierigkeiten oder Rückschlägen nicht dauerhaft entmutigen lassen.

Pubertät: Grenzen respektieren

Heutzutage sind Kinder zum Teil schon mit etwa neun Jahren in der Vorpubertät. Spätestens mit elf oder zwölf Jahren setzen einschneidende körperliche und seelische Veränderungen ein:

- ✔ Die Kinder werden größer und oft setzt ein erheblicher Wachstumsschub ein.
- ✔ Die Geschlechtsorgane bilden sich aus, die Behaarung nimmt zu, Jungen bekommen ihren ersten Samenerguss und Mädchen die erste Regelblutung.
- ✔ Die Zugehörigkeit zu Gruppen Gleichaltriger (die sogenannten Peergroups) wird immer wichtiger und die Jugendlichen grenzen sich immer deutlicher von den Erwachsenen ab.
- ✔ Sie stellen die Werte und Normen der Gesellschaft infrage und streben nach Autonomie.
- ✔ Sie sind oft erheblichen Stimmungsschwankungen unterworfen (himmelhoch jauchzend und zu Tode betrübt).
- ✔ Die Jugendlichen fangen an, über sich selbst nachzudenken und ihre Eigenschaften zu bewerten. Selbstzweifel und Minderwertigkeitsgefühle sind an der Tagesordnung.
- ✔ In dieser Phase entwickeln sich insbesondere das Selbstwertgefühl und das Selbstbewusstsein weiter.

Jugendliche brauchen in der Pubertät vor allem die Möglichkeit, sich auszuprobieren und abzugrenzen. Sie benötigen Freiräume und gleichzeitig ihrem Alter entsprechende Anforderungen, damit sie ihr Selbstwirksamkeitserleben ausbauen können. Die Erziehung sollte von Verständnis, Klarheit und Konsequenz geprägt sein.

Selbstbestimmt leben lernen

In Deutschland sind Jugendliche mit 18 Jahren voll geschäftsfähig und mit 21 vollständig strafmündig. Die Entwicklungspsychologie hat gezeigt, dass das kognitive Lernen, also das Lernen durch Einsicht, erst mit 21 Jahren voll ausgebildet ist.

Vorher – also auch wenn man meint, längst einen jungen Erwachsenen vor sich zu haben – kommen noch die eher kindlichen Lernmethoden zum Tragen, beispielsweise

- ✔ Lernen am Modell, also Nachahmen des Verhaltens anderer,
- ✔ Lernen durch Verstärker (Konditionierung), also Lernprozesse als Reaktion auf Belohnung oder Bestrafung,
- ✔ Imitations- und Identifikationslernen, also Lernprozesse in Abhängigkeit von der Attraktivität einer Handlung (Imitation) beziehungsweise der Attraktivität einer Person (Identifikation).

Nach Abschluss der Pubertät brauchen junge Erwachsene noch einige Jahre, um mit allen Konsequenzen selbstbestimmt leben zu können. Sie benötigen Menschen, die ihnen mit Rat und Tat zur Seite stehen, ihre Fragen mit ihnen diskutieren und im Notfall Unterstützung leisten. Neben den primären Bezugspersonen, also insbesondere den Eltern, werden Lehrer, Mentoren und Vorbilder immer wichtiger.

Frustration aushalten üben

Pubertierende Kinder müssen lernen zu verlieren. Hilfreich dafür sind beispielsweise Mannschafts- oder Wettkampfsportarten. Hier messen sich die Jugendlichen und stellen fest, dass sie nicht alles besser können und nicht immer gewinnen werden.

Gehen Sie mit zu Turnieren, feuern Sie Ihr Kind an, trösten Sie es, wenn es verliert – aber zeigen Sie ihm auch, dass Verlieren zum Leben dazugehört.

Die Pubertät ist eine große Herausforderung sowohl für die Jugendlichen als auch für ihr Umfeld:

- ✔ Die Heranwachsenden suchen ihren Platz in der Welt.
- ✔ Sie testen Grenzen, probieren sich aus.
- ✔ Sie sind Stimmungs- und Hormonschwankungen unterworfen.
- ✔ Sie provozieren und stellen Normen und Werte infrage.
- ✔ Viele Jugendliche können sich in dieser Zeit selbst nicht leiden, haben Minderwertigkeitsgefühle oder Existenzängste, fühlen sich nirgends zugehörig, sind labil und verletzlich.
- ✔ Manche suchen das Risiko, andere ziehen sich in den Weltschmerz zurück.

Sie in dieser Zeit weiterhin liebevoll zu begleiten, ihnen Freiraum zu geben und trotzdem konsequent zu bleiben, ist für die Eltern und Erziehenden nicht einfach.

Oft sind die Jugendlichen auch verletzend und brechen scheinbar grundlos Streitereien vom Zaun. Gerade dann ist die Souveränität der Erwachsenen gefordert: Den jungen Menschen immer eine Tür offen zu halten und einen sicheren Hafen zu bieten, ihnen aber gleichzeitig auch die Einhaltung von Familienregeln abzuverlangen, fällt manchen Eltern nicht leicht. Hilfreich kann dann der Gedanke an die eigene Pubertät sein und ich habe schon öfter von gebeutelten Eltern pubertierender Kinder gehört, dass sie innerlich bei ihren eigenen Eltern Abbitte geleistet haben.

Die Pubertät ist eine Zeit, in der Jugendliche oft wenig Ausdauer und Leistungsbereitschaft zeigen. Helfen Sie Ihrem Kind dabei, Dinge zu Ende zu bringen und nicht vorzeitig aufzugeben. Betonen Sie, dass Hausaufgaben in der Schule wichtig sind. Unterstützen Sie es, ein Hobby zu pflegen: Musik, Basteln, Handwerken und Sport sind gute Gelegenheiten, Ausdauer und Leistungsbereitschaft zu trainieren.

Kinder können mehr

Kinder und Jugendliche, denen altersentsprechend Verantwortung übertragen wird und die eine zuverlässige Selbstwirksamkeitserwartung aufbauen können, entwickeln in der Regel ein stabiles Selbstbewusstsein und ein gutes Selbstwertgefühl. Sie werden mit großer Wahrscheinlichkeit wohlwollend mit sich selbst umgehen und einen konstruktiven inneren Kritiker in sich tragen.

Wenn sie darüber hinaus noch lernen,

- ✔ ihre Gefühle wahr- und ernst zu nehmen,
- ✔ sich Auszeiten zu gönnen und
- ✔ ihre Kräfte gut einzuteilen,

kann sie im Leben nicht mehr viel erschüttern.

Die beste Zeit, um solche Prozesse zu erlernen, ist die Kindheit. Kinder ahmen Vorbilder nach und lernen am Modell – wenn sie Eltern, Verwandte, Lehrer und Freunde haben, die als Rollenvorbilder dienen können, werden sie deren Beispiel folgen. Es ist sinnvoll, Kindern zuzutrauen, dass sie Probleme altersentsprechend lösen und Herausforderungen bewältigen können.

Die Persönlichkeitsentwicklung ist ein hochkomplexer Prozess, der sich lebenslang fortsetzt. Obwohl mittlerweile zahlreiche entwicklungsfördernde und entwicklungshemmende Faktoren bekannt sind, möchte ich vor Vereinfachung warnen: Es sind niemals nur Einzelfaktoren, die einem Kind schaden oder nutzen, sondern immer Verflechtungen von Einflüssen aus Genetik, Umwelt, Lebensstil und gesellschaftlichen Bedingungen.

Familien sind regelmäßig problematischen Situationen ausgesetzt: Angefangen von den kleinen Alltagssorgen über Konflikte und Missverständnisse bis hin zu existenziellen Krisen – kein Familienleben ohne Herausforderungen. Diese gemeinsam zu meistern und mit vereinten Kräften zu überwinden, ist das beste Stärkentraining für Kinder und Jugendliche.

- ✔ Wenn sie sich eingebunden fühlen in ihr Familiensystem,
- ✔ wenn sie erleben, dass sie eine wichtige Rolle spielen dürfen, und
- ✔ wenn sie für ihren Beitrag zur Problemlösung gelobt und anerkannt werden,

entwickeln sie sich in der Regel zu krisenfesten Persönlichkeiten.

Innere Stärke fördern

Kindern, die von Geburt an über Schutzfaktoren verfügen, die sie krisenfest machen, können Sie als Eltern frühzeitig Verantwortung übertragen, sie Probleme eigenständig lösen lassen und darauf vertrauen, dass sie sich durchbeißen werden. Dennoch sollten Sie aufmerksam bleiben und den Kindern verdeutlichen, dass sie sich Hilfe holen dürfen und nicht allein sind. Es fördert ihre Selbstständigkeit, wenn die Bezugspersonen sich zunächst zurückhalten und das Kind darin bestärken, dass es Lösungen finden wird. Wenn dann aber abzusehen ist, dass die Probleme zu groß oder zu ungewohnt sind, sollten Sie als Erziehende dem Kind mit Rat und Tat zur Seite stehen. Hat das Kind eine schwierige Situation erfolgreich gelöst beziehungsweise sich angestrengt, eine Lösung zu finden, hat es Lob und Anerkennung verdient. So entwickelt es zunehmend Selbstvertrauen und wird mutig und selbstbewusst.

Kinder, die eher zart besaitet oder ängstlich sind, brauchen viel Schutz und geduldige Unterstützung. Als Erziehende sollten Sie solchen Kindern Raum geben, in ihrem eigenen Tempo Problemlösefähigkeiten zu entwickeln. Sätze wie »Das schaffst du schon« oder »Zähne zusammenbeißen« wirken eher kontraproduktiv, wenn ein wenig widerstandsfähiges Kind verzagt. Besser ist es, das Problem gemeinsam anzugehen und das Kind anzuleiten, wie es Lösungen finden kann. Wachsen Kinder mit niedriger angeborener Widerstandskraft in einer geschützten Atmosphäre auf, in der sie nicht überfordert, sondern stetig gefördert werden, blühen sie besonders auf. Im späteren Leben sind sie dann zumeist besonders widerstandsfähig.

Begabungen erkennen und stärken

Jeder Mensch ist begabt – niemand wird ohne Stärken und Talente geboren. Oft sind die genetisch bedingten Begabungen und Persönlichkeitsmerkmale schon frühzeitig bei Kindern zu sehen: Schon Säuglinge und Kleinkinder haben unterschiedliche Temperamente, verschiedene Interessen und Fähigkeiten. Das eine Kind braucht wenig Schlaf und viel Abwechslung, das andere ist ängstlich und schutzbedürftig, ein weiteres fängt schon sehr früh an zu sprechen, wieder ein anderes kann vor dem Ende des ersten Lebensjahrs bereits laufen und erkundet neugierig seine Umgebung.

Es ist Aufgabe der Eltern und Erziehenden, ein Kind auf seinem Weg zu sich selbst zu unterstützen und herauszufinden, welche Stärken es hat.

Durch aufmerksame und liebevolle Begleitung entfaltet das Kind von Anfang an seine Begabungen und erlebt Selbstwirksamkeit: Es macht die Erfahrung, dass sein Handeln die Welt verändert. Dies ist Ansporn und Bestätigung zugleich.

Die Förderung der individuellen Stärken sollte bereits in der frühesten Kindheit beginnen.

Beobachten Sie Ihr eigenes oder ein Ihnen anvertrautes Kind aufmerksam im Hinblick auf folgende Fragen:

- **Sprachliche Begabung:** Wann fängt das Kind an zu sprechen? Wie entwickelt sich sein Wortschatz? Spricht es verständlich? Ahmt es schwierige Wörter gerne nach? Kann es die Sprachebenen wechseln, also mit unterschiedlichen Menschen unterschiedlich sprechen?
- **Räumliche Intelligenz:** Kann das Schulkind sich dreidimensionale Dinge vorstellen? Stellt es sich geschickt beim Ballspielen an? Baut es Häuser oder Hütten? Spielt es gerne mit Metallbaukästen?
- **Motorische Begabung:** Wann fängt das Kind an zu laufen? Verletzt es sich selten? Kann es seine Grob- und Feinmotorik gut koordinieren? Traut es sich etwas zu?

- **Musikalische Begabung:** Singt das Kind Melodien nach? Kann es sich Lieder merken? Probiert es von selbst Instrumente aus? Funktioniert es Alltagsgegenstände zu Instrumenten um?
- **Kreativität:** Hat das Kind Spaß beim Malen und Basteln? Baut es Geräte auseinander, um zu sehen, wie sie funktionieren? Hat es viele Ideen und probiert neue Wege aus?
- **Begabung im Umgang mit Zahlen:** Kann das Kind gut rechnen? Versteht es den Dreisatz? Kann es große Zahlen zerlegen? Geht es geschickt mit Geld um?
- **Soziale Intelligenz:** Hilft das Kind anderen? Tröstet es kleinere Geschwister? Nimmt es Anteil an seiner Umwelt und interessiert sich für andere Menschen?
- **Emotionale Intelligenz:** Kann das Kind sich in die Gefühle anderer hineinversetzen? Ist es in der Lage, den Standpunkt eines anderen Menschen zu verstehen? Wie geht das Kind mit seinen eigenen Gefühlen um?

Führen Sie ein Entwicklungstagebuch und tragen Sie alles ein, was Ihnen auffällt. Notieren Sie auch, wie Sie das Kind fördern und welche Auswirkungen Ihre Zuwendung hat.

Geben Sie Ihrem Kind Halt und seien Sie verlässlich. Ein Kind, das in einer sicheren Bindung aufwächst und erlebt, dass es Verantwortung übernehmen und Probleme lösen kann, entwickelt eine hohe Selbstwirksamkeitserwartung und ist für Schwierigkeiten und sogar Lebenskrisen gut gerüstet. Es bekommt ein positives Selbstbild und lernt, sowohl auf seine eigenen Bedürfnisse als auf die seiner Mitmenschen zu achten.

Leistungsfähigkeit unterstützen

Neben der Sozialkompetenz ist auch eine frühzeitige Förderung der Leistungsfähigkeit wichtig für die Persönlichkeitsentwicklung. Damit ein Kind seine Stärken optimal nutzen kann, braucht es ein Gehirn, das sich an die unterschiedlichsten Anforderungen anpassen und flexibel auf verschiedene Herausforderungen reagieren kann. Folgende Aspekte sind dabei wichtig:

- **Gedächtnis:** Geschwindigkeit, mit der die Informationsverarbeitung abläuft, sowie Menge an Informationen, die gespeichert werden können
- **Informationsverarbeitung:** Umgang mit verschiedenen Informationen gleichzeitig

- **Aktivierung:** Grundspannung, die dazu beiträgt, dass Informationen aufgenommen und verarbeitet werden können
- **Wahrnehmung:** Informationsaufnahme über die Sinneskanäle (Sehen, Hören, Riechen, Schmecken, Fühlen)
- **Aufmerksamkeit:** Fokussierung auf Details oder das große Ganze
- **Motorik:** Nervenleitgeschwindigkeit, Kampf-oder-Flucht-Programm
- **Lerntempo:** Gewöhnung an neue Reize, Erkennung bekannter Reize, Verarbeitungsgeschwindigkeit bei der Unterscheidung zwischen neuen und bekannten Reizen

Durch die Förderung der genannten Aspekte stellen Sie als Eltern oder Erziehende die Weichen, damit ein Kind lebenslang seine Stärken nutzen und ausbauen kann. Die angeborenen Grundvoraussetzungen für das Lernen, also sozusagen die Hardware des menschlichen Computers, stecken den Rahmen der Entwicklung eines Kindes ab. Innerhalb dieses Rahmens ist jedoch alles möglich: Die angeborenen Talente und Begabungen warten darauf, sich zur vollen Blüte zu entfalten. Unterstützen Sie Ihr Kind dabei!

Neben der Begabung ist intensives Training wichtig, wenn ein Mensch Höchstleistungen erzielen will. Egal ob es um Sport, Musik, Wissenschaft oder Kunst geht: Neben dem angeborenen Talent bedarf es harter Arbeit. Spitzenleistungen stellen sich zumeist erst nach zehn oder mehr Jahren regelmäßiger Übung ein. Dazu gehört ein starker Wille – Eltern sollten Kindern jedoch nicht ihren eigenen (Leistungs-)Willen überstülpen, sondern den Willen und die Fähigkeiten des Kindes beachten und unterstützen. Ihr Kind ist nicht dazu da, Ihre eigenen unerfüllten Leistungswünsche zu befriedigen!

IN DIESEM KAPITEL

Auf positive Glaubenssätze konzentrieren

Die Zukunft schon heute gestalten

Selbstfürsorge und Selbstbestätigung etablieren

Kapitel 14
Das 100-Tage-Programm

Der innere Kritiker ist ein Persönlichkeitsanteil, der sich im Laufe des Lebens verändern kann. Er ist bei jedem Menschen unterschiedlich ausgeprägt – mal meldet er sich konstruktiv zu Wort, mal nörgelt er und manchmal ist er abwertend oder gar vernichtend. Auch wenn der innere Kritiker durch Ihre Eltern und andere wichtige Bezugspersonen geprägt wurde, sind Sie ihm nicht hilflos ausgeliefert, sondern können ihn aktiv beeinflussen.

In diesem Kapitel stelle ich Ihnen ein 100-Tage-Programm vor, mit dem Sie Ihren inneren Kritiker entmachten, ihn zu einem hilfreichen Persönlichkeitsanteil umprogrammieren und langfristig Frieden mit ihm schließen können.

Suchen Sie sich einen Zeitpunkt aus, an dem Sie genug Ruhe haben, um sich intensiv mit sich selbst beschäftigen zu können, und starten Sie Ihr dreimonatiges Persönlichkeitsentwicklungstraining.

Den inneren Kritiker bebildern

Versuchen Sie im ersten Schritt, sich ein genaues Bild von Ihrem inneren Kritiker zu machen. Das funktioniert am besten, wenn Sie Distanz zu ihm gewinnen und ihn aufmerksam beobachten. Vielleicht nutzen Sie für Ihre Reflexionen ein Tagebuch oder notieren Ihre Erkenntnisse im Computer oder Smartphone.

Reservieren Sie jeden Tag eine Zeitspanne von zehn bis zwanzig Minuten für Ihre Beschäftigung mit Ihrem inneren Kritiker.

Wenn Sie möchten, informieren Sie nahestehende Menschen über Ihren Plan und bitten Sie sie um Unterstützung: Die Personen können Ihnen helfen, blinde

Flecken ausfindig zu machen (Details dazu finden Sie in Kapitel 8). Außerdem können sie Ihnen Feedback geben und Ihnen mitteilen, welche Veränderungen sie wahrnehmen und was ihnen an Ihrem Verhalten auffällt.

Eine gute Zeit, um sich mit der Persönlichkeitsentwicklung zu beschäftigen, ist der Urlaub: Sie haben mehr Ruhe als sonst, sind mit weniger Alltagsaufgaben befasst und können sich einfacher eine Auszeit nehmen. Vielleicht schlafen Sie im Urlaub mehr als sonst – auch Ihre Träume können Ihnen helfen, Details über Ihr Innenleben zu erfahren.

Schreiben Sie regelmäßig auf, in welcher Form sich Ihr innerer Kritiker bei Ihnen meldet:

- ✔ Bei welchen Gelegenheiten wird er aktiv?
- ✔ Wie spricht er mit Ihnen oder über Sie?
- ✔ Wie fühlen Sie sich, wenn Sie Ihren inneren Kritiker hören oder spüren?
- ✔ Beeinflusst der innere Kritiker Ihr Handeln?
- ✔ Welche Gedanken sind mit der inneren Kritik konkret verbunden?

Die folgenden Abschnitte geben Ihnen eine Vorstellung davon, wie Sie bei der Entmachtung Ihres inneren Kritikers vorgehen können.

Sie müssen sich nicht sklavisch an die Zeitangaben halten. Gestalten Sie die einzelnen Schritte so, wie es für Sie passt. Vielleicht brauchen Sie für einen Schritt im Programm länger, für einen anderen kürzer. Lassen Sie sich Zeit und setzen Sie sich nicht unter Druck.

Tag 1 bis 10: Fotos sichten

In den ersten zehn Tagen Ihres Persönlichkeitsentwicklungsprogramms lade ich Sie ein, sich näher mit Ihrer Ursprungsfamilie und weiteren wichtigen Bezugspersonen zu befassen. Suchen Sie eigene Kinderfotos sowie Fotos Ihrer Eltern, Großeltern, Geschwister und von anderen Verwandten heraus. Schreiben Sie auf, woran Sie sich erinnern: Szenen aus Ihrer Kindheit, typische Sätze oder Formulierungen Ihrer Bezugspersonen, wichtige Veränderungen und Entwicklungsschritte, traurige Ereignisse, Erfolge und Misserfolge. Machen Sie eine Bestandsaufnahme Ihrer Kindheit und Jugend:

- ✔ Welche Menschen waren wichtig?
- ✔ Welche Vorbilder hatten Sie?

- ✔ Wer hat Sie beeinflusst und geprägt?
- ✔ Wem haben Sie nachgeeifert?
- ✔ Wie wollten Sie gerne sein und leben?
- ✔ Welche Träume und Wünsche hatten Sie?
- ✔ Welches Bild hatten Sie von sich selbst?

Ein Bild sagt mehr als tausend Worte: Wenn Sie Fotos sichten, erinnern Sie sich vielleicht an längst vergangene Zeiten. Möglicherweise triggern die Fotos auch Gefühle und Gedanken, die vergessen schienen. Seien Sie offen für alles, was sich in Ihrem Inneren zeigt. Wenn Erinnerungen Sie zu sehr belasten, überfordern Sie sich nicht, sondern machen Sie eine Pause.

Je aufmerksamer und intensiver Sie sich mit Ihrem Lebensweg beschäftigen, desto klarer wird hoffentlich Ihr Selbstbild:

- ✔ Welche Einflüsse waren besonders wichtig für Sie?
- ✔ Wie sind Sie geworden, wer Sie heute sind?
- ✔ Welches Potenzial haben Sie schon genutzt, was liegt noch brach?
- ✔ Welche Überzeugungen über sich tragen Sie in Ihrem Inneren?
- ✔ Wie stabil ist Ihr Selbstwert?
- ✔ Was mögen Sie an sich? Was nicht?

Nach der Phase der Bestandsaufnahme und Beschreibung können Sie sich den Werten und Maßstäben zuwenden, mit denen Sie aufgewachsen sind und die Sie für sich als bedeutsam akzeptieren. Versuchen Sie, auch diesen Teil Ihrer Entwicklung anhand von Fotos oder Erinnerungen nachzuvollziehen. Beziehen Sie die Prägungen aus unterschiedlichen Lebensbereichen mit ein:

- ✔ Kindergarten, Schule, Ausbildung/Studium, Berufsleben
- ✔ Sportverein, Chor, Orchester
- ✔ politische Organisationen, Bürgerinitiative, Nachbarschaft
- ✔ Ehrenämter
- ✔ Auslandsaufenthalte

Versuchen Sie nachzuvollziehen, wie sich Ihr Selbstbild entwickelt und verändert hat. Vielleicht haben Sie sich von manchen Werten distanziert, Rollenzuschreibungen hinter sich gelassen oder ganz neue Wege eingeschlagen.

Tag 11 bis 20: Eine Collage gestalten

Wenn Sie die Materialsammlung beendet haben, nehmen Sie sich Zeit, um Ihre Erkenntnisse zu visualisieren. Besonders hilfreich kann hierfür eine Collage sein, die Sie auf Papier oder im Computer gestalten.

1. Stellen Sie ein aktuelles Bild von sich, das Ihnen besonders gut gefällt, in die Mitte der Collage.
2. Ordnen Sie links davon die Menschen und Situationen an, von denen Sie bis jetzt geprägt wurden, um sich vor Augen zu führen, woher Sie kommen.
3. Die rechte Seite der Collage soll Ihr Wunsch- oder Zukunftsbild von sich dokumentieren.

   Es zeigt Ihnen, wohin Sie wollen:

   - Was möchten Sie noch erreichen?
   - Wie und wo wollen Sie leben?
   - Welche Menschen sind für Ihre Zukunft besonders bedeutsam?
   - Wie werden Sie idealerweise künftig mit sich selbst umgehen?
   - Welche Ihrer Fähigkeiten, Talente und Fertigkeiten werden künftig mehr Bedeutung haben?
   - Haben Sie geheime Träume oder Sehnsüchte?
   - Welche Farben oder Symbole stehen für Ihre Zukunft?

Beantworten Sie diese Fragen offen und ehrlich – die Collage ist nur für Ihre Augen bestimmt! Verbieten Sie sich nichts, verzichten Sie auf die Schere im Kopf. In dieser Phase des Programms meldet sich möglicherweise Ihr innerer Kritiker erneut zu Wort. Nehmen Sie seine Einwürfe zur Kenntnis, aber lassen Sie sich von ihm nicht das Steuer aus der Hand nehmen.

Achten Sie auf einen wichtigen Unterschied, wenn Sie Ihre Gefühle und Gedanken reflektieren: Sind Sie mit den Gefühlen oder Gedanken *identifiziert*? Oder sind Sie *distanziert*, also in der Beobachterposition? Dieser Unterschied ist bedeutsam, weil erst die Distanz es

Ihnen ermöglicht, etwas zu verändern. Solange Sie quasi eins mit Ihrem Gefühl oder Ihrem Gedanken sind, also in der Identifikation bleiben, werden Sie keine neuen Erkenntnisse haben.

Vielleicht können Sie eine Verabredung mit Ihrem inneren Kritiker treffen, beispielsweise: »Ich mache die Collage und du machst Kaffeepause. Wenn ich fertig bin, schauen wir uns das Ergebnis gemeinsam an.« Denken Sie daran: Ihr innerer Kritiker ist ein Persönlichkeitsanteil, der helfen will und irgendwann in Ihrem Leben eine wichtige Funktion hatte. Sie werden ihn nie ganz los, sondern sind dabei, ihn zu entmachten und ihm eine neue Rolle zuzuteilen. Lassen Sie sich Zeit und seien Sie kreativ.

Tag 21 bis 30: Glaubenssätze zuordnen

Sobald Ihre Collage fertig ist, nehmen Sie Ihre Sammlung von Glaubenssätzen zur Hand und ergänzen, was Ihnen noch einfällt. Schreiben Sie sowohl negative als auch positive Glaubenssätze auf.

Glaubenssätze erkennen Sie daran, dass diese sich für Sie wahr und überzeugend anhören. Egal wie abstrus ein Glaubenssatz sein mag – wenn Sie unwillkürlich mit dem Kopf nicken und denken: »Ja, so ist das!«, dann gehört dieser Glaubenssatz zu Ihnen.

Typische negative Glaubenssätze sind:

- ✔ Das kann ich sowieso nicht. / Das konnte ich noch nie.
- ✔ Ich bin nichts wert.
- ✔ Ich kann niemandem trauen.
- ✔ Ich bin auf mich allein gestellt.
- ✔ Ich bin nicht gut (genug).
- ✔ Ich darf keine Fehler machen.
- ✔ Ich werde nur geliebt, wenn ich etwas leiste.
- ✔ Ohne Fleiß kein Preis.
- ✔ Ich muss anderen helfen.
- ✔ Ich bin für das Wohlergehen anderer/aller verantwortlich.

- ✔ Ich muss mich zusammenreißen.
- ✔ Meine Gefühle gehen niemanden etwas an.
- ✔ Für mich interessiert sich niemand.
- ✔ Brave Kinder wollen nichts.
- ✔ Meine Bedürfnisse sind egoistisch. / Die Bedürfnisse der anderen sind wichtiger als meine.
- ✔ Ich bin nicht wichtig.
- ✔ Niemand hört mir zu.

Vielleicht entdecken Sie auch positive Glaubenssätze – diese sind häufig Futter für den konstruktiven Kritiker. Notieren Sie auch diese Glaubenssätze, beispielsweise:

- ✔ Ich bin liebenswert.
- ✔ Ich mag mich.
- ✔ Ich gehöre dazu.
- ✔ Wer wagt, gewinnt.
- ✔ Ich darf Fehler machen und daraus lernen.
- ✔ Morgen ist ein neuer Tag.
- ✔ Meine Meinung zählt.
- ✔ Ich kann bestimmte Dinge richtig gut.
- ✔ Wenn ich gut für mich sorge, kann ich mich auch gut um andere kümmern.

Versuchen Sie sich daran zu erinnern, aus welcher Lebensphase und aus wessen Mund diese Glaubenssätze stammen. Vielleicht hören Sie sogar noch Stimme und Tonfall derjenigen Bezugsperson, die einen bestimmten Glaubenssatz immer wieder gesagt hat. Wenn Sie mögen, schreiben Sie solche Glaubenssätze auf die linke Seite Ihrer Collage neben die jeweilige Bezugsperson.

BEISPIEL

Ulrich Kunze hatte einen sehr strengen Vater, der seine drei Söhne mit militärischer Strenge erzog. Bis heute klingt die Stimme des Vaters in Ulrichs Ohren, wenn er sich im Alltag eine Pause oder eine kurze Auszeit gönnt. »Den Tüchtigen gehört die Welt!« oder »Wer rastet, der rostet« waren Sätze des Vaters, die bis heute Wirkung zeigen: Ulrich hat stets ein schlechtes Gewissen, wenn er sich ausruht. Erst ein Achtsamkeitstraining nach seinem Herzinfarkt mit 58 Jahren bringt Ulrich dazu, sich kritisch mit diesen Glaubenssätzen zu befassen. Er setzt den alten Überzeugungen nun neue Erkenntnisse entgegen: »Nur wer seine Kräfte bedachtsam einsetzt, bleibt langfristig gesund und leistungsfähig.« Die alten Muster zeigen zwar immer noch Wirkung, doch es fällt Ulrich zunehmend leichter, sich davon zu distanzieren.

Vielleicht entstehen in dieser Phase Ihres 100-Tage-Programms intensive Gefühle in Bezug auf bestimmte Personen oder Glaubenssätze. Geben Sie diesen Gefühlen Raum und erlauben Sie sich, auch negativ konnotierte oder in Ihrer Ursprungsfamilie verbotene Gefühle wahrzunehmen.

Wut, Trauer, Enttäuschung, Scham oder Schuldgefühle gehören zum Leben dazu. Sie enthalten Botschaften, die für Ihre Persönlichkeitsentwicklung bedeutsam sein können.

Den inneren Kritiker verstehen

Im zweiten Drittel Ihres 100-Tage-Programms geht es darum, die Materialsammlung über Ihren inneren Kritiker zu nutzen, um die Botschaften hinter seiner Kritik zu verstehen und die bisherigen Glaubenssätze zu hinterfragen. Hilfreich dafür ist ein innerer Dialog, bei dem Sie mit sich selbst ins Gespräch kommen. Das klingt vielleicht zunächst fremd oder seltsam, doch Sie werden merken, dass Sie ohnehin ständig mit sich im Dialog sind: Ihre Gedanken stellen eine Tonspur des Alltags dar, mit der Sie alles, was Sie tun, erleben oder planen, mehr oder weniger bewusst kommentieren. Oft sind es nur Gedankenfetzen, die Sie bewusst zu fassen bekommen – je aufmerksamer Sie in sich hineinhorchen, desto differenzierter hören Sie Ihren inneren Text.

Die menschlichen Gedanken laufen nicht linear, also konsequent in eine Richtung. Sie sind vielmehr sprunghaft, wiederholen sich, drehen sich im Kreis oder sind unvollständig und abgehackt. Die östliche Philosophie spricht von »Monkey Mind«, also *Affengeist,* und beschreibt damit anschaulich das Hüpfen und Springen der Gedanken, die Unruhe und Aufgeregtheit des alltäglichen Denkens.

Eine Achtsamkeitsübung für Sie

Mit folgender Übung können Sie Ihren Geist beruhigen und Stringenz in Ihre Gedanken bringen:

- ✔ Setzen Sie sich an einem ruhigen Ort bequem hin und schließen Sie die Augen. Konzentrieren Sie sich etwa eine Minute lang auf Ihre Atmung – das sind rund zwölf Atemzüge – und denken Sie dabei nur: »Ich atme ein – ich atme aus.«
- ✔ Sobald Sie einen anderen Gedanken wahrnehmen (was vermutlich schon während des ersten oder zweiten Atemzugs passieren wird), stellen Sie sich einen blauen Himmel mit Schäfchenwolken vor und setzen den Gedanken auf eine Wolke. Lassen Sie den Gedanken mit der Wolke am Himmel davonziehen und kehren Sie bewusst zu Ihrem Atem zurück: »Ich atme ein – ich atme aus.«
- ✔ Beenden Sie die Übung und kehren Sie bewusst zurück ins Hier und Jetzt. Achten Sie im Anschluss bewusst auf Ihre Gedanken und entscheiden Sie, welche Gedanken Sie davonziehen lassen und welche Gedanken Sie weiterdenken möchten.

Ihr innerer Kritiker wird oft unzusammenhängend oder abgehackt mit Ihnen reden. Nehmen Sie sich Zeit und hören Sie genauer hin, um konstruktiv mit ihm ins Gespräch zu kommen.

Tag 31 bis 40: Ins Gespräch kommen

Um mit dem inneren Kritiker einen konstruktiven Dialog zu führen, braucht es:

1. Augenhöhe und
2. Aufmerksamkeit.

Es ist wenig sinnvoll, in einer stressigen, peinlichen oder traurigen Situation zu üben, den inneren Kritiker zu entmachten. Nutzen Sie lieber die Rückschau und nehmen Sie sich ausreichend Zeit, sobald die Situation vorüber ist. Wenn Sie in den nächsten Tagen bewusst feststellen, dass sich Ihr innerer Kritiker meldet, notieren Sie die Situation oder die kritischen Kommentare stichwortartig oder behalten Sie sie gut im Gedächtnis. Wenn Sie im Laufe des Tages oder abends Ruhe haben, versetzen Sie sich gedanklich wieder in die Situation.

Stuhlübung

1. Stellen Sie zwei Stühle im rechten Winkel zueinander und sorgen Sie dafür, dass Sie während der Übung nicht gestört werden (Tür zu, Handy aus). Ein Stuhl repräsentiert den inneren Kritiker, der andere Stuhl repräsentiert Ihre erwachsene Gesamtpersönlichkeit.

2. Setzen Sie sich zunächst auf den Stuhl des inneren Kritikers und sagen Sie, was er in der zu reflektierenden Situation gesagt hat. Sprechen Sie sich (also Ihre erwachsene Gesamtpersönlichkeit auf dem anderen Stuhl) dabei direkt an – so, wie es Ihr innerer Kritiker üblicherweise tut.

3. Wechseln Sie dann den Stuhl und antworten Sie von dem Platz der erwachsenen Gesamtpersönlichkeit aus. Stellen Sie Ihre Sicht der Dinge dar, bedanken Sie sich für die Kritik oder widerlegen Sie sie. Sprechen Sie den inneren Kritiker direkt an.

4. Gehen Sie wieder auf den Kritikerstuhl zurück und nehmen Sie Stellung zu den Aussagen der erwachsenen Gesamtpersönlichkeit.

5. Wechseln Sie auf diese Weise mehrfach zwischen den Stühlen hin und her. Beobachten Sie Ihre Gefühle sowohl in der Position des Kritikers als auch aus der Perspektive der erwachsenen Gesamtpersönlichkeit. Ziel der Übung ist es herauszufinden, ob es einen Konsens oder Kompromiss gibt – oder ob Ihre erwachsene Gesamtpersönlichkeit den inneren Kritiker davon überzeugen kann, dass er unrecht hat.

6. Falls Sie bemerken, dass der erwachsenen Gesamtpersönlichkeit die Argumente ausgehen oder der innere Kritiker einfach nicht mit sich reden lässt, beenden Sie die Übung und wechseln bewusst in die Beobachterperspektive: Was sehen Sie von außen? Welche Anteile haben in Ihrer Gesamtpersönlichkeit das Ruder übernommen? Wahrscheinlich werden Sie kindliche Anteile identifizieren können, die eingeschüchtert, ängstlich oder verzagt sind. Diese inneren Anteile brauchen zunächst Ihre Aufmerksamkeit und Zuwendung, bevor Sie erneut in den Dialog mit dem inneren Kritiker gehen können.

Um kindliche innere Anteile gut zu versorgen, ist Selbstfürsorge erforderlich.

Spüren Sie nach, wie alt der kindliche Anteil ist, der sich gemeldet hat oder vom inneren Kritiker getriggert wurde, und reagieren Sie altersgemäß auf dessen Bedürfnisse.

- ✔ Sehr junge Anteile brauchen Trost, Nähe und eine innere Umarmung.
- ✔ Älteren Anteilen können Sie erklären, dass sie gut sind und geliebt werden.

Auf diese Art lernen Sie, sich selbst eine gute Mutter oder ein guter Vater zu sein. Seien Sie wohlwollend und liebevoll mit Ihren inneren Anteilen!

Diese Phase des 100-Tage-Programms wird Sie emotional möglicherweise sehr aufwühlen. Aber je länger und intensiver Sie üben, desto spürbarer wird die Wirkung des inneren Dialogs sein: Sie werden bemerken, dass Sie innerlich ruhiger werden und Ihren inneren Kritiker immer besser verstehen. Je genauer Sie erkennen, wohin er gehört und was er erreichen will, desto angemessener werden Sie ihm begegnen können.

Ziehen Sie immer wieder Ihre Collage zurate, um ein möglichst differenziertes Bild Ihres inneren Kritikers zu bekommen.

Tag 41 bis 50: Überzeugungen hinterfragen

Durch den inneren Dialog, den Sie in den letzten Wochen geübt haben, sind Sie nun in der Lage, Ihre bisherigen Glaubenssätze und Überzeugungen zu hinterfragen und wenig hilfreiche innere Wahrheiten hinter sich zu lassen.

Schauen Sie sich die linke Seite Ihrer Collage und die Liste Ihrer negativen Glaubenssätze an und überlegen Sie:

- ✔ Was haben Sie in Ihrem bisherigen Leben erreicht und welche Rückschlüsse ziehen Sie aus Ihren Erfolgen?
- ✔ Falls Sie Ihre Erfolge dem Zufall zuschreiben: Ist das realistisch? Oder ist es nicht viel wahrscheinlicher, dass Ihre Erfolge aufgrund Ihrer Fähigkeiten, Talente und Fertigkeiten entstanden sind?

- ✔ Was ist Ihnen im Leben wichtig und in welchem Zusammenhang stehen Ihre Werte mit Ihren Glaubenssätzen?

- ✔ Wenn Sie Glaubenssätze haben, in denen Verallgemeinerungen wie »immer« oder »nie« vorkommen: Gibt es Ausnahmen? Machen Sie also wirklich *immer* alles falsch oder fallen Ihnen Situationen ein, in denen Sie etwas richtig gemacht haben? Ein Gegenbeispiel reicht, um die Verallgemeinerung zu widerlegen.

- ✔ Wenn Sie bestimmte Überzeugungen einem Menschen aus Ihrer Vergangenheit zuordnen können, fragen Sie sich: Was sagt diese Überzeugung über diesen Menschen aus? Und wie kam es, dass Sie diese Überzeugung angenommen haben? Was hat sich seither verändert?

- ✔ Innere Wahrheiten hatten in Ihrer Vergangenheit eine bestimmte Bedeutung oder Funktion, beispielsweise sicherten sie Ihre Zugehörigkeit zu einer Gruppe oder sorgten dafür, dass Sie Anerkennung erhielten. Überprüfen Sie Ihre aktuelle Lebenssituation: Welche inneren Wahrheiten haben inzwischen an Bedeutung verloren oder sind heute sogar störend oder hemmend?

- ✔ Eigentlich will der innere Kritiker Ihnen helfen – welche Kritik ist mittlerweile wenig hilfreich? Was würde Ihnen mehr helfen?

Nehmen Sie sich Zeit, diese Reflexionen in Ruhe durchzuführen und sich mit Ihren inneren Wahrheiten auseinanderzusetzen. Lassen Sie die Emotionen, die dabei entstehen, zu und nutzen Sie die Informationen, die Ihre Gefühle Ihnen übermitteln: Was macht Sie traurig oder wütend? Warum sind Sie enttäuscht oder schämen sich? Worauf sind Sie stolz und worüber freuen Sie sich? Gefühle sind ein wichtiger Wegweiser, um sich selbst besser kennenzulernen.

In dieser Phase Ihres 100-Tage-Programms bemerken Sie vielleicht, dass Ihr Selbstbild in Bewegung kommt, weil Sie Ihre bisherigen Stützpfeiler kritisch unter die Lupe nehmen. Es ist, als würden Sie Ihr Hab und Gut Stück für Stück in die Hand nehmen und sich fragen, was Sie noch gebrauchen können und wovon Sie sich trennen möchten. Sie räumen also Ihr Inneres auf und werfen idealerweise Ballast ab.

Es geht nicht darum, *alles* wegzuwerfen – Sie haben auch viele hilfreiche innere Überzeugungen. Nutzen Sie diese funktionalen inneren Wahrheiten, um ein neues Selbstbild zu entwerfen.

Tag 51 bis 60: Ein Wunschbild entwerfen

Zum Ende des zweiten Drittels Ihres 100-Tage-Persönlichkeitsentwicklungsprogramms lade ich Sie ein, Ihr Selbstbild nach Ihren eigenen Wünschen zu gestalten.

Jetzt nehmen Sie die rechte Seite Ihrer Collage unter die Lupe und nutzen die Liste Ihrer positiven Glaubenssätze. Malen, gestalten oder schreiben Sie, wie Ihr ideales Selbstbild aussieht:

- ✔ Was soll in den nächsten 10, 20, 30 und 40 (oder mehr) Jahren passieren?
- ✔ Was werden Sie tun, um diese Ziele und Wünsche zu verwirklichen?
- ✔ Welche Ihrer Eigenschaften werden Sie stärken?
- ✔ Welche positiven Glaubenssätze helfen Ihnen besonders?
- ✔ Welche innere Haltung nehmen Sie im Hier und Heute ein, um das Morgen nach Ihren Wünschen gestalten zu können?
- ✔ Mit welchen Menschen werden Sie sich enger verbinden und warum?
- ✔ Von welchen Menschen werden Sie sich verabschieden und warum?
- ✔ Welche Ereignisse aus der Vergangenheit sind noch nicht abgeschlossen und wirken bis die Gegenwart hinein? Wie könnten Sie damit umgehen?
- ✔ Wie werden Sie sich fühlen, wenn Sie Ihre Wünsche und Bedürfnisse erfüllt haben? Und wer wird bemerken, was sich verändert hat?
- ✔ Was brauchen Sie, um glücklich sein zu können?
- ✔ Was macht Sie zufrieden?

Damit Ihr Wunschbild konkrete Formen annehmen kann, suchen Sie sich eine Idee, ein Ziel oder ein Bedürfnis aus, dem Sie sich in dieser Phase des 100-Tage-Programms aktiv widmen.

1. Setzen Sie sich einen verbindlichen Termin, um ins Handeln zu kommen.
2. Versuchen Sie, realistische und überschaubare Teilschritte zu planen, um die Idee umzusetzen, dem Ziel näher zu kommen oder das Bedürfnis zu befriedigen.
3. Sprechen Sie mit vertrauten Menschen über Ihren Plan und bitten Sie gegebenenfalls um Unterstützung.

4. Feiern Sie den Erfolg, wenn Sie Ihre Idee in die Tat umgesetzt, Ihr Ziel erreicht oder Ihr Bedürfnis erfüllt haben.

Nehmen Sie wahr, ob Ihr innerer Kritiker in dieser Phase des 100-Tage-Programms bereits anders unterwegs ist als früher:

- ✔ Ist der innere Kritiker weniger destruktiv?
- ✔ Gibt es gleichwertige positive Stimmen in Ihrem Inneren?
- ✔ Gehen Sie anders mit der inneren Kritik um?
- ✔ Was bewirkt die Fokussierung auf positive Glaubenssätze?
- ✔ Fallen Ihnen neue positive Glaubenssätze ein, die vor Ihrem inneren Kritiker Bestand haben?
- ✔ Wie verändern sich Ihre Gefühle?

Möglicherweise brauchen Sie mehr Zeit, um Ihr verändertes Selbstbild mit Inhalt zu füllen und plastisch zu gestalten.

Setzen Sie sich nicht unter Druck, sondern finden Sie Ihr eigenes Tempo. Es geht darum, dass Sie ein Zielbild finden, mit dem Sie sich identifizieren können. Das dauert umso länger, je zementierter Ihre bisherige innere Kritik war.

Sich selbst von neuen positiven Glaubenssätzen zu überzeugen, bedeutet auch, den alten negativen Glaubenssätzen die Macht zu entziehen. Das ist nicht selten ein langfristiger Prozess, denn die bisherigen inneren Wahrheiten haben tiefe Wurzeln.

Seien Sie geduldig und bleiben Sie dran. Der Entwicklungsprozess lohnt sich: Sie werden zunehmend freier und selbstbewusster.

Den inneren Kritiker entmachten

Im letzten Drittel Ihres Persönlichkeitsentwicklungsprogramms integrieren Sie alle kritischen Persönlichkeitsanteile und übernehmen als erwachsene Gesamtpersönlichkeit die Führung.

Jeder innere Anteil, auch der innere Kritiker, bekommt einen angemessenen Platz zugewiesen. Sie stärken die konstruktiven, handlungsfähigen und verantwortungsvollen inneren Anteile und beschützen oder trösten destruktive, ängstliche, kindliche und verletzte innere Anteile. Durch Ihre ausführliche Beschäftigung mit sich selbst haben Sie viel gelernt:

- ✔ Sie wissen, woher bestimmte Glaubenssätze stammen.
- ✔ Sie haben verstanden, warum Sie so denken, wie Sie bisher gedacht haben.
- ✔ Sie konnten erkennen, welche Bedürfnisse bislang unbefriedigt geblieben sind.
- ✔ Sie wissen, welchen Wünschen und Zielen Sie sich künftig intensiv widmen werden.
- ✔ Sie können Ihre Prägungen bestimmten Bezugspersonen aus Ihrer Vergangenheit zuordnen.
- ✔ Sie gehen wohlwollend und liebevoll mit sich um.
- ✔ Sie stehen zu Ihren Schwächen und Fehlern.
- ✔ Sie sind stolz auf Ihre Stärken, Fähigkeiten und Talente.

Jetzt können Sie die Macht übernehmen und Ihrem inneren Kritiker neue Spielregeln vorstellen: Er darf sich künftig gerne konstruktiv zu Wort melden und Ihre Bemühungen aktiv unterstützen. Meldet er sich hingegen nörgelnd oder destruktiv, werden Sie ihm in aller Ruhe darlegen, dass er sich irrt. Ein solcher konstruktiver innerer Dialog erlaubt Ihnen, selbstverantwortlich und reflektiert Ihr Leben zu gestalten und sich selbst gut zu versorgen.

Sollte sich an diesem Punkt Ihrer Persönlichkeitsentwicklung ein innerer Glaubenssatz melden, der Ihnen vorwirft, egoistisch oder selbstbezogen zu sein, können Sie ihn entspannt vom Gegenteil überzeugen. Selbstfürsorge ist die Grundlage für Weltfürsorge: Nur wer gut für sich sorgt, kann auch gut für andere sorgen.

Das letzte Drittel Ihres 100-Tage-Programms hat zwei Ziele:

1. einen konstruktiven inneren Dialog zu etablieren und
2. selbstfürsorgliche Routinen einzuüben.

Sie können diese Schritte nacheinander oder parallel gehen. Wichtig ist, dass Sie die innere Überzeugung haben, sich verändern zu können. Der Glaube an die eigene Wirksamkeit versetzt Berge!

Tag 61 bis 80: Konstruktiver innerer Dialog

Idealerweise haben Sie inzwischen einen guten Kontakt zu Ihrem inneren Kritiker entwickelt und verstehen dessen Intentionen, auch wenn sie nörgelnd oder destruktiv erscheinen. Folgende Formulierungen können Ihnen helfen, im inneren Dialog kraftvoll und überzeugend zu sein:

- ✔ Ich weiß, was ich will.
- ✔ Ich bin kompetent.
- ✔ Ich kenne meine Stärken und Schwächen.
- ✔ Ich darf Fehler machen und daraus lernen.
- ✔ Ich sorge gut für mich.
- ✔ Jede Begegnung bietet neue Chancen.
- ✔ Ich darf Hilfe annehmen.
- ✔ Ich umgebe mich mit Menschen, die es gut mit mir meinen.
- ✔ Ich lasse mir Zeit.
- ✔ Ich fokussiere meine Aufmerksamkeit auf das Positive.
- ✔ Ich nutze meine Energie sorgsam und gönne mir Pausen.
- ✔ Ich bin gut so, wie ich bin.
- ✔ Ich habe genug und ich tue genug.

Suchen Sie sich diejenigen selbstbestätigenden Formulierungen heraus, die besonders gut zu Ihnen passen und bei denen Sie eine innere Resonanz spüren. Wenn Ihr innerer Kritiker sich meldet, stellen Sie der Kritik eine hilfreiche Selbstbestätigung entgegen. Auf diese Weise wird sich der innere Dialog verändern und Sie werden zunehmend die Macht über Ihre Gedanken und Gefühle übernehmen können.

»Unser wahres Zuhause ist der gegenwärtige Augenblick. Wenn wir wirklich im Augenblick leben, verschwinden unsere Sorgen und Nöte und wir entdecken das Leben mit all seinen Wundern.« Dieses Zitat des buddhistischen Mönchs und Achtsamkeitslehrers Thich Nhat Hanh lenkt die Aufmerksamkeit auf das Hier und Jetzt. Wenn Sie aufhören, zu zweifeln oder zu hadern, und anfangen, sich wirklich ernst zu nehmen, können Sie sich entfalten.

Im konstruktiven inneren Dialog sind Sie ehrlich, zuversichtlich, aufmerksam, reflektiert und wohlwollend. Sie akzeptieren, was nicht zu ändern ist, und verändern alles, was Ihrer Selbstentfaltung entgegensteht.

Ihr innerer Kritiker wird nach und nach zu einem inneren Verbündeten, der Sie auf Lernchancen und Veränderungsmöglichkeiten hinweist. Ihre ängstlichen inneren Anteile können Sie zunehmend besser trösten und beschützen. Ihre inneren Verletzungen nehmen Sie ernst und sorgen dadurch für Ruhe und Heilung.

Tag 81 bis 100: Selbstfürsorgliche Routinen einüben

Nehmen Sie sich in dieser Phase des 100-Tage-Programms (und möglichst auch danach) jeden Morgen kurz Zeit für die Selbstfürsorge und gehen Sie den anstehenden Tag in Gedanken durch:

- ✔ Was steht heute auf Ihrem Programm?
- ✔ Was müssen Sie tun, was wollen Sie tun?
- ✔ Liegen Müssen und Wollen nah beieinander oder gibt es große Abweichungen?

Prüfen Sie die Verpflichtungen, die in die Kategorie »Müssen« fallen und die Sie gar nicht gerne tun wollen:

- ✔ Von welchen können Sie sich befreien?
- ✔ Welche können Sie delegieren?
- ✔ Können Sie die Aufgaben, die dann noch übrig bleiben, anders betrachten oder neu strukturieren und dadurch besser mit Ihren eigenen Bedürfnissen in Einklang bringen?

Seien Sie ehrlich mit sich und geben Sie sich Zeit, um Ihre Aufgaben und Ihre Wünsche von Tag zu Tag besser in Einklang zu bringen. Verabschieden Sie sich nach und nach konsequent von allem, was Ihren Bedürfnissen entgegensteht, und finden Sie dadurch zu einem selbstbestimmten, sinnerfüllten Leben.

Wenn Sie jeden Tag aufs Neue auf sich und Ihre Bedürfnisse achten und diese klar benennen, werden Sie Schritt für Schritt freier und erfüllter.

Sorgen Sie auch dafür, dass Sie in anstrengenden, herausfordernden Situationen gelassen bleiben:

- ✔ Zerlegen Sie anspruchsvolle Aufgaben in Teilaufgaben und geben Sie sich für jede Unteraufgabe ausreichend Zeit.
- ✔ Prüfen Sie, ob Sie Ihre Aufgabe allein lösen können oder ob Sie Unterstützung brauchen. Sprechen Sie mögliche Helfer an und formulieren Sie detailliert, welche Form der Kooperation Sie sich wünschen.
- ✔ Benötigen Sie Hilfsmittel oder andere Ressourcen, um der anstehenden Herausforderung gerecht zu werden? Planen Sie realistisch und lassen Sie Raum für unerwartete Entwicklungen.
- ✔ Ist das Ziel klar? Räumen Sie Unklarheiten aus, indem Sie mit den Beteiligten sprechen und die Erwartungen gegebenenfalls schriftlich festhalten.
- ✔ Achten Sie darauf, ob und wann Sie eine Pause brauchen. Kurze Unterbrechungen sorgen für Stressabbau und Regeneration.

Gelassenheitsfördernd und selbstfürsorglich ist darüber hinaus auch Ihre innere Einstellung zum erwünschten Ergebnis: Muss Ihre Aufgabe zu 100 Prozent gelöst oder gar – mit den berüchtigten 150 Prozent – übererfüllt werden? Oder reichen auch 80 Prozent für ein zufriedenstellendes Ergebnis?

Denken Sie an das Pareto-Prinzip: Mit 20 Prozent Kraftaufwand erreichen Sie 80 Prozent des Ergebnisses; für die übrigen 20 Prozent Ergebnis benötigen Sie aber 80 Prozent Krafteinsatz. Ist es das wert? Solche Reflexionen dauern nicht lang, erhöhen die innere Gelassenheit erheblich und senken den Stress.

Je intensiver Sie sich mit den Signalen Ihres Körpers beschäftigen, desto besser wird Ihr Gefühl für Ihre Bedürfnisse und das, was für Ihr Wohlergehen notwendig ist. Ihre innere Stimme sagt Ihnen deutlich, was Sie brauchen – hören Sie darauf und geben Sie dadurch der Selbstfürsorge ganz intuitiv volle Aufmerksamkeit.

Atmen und spüren Sie!

Egal wo Sie gerade sind und was Sie gerade tun, halten Sie kurz inne und schließen Sie kurz die Augen. Atmen Sie ruhig und tief in Ihren Bauch und ganz langsam wieder aus. Spüren Sie in sich hinein:

- ✔ Sind Sie entspannt oder stehen Sie unter Druck? Vielleicht brauchen Sie eine Pause.
- ✔ Schlägt Ihr Herz ruhig oder klopft es aufgeregt? Achten Sie auf Ihre Gefühle und geben Sie ihnen Raum. Finden Sie heraus, weshalb Sie gerade aufgeregt oder angespannt sind. Vielleicht brauchen Sie jemanden, der Ihnen zuhört.
- ✔ Sind Ihre Muskeln locker oder verkrampft? Vielleicht brauchen Sie körperliche Bewegung, eine Dehnübung oder eine andere Sitzhaltung, um sich etwas entspannen zu können.
- ✔ Sind Ihre Gedanken konzentriert im Hier und Jetzt oder springen sie von einem Thema zum anderen? Vielleicht haben Sie sich zu viel auf einmal vorgenommen und sollten einige Aufgaben auf morgen verschieben.
- ✔ Fühlen Sie sich wohl in Ihrem Körper oder sind Sie hungrig, durstig, müde, müssen auf die Toilette oder Ihnen ist kalt? Vielleicht brauchen Sie etwas zu essen, zu trinken oder warme Socken. Sorgen Sie möglichst umgehend für körperliches Wohlbefinden.
- ✔ Freuen Sie sich auf den Rest des Tages oder wünschen Sie, der Tag wäre endlich vorbei? Vielleicht gibt es einen ungeklärten Konflikt oder ein kraftraubendes Missverständnis, das Sie belastet. Versuchen Sie eine rasche Klärung herbeizuführen, um den Tag unbelastet ausklingen lassen zu können.

Durch das Innehalten und die Konzentration auf Ihre Intuition machen Sie Energiefresser unschädlich, bringen sich in ein inneres Gleichgewicht und fokussieren auf das, was für Sie bedeutungsvoll ist. Durch die Entmachtung Ihres inneren Kritikers befreien Sie sich von Ballast und finden dadurch zu mehr Leichtigkeit und Lebensfreude.

Teil V
Der Top-Ten-Teil

Der Top-Ten-Teil

web Extras

Besuchen Sie uns auf www.facebook.com/fuer-dummies! oder unseren Social-Media-Kanälen:

Facebook
www.facebook.com/fuerdummies

Instagram
www.instagram.com/furdummies

YouTube
www.youtube.com/@dummies-mann

IN DIESEM TEIL …

Der innere Kritiker begleitet Sie Ihr Leben lang. Je besser Sie seine Intention verstehen, desto konstruktiver können Sie mit ihm umgehen. Selbstkritik ist hilfreich, solange sie angemessen und wertschätzend bleibt. Destruktive oder gar vernichtende Selbstkritik schadet hingegen Ihrem Selbstwertgefühl und Ihrer Handlungsfähigkeit. In diesem Teil stelle ich Ihnen zehn Fakten über den inneren Kritiker vor. Sie können sich aus zehn Übungen für die Selbstfürsorge und zehn Alltagstipps für Veränderungen und Persönlichkeitsentwicklungen diejenigen Impulse heraussuchen, die am besten zu Ihnen passen. Außerdem bekommen Sie zehn Hinweise für die Kindererziehung, damit die nächste Generation ebenfalls gut mit dem inneren Kritiker zurechtkommt.

IN DIESEM KAPITEL

Den kritischen inneren Persönlichkeitsanteil kennenlernen

Selbstwert und Selbstsicherheit stärken

Im inneren Dialog überzeugen

Kapitel 15
Zehn Fakten über den inneren Kritiker

Der innere Kritiker ist Ihre innere Stimme, die kritisch auf Ihr Denken, Fühlen und Handeln schaut. Diese Stimme kommentiert Ihr Verhalten und Aussehen, Ihre Kommunikation und Ihre inneren Nöte – kurz jede Lebensäußerung. Je nach Prägung und Lebenssituation ist der innere Kritiker strenger oder nachsichtiger, lauter oder leiser, allgegenwärtig oder zurückhaltend. Er kann sich konstruktiv, nörgelnd oder vernichtend äußern und Sie unterstützen oder behindern. In diesem Kapitel stelle ich Ihnen zehn Fakten über den inneren Kritiker vor, die Ihnen dabei helfen können, innerlich frei und selbstbestimmt zu werden.

Der innere Kritiker will helfen

Der innere Kritiker wacht darüber, dass Sie Ihr Idealbild verwirklichen und die inneren und äußeren Ansprüche, die damit verbunden sind, zuverlässig erfüllen. Insofern hat dieser Persönlichkeitsanteil eine wichtige Bedeutung, denn er unterstützt Sie dabei, Ihre Position in der Welt zu sichern und Anerkennung zu bekommen. Andererseits hemmt er möglicherweise Ihre Weiterentwicklung und bewirkt, dass Sie Ihre Bedürfnisse vernachlässigen, Ihre Grenzen und eigene Ziele missachten – nur, um nicht kritisiert zu werden. Wenn Sie Ihre Bedürfnisse und Lebensziele differenziert kennen und mit Überzeugung bejahen, haben Sie gute Argumente, um dem inneren Kritiker souverän begegnen zu können.

- **Der konstruktive innere Kritiker** will, dass Sie Ihre Bedürfnisse befriedigen und Ihre Ziele erreichen.
- **Der nörgelnde innere Kritiker** möchte, dass Sie nach außen gut dastehen und die Erwartungen anderer erfüllen.
- **Der vernichtende innere Kritiker** befürchtet, dass Sie die Glaubenssätze Ihrer Ursprungsfamilie infrage stellen und Ihre Komfortzone verlassen könnten.

Versuchen Sie nicht, Ihren inneren Kritiker abzuschaffen, denn er wird immer wieder einen Weg in Ihr Leben finden. Setzen Sie sich lieber aufmerksam mit ihm auseinander, lernen Sie ihn kennen und treten Sie in Dialog mit ihm, um seine hilfreichen Impulse zu nutzen und seine störenden Einflüsse zu begrenzen.

Der innere Kritiker ist Teil des inneren Teams

Ihre Persönlichkeit ist charakterisiert durch viele verschiedene Merkmale beziehungsweise Anteile. Sie können sich Ihre Merkmale oder Persönlichkeitsanteile vorstellen wie ein inneres Team: Sie selbst mit Ihrer erwachsenen Gesamtpersönlichkeit sind Chef dieses Teams. Ihre verschiedenen Anteile sind Teammitglieder, die wichtige Aufgaben haben.

- Sie sind unterschiedlich groß und stark.
- Sie spielen in Alltagssituationen jeweils verschiedene Rollen.
- Sie werden nach außen hin mehr oder weniger sichtbar.
- Sie sind Ihnen selbst teils gut, teils weniger gut bekannt.
- Einige Anteile mögen Sie besonders gerne, andere sind Ihnen lästig oder sogar peinlich: Wahrscheinlich haben Sie mutige und ängstliche Anteile, optimistische und pessimistische Anteile, kreative und langweilige Anteile – und eben auch kritische Anteile.

Jedes Teammitglied will das Beste für den Teamchef, also die Gesamtpersönlichkeit, doch die Ziele der einzelnen Mitglieder sind zum Teil sehr unterschiedlich oder schließen sich sogar gegenseitig aus.

Wenn Sie ausgeglichen, gelassen und mit sich im Reinen sind, werden Sie als Chef Ihres inneren Teams die einzelnen Teammitglieder wertschätzend behandeln, ihre Meinung anhören und einen Konsens finden, mit dem alle zufrieden sind.

Wenn Sie hingegen im Stress sind, sich unwohl fühlen oder an Ihre Grenzen kommen, neigen Sie vermutlich dazu, bestimmte Persönlichkeitsanteile bevorzugt zur Geltung zu bringen und andere an den Rand zu drängen.

Versuchen Sie daher immer wieder aufs Neue, in Ihrer inneren Mitte zu bleiben und gelassen in den Alltag zu gehen. Überfordern Sie sich nicht und sorgen Sie für regelmäßige Pausen und Auszeiten. So kehrt Ruhe im Innen ein und der innere Kritiker kann sich entspannen.

Jeder innere Kritiker ist einzigartig – wie der Mensch

Kein Mensch ist mit einem anderen Menschen identisch, selbst eineiige Zwillinge unterscheiden sich. So sind auch die kritischen inneren Stimmen völlig unterschiedlich – manche Menschen hören wenig innere Kritik, andere werden den lieben langen Tag von einer hämischen Tonspur begleitet.

Wenn Sie sich zum Kern Ihrer Persönlichkeit vorarbeiten, Ihre Prägungen und Werte reflektieren, haben Sie die Chance, Ihren inneren Kritiker zu entmachten. Dieser Weg ist langwierig und manchmal steinig. Die große Chance ist aber, dass Sie Ihre Einzigartigkeit künftig ausleben können und sich nicht mehr von unangemessenen Zuschreibungen hemmen lassen. Folgende Fragen können Ihnen helfen, sich besser kennenzulernen:

- ✔ Wie sind Sie geworden, wer Sie heute sind?
- ✔ Welche Faktoren haben Ihre Lebensentscheidungen beeinflusst?
- ✔ Wie sind Sie mit Herausforderungen, Konflikten und Krisen umgegangen?
- ✔ Was war leicht, was war schwer?

Die Persönlichkeitsentwicklung setzt regelmäßige Selbstreflexion voraus: Sie treten selbstkritisch, aber liebevoll aus sich heraus und beobachten aufmerksam, wie Sie denken, fühlen und handeln. Sie achten auf die Maßstäbe, die Sie an sich und Ihr Handeln anlegen, und hinterfragen, ob diese angemessen und hilfreich sind. Dadurch lernen Sie zu erkennen, was einerseits wirklich zu Ihrem Wesen gehört und was andererseits durch Erziehung oder Anpassung an Lebensumstände geprägt wurde, aber im Hier und Jetzt nicht mehr zu Ihnen passt. Davon können Sie sich nach und nach lösen, während Sie gleichzeitig Ihr wahres Selbst stärken.

Selbstakzeptanz kann man üben

Die meisten Menschen sind dazu erzogen worden, sich selbst ständig zu bewerten und zu überprüfen, ob sie den Anforderungen ihrer Umgebung gerecht werden. Dabei kommt die Selbstakzeptanz zumeist viel zu kurz.

Wer sich immer nur an äußeren Werten, Normen und Erwartungen orientiert, verliert den Kontakt zu sich selbst und ist fast nie gut genug.

Selbstfürsorge bedeutet, sich selbst so anzunehmen, wie man ist, und sich weder auf- noch abzuwerten, sondern einen realistischen Blick auf sich zu werfen.

Die Spiegelübung

Versuchen Sie mit der Spiegelübung einen wohlwollenderen Blick auf sich selbst zu gewinnen.

1. Schauen Sie regelmäßig in den Spiegel.
2. Verzichten Sie dabei auf jegliche Bewertung.
3. Beschreiben Sie, was Sie im Spiegel sehen, auf achtsame und liebevolle Weise: Sie sind, wie Sie sind!

Anfangs halten Sie es vielleicht nur wenige Augenblicke aus, sich selbst aufmerksam anzuschauen und Ihrem eigenen Blick standzuhalten. Doch je öfter Sie die Spiegelübung machen, desto selbstverständlicher wird es Ihnen, sich nicht nur anzusehen, sondern auch anzunehmen.

Vielleicht gelingt es Ihnen sogar, diese Übung mehrmals täglich zu machen. Betrachten Sie Ihr Spiegelbild in Fenstern, Bildschirmen oder in den Augen Ihres Gegenübers.

Trainieren Sie Ihre Achtsamkeit, indem Sie bewusst auf wertende Adjektive (gut, schlecht, schön, hässlich, interessant, langweilig, bedeutsam, wertlos) und auf Vergleiche (besser, wertvoller, höher, schneller, weiter) verzichten. Lächeln Sie sich freundlich zu!

Wenn Sie möchten, halten Sie Ihre Selbstreflexion in einem Tagebuch fest, und prüfen Sie, ob und wie sich Ihr Selbstbild verändert.

Vielleicht spüren Sie, dass Sie sich zunehmend heimisch in Ihrem Körper fühlen und sich immer wertschätzender selbst begegnen. Auf diese Weise schließen Sie Frieden mit sich, akzeptieren den unvermeidlichen Alterungsprozess und kommen innerlich zur Ruhe, weil Sie keinem idealisierten oder fremdbestimmten Selbstbild mehr nachjagen müssen.

Fehlertoleranz macht stark

Jeder Mensch hat sowohl Stärken als auch Schwächen, Ressourcen und Defizite. Nehmen Sie sich so an, wie Sie sind. Seien Sie ehrlich und offen mit sich, aber auch nachsichtig und liebevoll. So wie jeder andere Mensch auch haben Sie gute und schlechte Eigenschaften, förderliche und hinderliche Angewohnheiten, angenehme und unangenehme Seiten. Vieles machen Sie richtig, manches machen Sie falsch. Sie sollten nicht den Ehrgeiz haben, Ihre Defizite, Schwächen und Fehler komplett ausmerzen zu wollen. Das ist unmöglich. Akzeptieren Sie sich so, wie Sie sind, und prüfen Sie, was Sie verändern können und wie Sie sich entwickeln wollen.

Wenn Sie sich nur auf Ihre (vermeintlichen oder tatsächlichen) Schwächen und Fehler konzentrieren, vergeuden Sie Ihre Kraft. Denn es ist ungleich anstrengender, ein Defizit auszugleichen, als eine Ressource oder Stärke zu fördern.

Wenn Sie bemerken oder von Ihrem inneren Kritiker darauf hingewiesen werden, dass Sie einen Fehler gemacht haben, können folgende Impulse Ihnen helfen, souverän damit umzugehen:

- ✔ Wie ist der Fehler passiert?
- ✔ Was hätten Sie gebraucht, um den Fehler nicht zu machen?
- ✔ Welche Auswirkungen hat der Fehler?
- ✔ Wie können Sie den Fehler wieder in Ordnung bringen?
- ✔ Können Sie jemanden, der von Ihrem Fehler betroffen ist, um Verzeihung bitten?
- ✔ Was hilft Ihnen, diesen Fehler nicht noch einmal zu machen?

Jeder Fehler ist eine Lernchance und hilft Ihnen, sich noch besser zu verstehen und noch authentischer weiterzuentwickeln.

Perfektion ist langweilig

Wer seinen Selbstwert nahezu ausschließlich über seine Leistung definiert, ist anfällig für Perfektionismus. Denn der stetige Drang, sich und anderen etwas beweisen zu wollen, führt nicht selten dazu, dass die eigenen Fähigkeiten nur zählen, wenn das Ergebnis deutlich besser ist als der Durchschnitt.

Perfektionismus ist bis zu einem gewissen Grad funktional: Immer dann, wenn das eigene Handeln als wirksam erlebt wird, die Selbstorganisation hoch ist und keine Versagensangst besteht, kann Perfektionismus eine hilfreiche Triebfeder sein. Er bewirkt in diesen Fällen Gewissenhaftigkeit und Durchhaltevermögen.

Sobald sich jedoch perfektionistische Besorgnis einstellt, die Zweifel und Unsicherheit nährt sowie Fehler und Schwächen bedrohlich macht, wird der Perfektionismus dysfunktional, also störend. Der innere Kritiker schwingt seine Peitsche ununterbrochen und fordert höchste Anstrengung. Das kann auf Dauer krank machen, denn anhaltende Versagensangst und massive innere Anspannung führen zu körperlichen Stresssymptomen und seelischer Not.

Die Vorstellung, perfekt sein zu können, ist ein unrealistisches Konstrukt. Denn kein Mensch ist perfekt, jeder hat Schwächen und macht Fehler.

Zeigen Sie sich so, wie Sie sind. Stehen Sie zu Ihren Stärken und Schwächen. Gehen Sie entspannt mit Rückschlägen um und nutzen Sie jeden Fehler als Möglichkeit, etwas zu lernen oder noch mal neu anzufangen. Wenn Sie lernen, sich Ihre Unzulänglichkeiten zu verzeihen und angemessen damit umzugehen, kann Ihr innerer Kritiker sich entspannen. Wenn Sie sich vom Perfektionismus verabschieden, gewinnen Sie innere Freiheit. Denn Sie lösen sich von den überzogenen Erwartungen und Ansprüchen Ihres inneren Kritikers und dadurch auch von dem Druck, in jeder Situation das Beste geben zu müssen.

Innere Motivation befreit

Jede Motivation entsteht aus dem Antrieb heraus, ein Bedürfnis zu befriedigen. Bei der inneren oder intrinsischen Motivation entsteht dieser Antrieb ausschließlich in Ihnen selbst, wird also nicht durch äußere Faktoren oder andere Menschen beeinflusst. Sind Sie intrinsisch motiviert, dann sind Sie unabhängig von externen Motivatoren wie Lob, Anerkennung, Belohnungen oder materiellen Anreizen. Sie finden Freude, Willenskraft und Durchhaltevermögen in sich selbst und verwirklichen Ihre Werte und Ziele. Je bewusster Ihnen Ihre innere Motivation ist, desto souveräner können Sie dem inneren Kritiker begegnen: Sie leben aus, was Ihnen wichtig ist, und finden Bestätigung in Ihrem eigenen Wertesystem. Egal was andere Menschen sagen oder denken – Sie gehen unerschütterlich Ihren Weg und setzen um, was für Sie wesentlich ist.

Hilfreich für innere Motivation und anhaltende Handlungsbereitschaft sind die sogenannten *Umsetzungskompetenzen*:

- ✔ Fokussierung auf das Wesentliche
- ✔ Emotionsregulation
- ✔ Selbstvertrauen
- ✔ Durchsetzungskraft
- ✔ Planung
- ✔ Kreativität
- ✔ Selbstdisziplin

Nehmen Sie sich regelmäßig Zeit zur Reflexion und Innenschau. Prüfen Sie, ob Ihre Motivation und Handlungskompetenz stark genug sind, um auch unangenehme oder schwierige Herausforderungen zu bewältigen.

Manchmal ist die Zeit noch nicht reif. Es ist in solchen Fällen hilfreich und authentisch, die eigenen Grenzen zu akzeptieren und sich zu sammeln, bis die innere Motivation wieder hoch genug ist.

Konstruktiver innerer Dialog macht souverän

Der innere Dialog mit eigenen Persönlichkeitsanteilen ist etwas ganz Alltägliches: Immer wenn Sie sich selbst gut zureden (»Ich schaffe das!«), sich an etwas erinnern (»Das darf ich nicht vergessen!«), sich regulieren (»Keine Sorge!«) oder kritisieren (»Oh nein, wie blöd!«), sind Sie im Kontakt mit Ihren unterschiedlichen inneren Anteilen. Vielleicht sind Ihnen diese inneren Dialoge bewusst, vielleicht haben Sie sie bisher aber noch nicht aufmerksam wahrgenommen. Um mit

Ihrem inneren Kritiker langfristig Frieden zu schließen, ist es hilfreich, wenn Sie Ihre inneren Dialoge bewusst wahrnehmen und konstruktiv steuern.

Solange Sie den inneren Kritiker nicht reflektieren, laufen in Ihnen unbewusste Muster ab, nach denen Sie schon Ihr Leben lang denken, fühlen und handeln. Diese Muster haben Ihnen schon oft geholfen, Herausforderungen zu meistern und Erwartungen zu erfüllen. Darum haben sie sich verfestigt und laufen ganz automatisch ab. Manche dieser Muster sind im Hier und Jetzt aber nicht mehr hilfreich, sondern führen im Gegenteil vielleicht zu einer Verringerung Ihres Selbstwerts, einer Abwertung Ihrer Fähigkeiten oder einer Einschränkung Ihrer Lebensfreude. Wenn Sie künftig mit Ihrem inneren Kritiker in konstruktivem Kontakt sind und seine Äußerungen hinterfragen, vergrößern Sie Ihre Entscheidungsfreiheit – denn Sie denken, fühlen oder handeln dann nicht mehr automatisch, sondern bewusst.

Denken, Fühlen und Handeln stehen in ständiger Wechselwirkung: Ihre Gedanken beeinflussen, wie Sie fühlen und handeln; Ihre Gefühle verändern, wie Sie denken und handeln; Ihre Taten nehmen Einfluss darauf, wie Sie fühlen und denken. Sie können Ihr Denken, Fühlen und Handeln aktiv regulieren, modifizieren und umlenken. Übernehmen Sie bewusst Verantwortung für Ihre Gedanken, Gefühle und Handlungen!

Je stabiler der Selbstwert, desto ruhiger der innere Kritiker

Der Selbstwert ist im Laufe des Lebens nicht statisch, sondern verändert sich in positive oder negative Richtung. Er hängt von unterschiedlichen Faktoren ab, beispielsweise von der Zufriedenheit mit dem eigenen Äußeren und mit den Lebensumständen, vom Erfolg im Arbeitsleben, von Selbstsicherheit und Selbstwirksamkeitserwartung. Je nach Prägung durch Ihre Herkunftsfamilie fühlen Sie sich entweder grundsätzlich wertvoll oder grundsätzlich wertlos. Wenn Ihre Eltern Sie ermutigt, gefördert, gelobt, bestärkt und konstruktiv kritisiert haben, konnten Sie vermutlich ein stabiles Selbstwertgefühl entwickeln und fühlen sich den Herausforderungen Ihres Lebens zumeist gut gewachsen. Wurden Sie hingegen durch Ihre wichtigsten Bezugspersonen abgewertet, misshandelt, vernachlässigt oder bestraft, ist Ihr Selbstwertgefühl wahrscheinlich eher niedrig und Sie fühlen sich oft unsicher und ohnmächtig. Entsprechend dieser frühen Prägung haben Sie einen inneren Kritiker, der entweder überwiegend konstruktiv oder zumeist nörgelnd oder gar vernichtend ist.

Der Selbstwert ist ein subjektives Gefühl der eigenen Bedeutung und Wirksamkeit sowie des Vertrauens in sich selbst. Er wird auch geprägt von der Rückmeldung anderer sowie der Identifikation mit Bezugspersonen oder Vorbildern.

Doch auch wenn Ihr Selbstwertgefühl seit der Kindheit eher niedrig ist, können Sie es als Erwachsener bewusst stärken und weiterentwickeln. Dafür brauchen Sie

- ✔ Erfolgserlebnisse,
- ✔ inneren und äußeren Zuspruch,
- ✔ Selbstakzeptanz und
- ✔ bewusste Persönlichkeitsentfaltung.

Es gilt, die innere Abwertung durch den nörgelnden oder vernichtenden inneren Kritiker zu stoppen und sich durch den konstruktiven inneren Kritiker unterstützen zu lassen.

Halten Sie sich immer wieder bewusst vor Augen, was Sie gut können, gerne tun, bisher schon erreicht haben und welche Krisen Sie überwinden konnten.

Suchen Sie sich eine für Sie passende Affirmation zur Stabilisierung Ihres Selbstwerts aus, beispielsweise: »Ich bin gut so, wie ich bin« oder »Ich nutze meine Stärken und Talente jeden Tag«. Dadurch bestärken Sie sich und beruhigen den inneren Kritiker.

Authentizität senkt die innere Kritik

Je authentischer Sie leben, je besser Sie Ihre Bedürfnisse kennen und für sich sorgen und je weniger Sie sich verstellen, desto zufriedener werden Sie sein. Denn Authentizität macht gelassen und Gelassenheit stärkt Ihre innere Widerstandskraft. Lassen Sie sich nicht verunsichern, wenn der innere Kritiker verkündet, dass Sie unbequem seien oder Erwartungen nicht erfüllen würden. Prüfen Sie die Rahmenbedingungen und gleichen Sie sie mit Ihrer inneren Haltung ab: Sind Sie auf dem richtigen Weg? Oder haben Sie ein Störgefühl? Möglicherweise wollen Sie Ihre Position modifizieren oder auf äußere Gegebenheiten reagieren. Tun Sie das mit großer innerer Überzeugung. Dann werden Sie bemerken, dass der innere Kritiker stiller wird.

Ihr innerer Kritiker ist kein Experte für Authentizität, weil er sich vor allem an den Erwartungen anderer orientiert. Wie ein Bilanzbuchhalter ist er mit strengen

Bewertungsmaßstäben unterwegs und prüft Gewinn und Verlust, um Rechenschaft nach außen ablegen zu können. Wenn Sie ihn künftig im inneren Dialog davon überzeugen können, dass Sie ganz bewusst Ihren persönlichen Wertmaßstäben und Lebenszielen folgen, kann sich langfristig Ihre Lebensfreude erhöhen. Denn ohne nörgelnde oder vernichtende innere Kritik werden Sie zunehmend in der Lage sein, Ihre eigenen Werte zu leben und Ihre Prioritäten zu verwirklichen. Sie können sich besser entfalten, Ihren individuellen Weg gehen und Neues wagen.

IN DIESEM KAPITEL

Verantwortung für die eigenen Bedürfnisse übernehmen

Gut für sich sorgen

Mit Optimismus dem inneren Kritiker begegnen

Kapitel 16
Zehn Übungen für die Selbstfürsorge

Selbstfürsorge ist ein Schlüssel zu mehr Gesundheit, Lebensfreude, innerer Ausgeglichenheit und Zufriedenheit. Je aufmerksamer Sie sich um sich selbst kümmern, Ihre Bedürfnisse wahr- und ernst nehmen und Ihre Grenzen respektieren, desto freier und glücklicher leben Sie. Selbstfürsorge ist unabdingbar für Fremdfürsorge, denn nur wenn es Ihnen gut geht, können Sie sich gut um andere Menschen kümmern. In diesem Kapitel bekommen Sie Anregungen für Ihren Alltag, um der Selbstfürsorge mehr Raum zu geben und sich im Tagesverlauf immer wieder achtsam und fürsorglich auf sich zu besinnen.

Wenn Sie die Qualitäten Achtsamkeit, Gelassenheit, Innenschau, Optimismus und Handlungsbereitschaft stärken, können Sie viel souveräner mit Ihrem inneren Kritiker umgehen.

Eigene Bedürfnisse achtsam benennen

Achtsamkeit bedeutet aufmerksam beobachten, ohne zu bewerten. Versuchen Sie es jeden Tag aufs Neue im Hinblick auf Ihre eigenen Bedürfnisse: Spüren Sie in sich hinein und finden Sie heraus, was Sie wirklich benötigen, wünschen, hoffen und ersehnen. Die menschlichen Bedürfnisse drehen sich um körperliches Wohlergehen, Schutz, Zugehörigkeit, Sinnstiftung und Selbstverwirklichung. Sie werden befriedigt durch aufmerksamen Umgang mit dem eigenen Körper, durch zwischenmenschliche Beziehungen, Ausschöpfen der eigenen Potenziale, Selbstdisziplin und Zielstrebigkeit. Dafür brauchen Sie Zeit und Energie, Aufmerksamkeit und Hingebung. Geld und Besitz spielen eine untergeordnete Rolle: Viele materielle Dinge sind Ersatzbefriedigungen, die eine innere Leere füllen sollen.

Mit Selbstfürsorge in den Tag starten

Nehmen Sie sich jeden Morgen kurz Zeit für die Selbstfürsorge und gehen Sie den anstehenden Tag in Gedanken durch:

- ✔ Was steht heute auf Ihrem Programm?
- ✔ Was müssen Sie tun, was wollen Sie tun?
- ✔ Liegen Müssen und Wollen nah beieinander oder gibt es große Abweichungen?

Prüfen Sie die Verpflichtungen, die in die Kategorie »Müssen« fallen und die Sie gar nicht gerne tun wollen:

- ✔ Von welchen können Sie sich befreien?
- ✔ Welche können Sie delegieren?
- ✔ Können Sie die Aufgaben, die dann noch übrig bleiben, anders betrachten oder neu strukturieren und dadurch besser mit Ihren eigenen Bedürfnissen in Einklang bringen?

Seien Sie ehrlich mit sich und geben Sie sich Zeit, um Ihre Aufgaben und Ihre Wünsche von Tag zu Tag besser in Einklang zu bringen. Verabschieden Sie sich nach und nach konsequent von allem, was Ihren Bedürfnissen entgegensteht, und finden Sie zu einem selbstbestimmten, sinnerfüllten Leben. Das dauert mitunter Monate oder Jahre – geben Sie nicht auf! Wenn Sie jeden Tag aufs Neue auf sich und Ihre Bedürfnisse achten und diese klar benennen, werden Sie Schritt für Schritt freier und erfüllter.

Wenn Sie möchten, führen Sie Tagebuch über Ihre Selbstentfaltung. Notieren Sie Zwischenziele und erreichte Meilensteine, halten Sie Ihre Wünsche und Hoffnungen fest, sodass Sie Ihren Weg nachvollziehen können.

Sich selbst annehmen

Die meisten Menschen sind dazu erzogen worden, sich selbst ständig zu bewerten und zu überprüfen, ob sie den Anforderungen ihrer Umgebung gerecht werden. Dabei kommt die Selbstakzeptanz zumeist viel zu kurz. Wer sich immer nur an äußeren Werten, Normen und Erwartungen orientiert, verliert den Kontakt zu sich selbst und ist fast nie gut genug. Selbstfürsorge bedeutet, sich selbst so anzunehmen, wie man ist, und sich weder auf- noch abzuwerten, sondern einen realistischen Blick auf sich zu werfen.

- ✔ Schauen Sie regelmäßig in den Spiegel und verzichten Sie dabei auf jegliche Bewertung. Beschreiben Sie, was Sie im Spiegel sehen, auf achtsame und liebevolle Weise.
- ✔ Trainieren Sie Ihre Achtsamkeit, indem Sie bewusst auf bewertende Adjektive (gut, schlecht, schön, hässlich, interessant, langweilig, bedeutsam, wertlos) und auf Vergleiche (besser, wertvoller, höher, schneller, weiter) verzichten.
- ✔ Lächeln Sie sich freundlich zu!

Prüfen Sie, ob und wie sich Ihr Selbstbild verändert und welche Auswirkungen dies auf den inneren Kritiker hat. Vielleicht spüren Sie, dass Sie sich zunehmend heimisch in Ihrem Körper fühlen und sich immer wertschätzender selbst begegnen. Auf diese Weise beruhigt sich der innere Kritiker und meldet sich künftig nur noch konstruktiv und unterstützend zu Wort.

Gelassen mit Konflikten umgehen

Konflikte gehören zum Alltag dazu, denn bei jeder menschlichen Begegnung treffen unterschiedliche Ziele, Wertmaßstäbe und Bedürfnisse aufeinander, die nicht immer in Einklang zu bringen sind. Im Sinne der Selbstfürsorge ist es hilfreich, das Konfliktpotenzial jeder zwischenmenschlichen Beziehung als gegeben anzunehmen und sich von Konflikten nicht erschüttern zu lassen.

- ✔ Wenn Sie einen Konflikt mit einem Familienmitglied haben, bedeutet das nicht, dass Ihr Gegenüber Sie nicht mehr liebt – er oder sie hat gerade einfach nur eine andere Idee, Haltung oder Meinung als Sie.
- ✔ Haben Sie einen Konflikt im Berufsalltag, zeugt dies nicht von Ihrer Inkompetenz oder Unbeliebtheit, sondern ist ein Beweis dafür, dass Sie und Ihr Gegenüber den Konfliktanlass ernst nehmen und einen unterschiedlichen Blickwinkel haben.

Durch diese Grundhaltung nehmen Sie Druck aus der Situation und entlasten sich, denn Sie merken, dass Sie den Konflikt vielleicht nicht sofort lösen müssen, sondern erst einmal stehen lassen können.

Machen Sie Ihrem Gegenüber durch eine Ich-Botschaft deutlich, dass Sie nicht im Angriffsmodus sind: »Mir ist wichtig …« oder »Ich befürchte gerade …« lässt dem Konfliktpartner Raum, die eigenen Maßstäbe, Gefühle und Bedürfnisse zu erspüren und zu hinterfragen. Nutzt Ihr Gegenüber diesen Raum jedoch für einen Angriff, können Sie dies ebenso gelassen benennen: »Darüber möchte ich erst mal nachdenken« oder »Ich möchte jetzt nicht darüber streiten« ermöglichen Ihnen den Rückzug aus der Situation, bis wieder Ruhe eingekehrt ist und eine sachliche Auseinandersetzung möglich erscheint.

Wenn Sie in einen Konflikt geraten,

- ✔ atmen Sie bewusst tief ein und aus.
- ✔ reagieren Sie nicht sofort, sondern halten Sie kurz inne und werden Sie sich Ihrer Gefühle bewusst: Sind Sie ärgerlich, wütend, enttäuscht, zornig oder ängstlich?
- ✔ geben Sie dem Gefühl Raum, ohne sich davon überwältigen zu lassen. Gefühle sind nicht von Dauer – lassen Sie das aktuelle Gefühl zunächst etwas abebben, bevor Sie etwas sagen oder tun.

Wenn Sie merken, dass Sie dafür mehr Zeit brauchen, benennen Sie dies, beispielsweise: »Oh, ich bin gerade sehr ärgerlich, ich brauche einen Moment, um mich zu beruhigen!«, und gehen Sie aus der Situation. Sind Sie innerlich wieder ruhiger, suchen Sie die Klärung. Ist dieses Vorgehen nicht umsetzbar, weil Ihr Gegenüber mehr Macht hat als Sie oder weil keine Ausweichmöglichkeit zur Verfügung steht, gehen Sie innerlich auf Abstand und betrachten Sie die Situation aus der Vogelperspektive. Dadurch gewinnen Sie Ihre Gelassenheit zurück und können angemessen reagieren.

Mehr Gelassenheit, weniger Stress

Stress bedeutet Anspannung und Druck – sowohl äußerlich als auch innerlich. Um eine Herausforderung zu bewältigen, benötigen Sie ein mittleres Maß an innerer Anspannung. Wird der Druck jedoch zu hoch oder befürchten Sie, der Anforderung nicht gerecht zu werden, geraten Sie unter negativen Stress. Ihr Körper verspannt sich, Ihr Herz rast, Sie bekommen Angst und machen sich unbewusst bereit zu Kampf oder Flucht. Durchbrechen Sie dieses Steinzeitprogramm und sorgen Sie dafür, dass Sie auch in anstrengenden, herausfordernden Situationen gelassen bleiben:

- ✔ Zerlegen Sie anspruchsvolle Aufgaben in Teilaufgaben und geben Sie sich für jede Unteraufgabe ausreichend Zeit.
- ✔ Prüfen Sie, ob Sie Ihre Aufgabe allein lösen können oder ob Sie Unterstützung brauchen. Sprechen Sie mögliche Helfer an und formulieren Sie detailliert, welche Form der Kooperation Sie sich wünschen.
- ✔ Benötigen Sie Hilfsmittel oder andere Ressourcen, um der anstehenden Herausforderung gerecht zu werden? Planen Sie realistisch und lassen Sie Raum für unerwartete Entwicklungen.
- ✔ Ist das Ziel klar? Räumen Sie Unklarheiten aus, indem Sie mit den Beteiligten sprechen und die Erwartungen gegebenenfalls schriftlich festhalten.
- ✔ Achten Sie darauf, ob und wann Sie eine Pause brauchen. Kurze Unterbrechungen sorgen für Stressabbau und Regeneration.

Gelassenheitsfördernd und selbstfürsorglich ist darüber hinaus auch die innere Einstellung zum erwünschten Ergebnis: Muss Ihre Aufgabe zu 100 Prozent gelöst oder gar – mit den berüchtigten 150 Prozent – übererfüllt werden? Oder reichen auch 80 Prozent für ein zufriedenstellendes Ergebnis?

Denken Sie an das Pareto-Prinzip: Mit 20 Prozent Kraftaufwand erreichen Sie 80 Prozent des Ergebnisses; für die übrigen 20 Prozent Ergebnis benötigen Sie aber 80 Prozent Krafteinsatz. Ist es das wert?

Solche Reflexionen dauern nicht lang, erhöhen die innere Gelassenheit erheblich und senken den Stress.

Den Blick nach innen lenken

Ein wichtiges Instrument der Selbstfürsorge ist die *Innenschau*, also die Selbstreflexion: Richten Sie Ihren Blick mehrmals täglich nach innen und nehmen Sie wahr, was Sie gerade fühlen, ob Sie entspannt oder angespannt sind, ob Sie Hunger oder Durst haben, ob Sie eine Pause brauchen, ob Sie müde sind, ob Ihnen die Menschen in Ihrer Umgebung guttun, was Sie sich wünschen oder erhoffen, wohin Ihre Gedanken wandern und womit Sie sich etwas Gutes tun könnten. Dadurch schaffen Sie eine intensive Verbindung zu Ihrem Innenleben und gehen achtsam mit Ihren Ressourcen um.

Versuchen Sie, die äußeren Taktgeber in Einklang mit Ihrem inneren Rhythmus zu bringen: Wenn Sie ein Frühaufsteher sind, erledigen Sie anspruchsvolle Tätigkeiten möglichst am Vormittag; sind Sie eine Nachteule, legen Sie die Arbeiten, für die Sie volle Konzentration brauchen, auf den Nachmittag.

Durch regelmäßige Selbstreflexion verhindern Sie, dass Ihre Energiespeicher leerlaufen und Sie über Ihre Grenzen gehen. Tanken Sie im Laufe des Tages bewusst auf, beispielsweise durch einen kurzen Spaziergang, einen Mittagsschlaf oder Powernap, eine Achtsamkeitsübung, eine Traumreise oder die Ampelübung aus der Progressiven Muskelentspannung.

Nutzen Sie das Wochenende zur Regeneration, indem Sie bewusst das Diensthandy ausschalten und keine Mails lesen, Zeit für sich und Ihre Familie reservieren, ausschlafen, in Ruhe Ihre Mahlzeiten einnehmen und Sport treiben. Schalten Sie im Urlaub vollständig ab – sowohl im wörtlichen als auch im übertragenen Sinne – und genießen Sie das Privileg der Nichterreichbarkeit. So verhindern Sie einen Burn-out und bleiben dauerhaft gesund.

Herausfinden, was Sie gerade brauchen

Je intensiver Sie sich mit den Signalen Ihres Körpers beschäftigen, desto besser wird Ihr Gefühl für Ihre Bedürfnisse und das, was für Ihr Wohlergehen notwendig ist.

Ihre innere Stimme sagt Ihnen deutlich, was Sie brauchen – hören Sie darauf und geben Sie dadurch der Selbstfürsorge ganz intuitiv volle Aufmerksamkeit.

Der Intuition folgen

Egal wo Sie gerade sind und was Sie gerade tun, halten Sie kurz inne und schließen Sie kurz die Augen. Atmen Sie ruhig und tief in Ihren Bauch und ganz langsam wieder aus. Spüren Sie in sich hinein:

- ✔ Sind Sie entspannt oder stehen Sie unter Druck? Vielleicht brauchen Sie eine Pause.
- ✔ Schlägt Ihr Herz ruhig oder klopft es aufgeregt? Achten Sie auf Ihre Gefühle und geben Sie ihnen Raum. Finden Sie heraus, weshalb Sie gerade aufgeregt oder angespannt sind. Vielleicht brauchen Sie jemanden, der Ihnen zuhört.

- ✔ Sind Ihre Muskeln locker oder verkrampft? Vielleicht brauchen Sie körperliche Bewegung, eine Dehnübung oder eine andere Sitzhaltung, um sich etwas entspannen zu können.
- ✔ Sind Ihre Gedanken konzentriert im Hier und Jetzt oder springen sie von einem Thema zum anderen? Vielleicht haben Sie sich zu viel auf einmal vorgenommen und sollten einige Aufgaben auf morgen verschieben.
- ✔ Fühlen Sie sich wohl in Ihrem Körper oder sind Sie hungrig, durstig, müde, müssen auf die Toilette oder Ihnen ist kalt? Vielleicht brauchen Sie etwas zu essen, zu trinken oder warme Socken. Sorgen Sie möglichst umgehend für körperliches Wohlbefinden.
- ✔ Freuen Sie sich auf den Rest des Tages oder wünschen Sie, der Tag wäre endlich vorbei? Vielleicht gibt es einen ungeklärten Konflikt oder ein kraftraubendes Missverständnis, das Sie belastet. Versuchen Sie eine rasche Klärung herbeizuführen, um den Tag unbelastet ausklingen lassen zu können.

Durch das Innehalten und die Konzentration auf Ihre Intuition machen Sie Energiefresser unschädlich, bringen sich in ein inneres Gleichgewicht und fokussieren auf das, was für Sie bedeutungsvoll ist. Befreien Sie sich von Ballast und finden Sie dadurch zu mehr Leichtigkeit!

Am Ende wird alles gut

Optimismus ist wichtig, denn mit Ihrer inneren Haltung beeinflussen Sie die äußeren Gegebenheiten: Wenn Sie lächelnd und positiv auf andere Menschen zugehen, begegnen diese Ihnen in der Regel mit Wohlwollen und Vertrauen. Erwarten Sie etwas Gutes, ist Ihr Blick geschärft für jedes hilfreiche Detail. Sie blenden Schwierigkeiten und Probleme zwar nicht aus, richten Ihr Augenmerk aber auf mögliche Lösungen und Handlungsalternativen.

Vertrauen Sie auf Ihr Durchhaltevermögen, auf Ihre Kreativität und Ihre Fähigkeiten, auf Ihr Netzwerk und auf glückliche Zufälle – dann wird am Ende tatsächlich fast immer alles gut. Fehler und Umwege sind Lernchancen, die Sie bereichern und voranbringen.

Feedforward: Der Blick in die Zukunft

Wenn Sie vor einer Aufgabe stehen, die Ihnen spontan unlösbar oder viel zu anstrengend erscheint, denken Sie den Weg zur Lösung ausschließlich mit Blick in die Zukunft (»Was kann ich künftig tun?«), nicht zurück in die Vergangenheit (»Was habe ich früher falsch gemacht?«). Diese Methode heißt *Feedforward* (im Gegensatz zum Feedback, also dem Rückblick auf bereits Geschehenes) und dient dazu, eine Lösungstrance zu erzeugen, in der viele unterschiedliche Wege zum Ziel erdacht werden. Dadurch, dass Sie das gewünschte Ergebnis in den Fokus stellen, erhöht sich Ihre Zuversicht und Selbstwirksamkeitserwartung.

Verzichten Sie bewusst auf schwächende Überzeugungen wie »Das schaffe ich nicht« oder »Das ist viel zu schwer«. Denken Sie positiv: »Auf so eine spannende Herausforderung habe ich gewartet, jetzt werde ich zeigen, was ich alles kann!« oder »Es wird bestimmt Spaß machen, dieses Problem kreativ zu lösen«.

Beziehen Sie andere Menschen ein und fragen Sie sie um Rat, bitten Sie um Unterstützung oder begeistern Sie sie von Ihrem Vorhaben. Mithilfe der Schwarmintelligenz können Sie jede Herausforderung meistern! Stecken Sie die anderen mit Ihrem Optimismus an und belohnen Sie sich, sobald das Ziel erreicht ist.

Geht nicht gibt's nicht

Mit einer gesunden Portion Optimismus können Sie alles erreichen, wovon Sie träumen. Programmieren Sie Ihr Unbewusstes auf Erfolg, indem Sie sich immer wieder vor Augen führen, was Sie können, wie Sie sind, was Sie haben und wohin Sie wollen. Machen Sie eine Liste und notieren Sie Ihre

- ✔ Fähigkeiten,
- ✔ Fertigkeiten,
- ✔ bisherigen Erfolge,
- ✔ inneren Überzeugungen,
- ✔ Werte,
- ✔ positiven Eigenschaften,

- ✔ Ressourcen,
- ✔ Bezugspersonen,
- ✔ Qualifikationen,
- ✔ Wünsche,
- ✔ Hoffnungen,
- ✔ Ziele.

Fokussieren Sie Ihre Aufmerksamkeit dann auf ein Ziel und malen Sie sich möglichst detailliert aus, wie es sein wird, wenn Sie dieses Ziel erreicht haben. So verankern Sie Ihren gewünschten Zielzustand und verbinden ihn mit positiven Gefühlen und Konnotationen. Dadurch fängt das Ziel an, eine Sogwirkung auf die Gegenwart auszuüben und in Ihrem Geist Suchprozesse auszulösen, die Ihnen mögliche Wege zum Ziel aufzeigen.

Diese Suchprozesse wirken auch dann, wenn Sie gerade gar nicht an Ihr Ziel denken oder sich den Kopf über verschiedene Lösungen zerbrechen, also beispielsweise im Schlaf oder bei Alltags- und Routinetätigkeiten. Plötzlich haben Sie eine Idee, einen Geistesblitz, eine Eingebung! Dieser Einfall kommt jedoch nicht aus dem Nichts, sondern ist das Ergebnis der unbewussten, zielorientierten Suchprozesse. Sie haben, ohne es zu merken, Verbindungen zwischen verschiedensten Informationen hergestellt, einen Abgleich mit Ihren bisherigen Erfahrungen gemacht und Wichtiges von Unwichtigem getrennt. Probieren Sie es aus und nehmen Sie sich selbstfürsorglich Zeit für die optimistische Gestaltung Ihrer Zukunft.

Nicht reden, sondern tun

»Es gibt nichts Gutes, außer: Man tut es«, sagte der deutsche Schriftsteller Erich Kästner. Dieser Aphorismus betont die Bedeutung eines besonders wichtigen Selbstfürsorgewerkzeugs: das Handeln. Es ist wichtig, dass Sie über Selbstfürsorge nachdenken, und es ist hilfreich, wenn Sie konkrete Maßnahmen der Selbstfürsorge planen und mit Gleichgesinnten darüber reden. Aber erst wenn Sie etwas für sich tun, setzen Sie die Selbstfürsorge wirklich in Gang. Vielleicht haben Sie durch die Lektüre dieses Ratgebers einige Ideen gesammelt, die Sie in Ihrem Alltag umsetzen möchten, um besser auf sich zu achten und gut mit Ihren Ressourcen umzugehen.

Abends auf den Tag zurückschauen

Nehmen Sie sich abends einige Minuten Zeit, um über den abgelaufenen Tag nachzudenken:

- ✔ Welche Selbstfürsorgeimpulse haben Sie heute umgesetzt?
- ✔ Was ist Ihnen leichtgefallen, womit haben Sie sich schwergetan?
- ✔ Sind Sie über Ihre Grenzen gegangen oder haben Sie Dinge getan, die Ihnen schaden? Wenn ja, wann und warum?
- ✔ Wie ging es Ihnen anschließend?
- ✔ Was möchten Sie morgen anders oder besser machen?

Wenn Sie bei dieser Reflexion bemerken, dass Sie zwar viele gute Vorsätze hatten, aber nicht ins Handeln gekommen sind, versuchen Sie die Gründe dafür zu erkennen und zu verstehen: Waren Sie zu gutmütig und haben die Interessen anderer Menschen über Ihre eigenen Bedürfnisse gestellt? Oder waren Sie zu bequem und konnten Ihre Komfortzone nicht verlassen?

Was immer der Grund war, weshalb Sie die Selbstfürsorge nicht umgesetzt haben – morgen ist wieder ein neuer Tag, der Ihnen neue Chancen bietet! Nehmen Sie sich fest vor, mindestens eine Maßnahme morgen in die Tat umzusetzen und Ihre Selbstfürsorge dadurch zu verbessern.

Jeden Tag eine gute Tat

Was den Pfadfindern recht ist, darf Ihnen billig sein: Tun Sie jeden Tag etwas Gutes – und zwar (anders als die Pfadfinder) sich selbst. Nutzen Sie spontane Gelegenheiten, um sich einen Wunsch zu erfüllen, eine Pause zu gönnen oder ein Lächeln ins Gesicht zu zaubern. Oder planen Sie im Voraus, was Sie wann tun können, um sich zu belohnen, zu feiern oder zu beschenken. Anlässe und Möglichkeiten, sich selbst Gutes zu tun, gibt es viele:

- ✔ Schlafen Sie so lange, bis Sie ohne Wecker erwachen.
- ✔ Verwöhnen Sie sich mit einem Schlemmerfrühstück.

- ✔ Lassen Sie sich von der Sonne erwärmen und genießen Sie einen friedlichen Moment im Freien.
- ✔ Pflegen Sie Ihren Körper liebevoll und aufmerksam.
- ✔ Ziehen Sie sich besonders bequem oder hübsch an und machen Sie sich ein Kompliment (falls es sonst niemand tut).
- ✔ Dehnen und strecken Sie sich und genießen Sie dabei das gute Körpergefühl, etwa am Schreibtisch oder während körperlicher Arbeit.
- ✔ Kochen Sie sich Ihren Lieblingstee oder gönnen Sie sich einen besonders leckeren Cappuccino.
- ✔ Nehmen Sie sich eine halbe Stunde Zeit für einen Spaziergang und achten Sie bewusst auf die Natur.
- ✔ Essen Sie einen gesunden Snack und genießen Sie Geruch und Geschmack.
- ✔ Gönnen Sie sich Zeit für Ihren Lieblingssport.
- ✔ Treffen Sie sich mit einem lieben Menschen.
- ✔ Rufen Sie jemanden an, mit dem Sie sich besonders gerne unterhalten.
- ✔ Lösen Sie ein Rätsel oder ein Sudoku und klopfen Sie sich dafür selbst auf die Schulter.
- ✔ Überraschen Sie jemanden und erfreuen Sie sich an dessen Freude oder Dankbarkeit.
- ✔ Atmen Sie tief und bewusst. Lächeln Sie.
- ✔ Sagen Sie Nein, wenn Sie etwas nicht tun möchten.
- ✔ Schauen Sie einen spannenden oder lustigen Film. Bleiben Sie ganz bei der Sache, lassen Sie sich nicht ablenken.
- ✔ Schalten Sie das Handy aus und genießen Sie zu Hause ungestörte Zeit mit Ihrer Familie.
- ✔ Lesen Sie das Buch, das Sie schon länger auf den Nachttisch liegen haben.
- ✔ Gehen Sie ins Konzert, ins Museum, ins Theater oder ins Kabarett. Auch geistige Nahrung ist gut für die Selbstfürsorge!

Diese Liste können Sie selbst sicherlich noch über einige Seiten fortsetzen. Ich bin mir sicher, dass Ihnen noch viele weitere Impulse für Ihre Selbstfürsorge einfallen. Eine Idee pro Tag umsetzen – und schon wird Ihnen das selbstfürsorgliche Tun zur Gewohnheit. Viel Spaß dabei!

IN DIESEM KAPITEL

Persönlichkeitsentwicklung braucht Durchhaltevermögen

Den Alltag entspannt meistern

Aufs Wesentliche konzentrieren

Kapitel 17
Zehn Tipps für die Alltagsveränderung

Die Auseinandersetzung mit dem inneren Kritiker benötigt oft viel Kraft und Durchhaltevermögen. Denn die innere Kritik hat ihre Wurzeln in Ihrer Kindheit und hat sich im Laufe Ihres Lebens zu einer inneren Wahrheit verfestigt. Um den inneren Kritiker langfristig zu einem hilfreichen inneren Anteil werden zu lassen, brauchen Sie ein klares Selbstbild, eine realistische Einschätzung Ihrer Möglichkeiten und einen stabilen Selbstwert. Es gilt, das eigene Durchhaltevermögen zu stärken und am Ball zu bleiben. In diesem Kapitel stelle ich Ihnen zehn Tricks vor, mit denen Sie Ihren Alltag positiv verändern können. Sie erfahren, wie Sie Durststrecken überwinden und sich immer wieder aufs Neue motivieren. Außerdem gebe ich Ihnen alltagstaugliche Tipps für ein gesundes, erfülltes Leben.

Je zufriedener und gefestigter Sie sich fühlen, desto weniger hat der innere Kritiker zu meckern.

Klare Ziele formulieren

Wenn Ihre Ziele unverbindlich formuliert sind oder gar im Nebel liegen, fällt es schwer, sich zu motivieren und anzustrengen. Setzen Sie sich SMARTe Ziele – also Ziele, die spezifisch formuliert, machbar, attraktiv, realistisch und klar terminiert sind. Sagen Sie sich möglichst detailliert, was Sie erreichen wollen und wofür es gut ist. Führen Sie sich die positiven Auswirkungen vor Augen, von denen

Sie profitieren, sobald Sie das Ziel erreicht haben. Schreiben Sie Ihre Ziele auf, damit Sie sie nicht vergessen.

Werden Sie so verbindlich wie möglich: »Ich werde *dies und das* bis *dann und dann* tun, um *dieses und jenes* zu erreichen.«

Realistische und erreichbare Ziele bewirken Erfolgserlebnisse – und diese wiederum sind eine wichtige Hilfe im Umgang mit dem inneren Kritiker. Denn der innere Kritiker trägt oft die Überzeugung in sich, dass er Sie bewerten und antreiben muss, damit Sie alle Erwartungen erfüllen und nicht versagen. Wenn Sie sich selbst beweisen, dass Sie mit Freude und Engagement vorankommen, können Sie Ihrem inneren Kritiker souverän begegnen.

Viele Menschen orientieren sich an Zielen, die in ihrer Ursprungsfamilie bedeutsam waren. Diese Ziele haben möglicherweise nur noch wenig Bedeutung für das Leben als selbstbestimmter Erwachsener. Dadurch kann es zu inneren Zielkonflikten kommen, die den inneren Kritiker aktivieren. Die bewusste Auseinandersetzung mit vorgegebenen und eigenen Zielen bewirkt hingegen innere Klarheit und ermöglicht die Lösung von Zielkonflikten.

Sinnvolle Dinge tun

Es gibt zahlreiche kleine und große Beschäftigungen, mit denen man den Tag zubringen kann. Prüfen Sie, ob diese Dinge sinnvoll sind und Sie nach vorn bringen:

- ✔ Helfen Ihnen die Aktivitäten auf Ihrem Weg zum Ziel oder dienen sie zum Zeitvertreib und zur Ablenkung?
- ✔ Erhöhen die Beschäftigungen Ihre Lebensfreude oder fühlen Sie sich anschließend schlechter?
- ✔ Entspannen Sie sich dabei oder werden Sie zunehmend angespannt und aggressiv?
- ✔ Fördern die Aktivitäten Ihr Wissen und Ihre Fähigkeiten oder haben Sie das Gefühl, dass Sie damit nur Zeit totschlagen?

Selbstverständlich spricht nichts dagegen, dass Sie sich immer mal wieder mit wenig sinnvollen Dingen beschäftigen – solange Sie dadurch nicht in Trägheit versinken und immer bequemer werden.

Die Erfahrung zeigt, dass es zunehmend schwerer wird, sich aufzuraffen, je tiefer man im Sumpf des Vertrödelns versunken ist. Ist der Ablagestapel aufgrund mangelnder Selbstdisziplin erst einmal meterhoch geworden, bedarf es höchster Willenskraft, die Papiere endlich zu sortieren und abzuheften.

Halten Sie abends einen Moment inne und schauen Sie zurück auf den Tag: Womit haben Sie sich beschäftigt und was haben Sie erreicht? Wie viele sinnvolle Dinge haben Sie getan? Was können Sie morgen besser oder anders machen? Durch eine solche tägliche Reflexion erhöhen Sie Ihre Aufmerksamkeit für alles, was Sie voranbringt.

Verabschieden Sie sich von Zeitfressern und sinnlosen Beschäftigungen und finden Sie eine gute Mischung aus Zielstrebigkeit und Entspannung. Ihre Zufriedenheit wächst und Sie werden Ihre Ziele besser im Blick behalten können. Dies beruhigt Ihren inneren Kritiker.

Kleine und große Belohnungen

Ihre Selbstwirksamkeitserwartung steigt mit Ihren Erfolgen und erreichten Zielen. Je besser Sie wissen, was Sie können, desto gelassener sehen Sie Herausforderungen ins Auge. Seien Sie stolz auf das, was Sie bisher schon erreicht haben!

Überlegen Sie sich Belohnungen für das, was Sie in Zukunft leisten werden. Denn die Aussicht auf eine Belohnung spornt Sie an und erhöht Ihre Bereitschaft zur Selbstdisziplin.

Eine attraktive Anerkennung, die Sie sich selbst versprechen, kann Ihre Willenskraft stärken und Ihr Durchhaltevermögen verbessern. Suchen Sie sich Belohnungen aus, die in einem guten Verhältnis zum nötigen Kraftaufwand stehen – für ein erreichtes Zwischenziel könnten Sie sich ein leckeres Essen gönnen, während das Erreichen des Projektziels sicherlich einen Tagesausflug wert ist.

Beziehen Sie die Menschen, die Sie auf Ihrem Weg unterstützen, in die Belohnungsstrategie ein. Gemeinsam Erfolge feiern erhöht die Motivation aller Beteiligten.

Möglicherweise steht Ihr innerer Kritiker einer Belohnung skeptisch oder abwertend gegenüber – verlangt er von Ihnen, dass Sie so viel leisten wie möglich, ohne eine innere oder äußere Anerkennung dafür zu bekommen? Hat er die Meinung, dass maximale Anstrengung selbstverständlich ist und keiner Belohnung bedarf? Dann braucht er vielleicht eine Nachhilfestunde: Das Belohnungssystem im menschlichen Gehirn ist für Motivation, Lernbereitschaft und Lebensfreude mit verantwortlich. Sich selbst zu belohnen oder sich über eine Belohnung von außen zu freuen, ist also zutiefst menschlich.

Für Entspannung sorgen

Um etwas zu leisten, müssen Sie sich anstrengen. Um sich anstrengen zu können, brauchen Sie Kraft und Energie. Diese beiden Ressourcen sind endlich: Wenn sie verbraucht sind, bedarf es einer Pause, damit die entleerten Speicher wieder gefüllt werden können. Gönnen Sie sich in regelmäßigen Abständen Pausen und Auszeiten und entspannen Sie sich.

Jeder Mensch hat unterschiedliche Entspannungsstrategien:

- ✔ Introvertierte brauchen Ruhe und Rückzugsmöglichkeiten, um wieder zu Kräften zu kommen.
- ✔ Extravertierte erholen sich, indem sie Partys besuchen, sich beim Sport auspowern oder ein anregendes Hobby betreiben.

Finden Sie heraus, wie und wodurch Sie Ihr Energiereservoir wieder auffüllen. Probieren Sie verschiedene Entspannungsverfahren aus:

- ✔ Autogenes Training (Entspannung durch Selbstsuggestion)
- ✔ Progressive Muskelentspannung (Entspannung durch bewusste Muskelanspannung)
- ✔ Yoga
- ✔ Meditation
- ✔ Tai Chi (chinesisches Schattenboxen)
- ✔ Qi Gong (chinesische Konzentrations- und Bewegungsübungen)
- ✔ Jogging
- ✔ Wandern
- ✔ Singen
- ✔ Musizieren
- ✔ Angeln
- ✔ Lesen
- ✔ Rätseln
- ✔ Malen

Reservieren Sie jeden Tag Ihre persönliche Auszeit und sammeln Sie Kraft für die Herausforderungen des Alltags.

Eins nach dem anderen erledigen

Wer konzentriert eine Aufgabe nach der anderen erledigt, macht weniger Fehler und ist schneller fertig. Denn das Gehirn verarbeitet Reize seriell, es beschäftigt sich also in jeder der beiden Hirnhälften mit jeweils einer Reizverarbeitung nach der anderen.

Multitasking ist daher nicht sinnvoll, denn wer mehr als zwei Dinge gleichzeitig tun will, überlastet seine Hirnrinde. Aufmerksamkeit und Effizienz sinken, weil ständig zwischen den Hirnhälften hin und her geschaltet werden muss. Das Gehirn kann Wichtiges von Unwichtigem nicht mehr unterscheiden und wird letztlich reizüberflutet. Versuchen Sie daher konsequent Ihre Tätigkeiten nacheinander zu absolvieren.

Fangen Sie erst dann mit einer neuen Aufgabe an, wenn die vorherige abgeschlossen ist. Widmen Sie jeder Beschäftigung Ihre volle Aufmerksamkeit und setzen Sie sich nicht unter Zeitdruck. Wenn Sie eng terminierte Arbeiten erledigen müssen, planen Sie lieber etwas zu viel als zu wenig Zeit dafür ein. Sorgen Sie für Zeitpuffer, falls etwas Unvorhergesehenes passiert – falls Sie den Puffer nicht benötigen, haben Sie Zeit für eine Pause gewonnen.

Wenn Sie zu viele Dinge gleichzeitig erledigen wollen oder viel zu lange To-do-Listen haben, setzen Sie sich unter erheblichen inneren Druck. Der innere Kritiker treibt Sie an und Sie werden nervös, unausgeglichen und möglicherweise sogar verzweifelt.

- ✔ Beruhigen Sie sich selbst und geben Sie sich Zeit.
- ✔ Unterscheiden Sie Ihre Aufgaben nach Wichtigkeit und Dringlichkeit.
- ✔ Erledigen Sie Dinge, die nicht mehr als zwei Minuten in Anspruch nehmen, sofort – dann haben Sie einen Punkt weniger auf Ihrer Liste.
- ✔ Vermeiden Sie Unterbrechungen, wenn Sie eine Aufgabe erledigen, und distanzieren Sie sich von Ablenkungen. So behalten Sie den Fokus und sind in der Lage, Ihre Aufmerksamkeit zielgerichtet einzusetzen.

Problemlösefähigkeiten trainieren

Denken Sie konstruktiv: Wenn Sie einer Herausforderung begegnen, die Ihnen problematisch erscheint oder Sie überfordern könnte, halten Sie einen Moment inne und überlegen Sie:

- ✔ Haben Sie in der Vergangenheit schon einmal eine ähnliche Situation erlebt?
- ✔ Wer oder was könnte Ihnen helfen, das Problem zu lösen?
- ✔ Welche zusätzlichen Informationen brauchen Sie noch, um die Herausforderung in möglichst vielen Facetten zu verstehen?
- ✔ Welche Ihrer Stärken sollte zum Einsatz kommen, damit Sie die Aufgabe gut bewältigen?
- ✔ Wie sieht das gewünschte Ergebnis aus?
- ✔ Müssen Sie das Problem lösen oder könnte jemand anders es erledigen?

Durch diese Reflexion besinnen Sie sich auf Ihre Fähigkeiten und erarbeiten sich eine realistische Einschätzung der Situation. Wenn Sie feststellen, dass die Ihnen derzeit zur Verfügung stehenden Ressourcen nicht ausreichen, um das Problem zu lösen, suchen Sie sich Unterstützung oder delegieren Sie die Aufgabe. Möglicherweise merken Sie aber auch, dass Sie die Herausforderung ignorieren können – vielleicht haben Sie etwas auf sich bezogen, das gar nicht an Sie adressiert war. Umso besser: Lehnen Sie sich entspannt zurück und fokussieren Sie Ihre Aufmerksamkeit auf die Dinge, die für Sie persönlich bedeutsam sind.

Gehen Sie sorgsam mit Ihrer Willenskraft um und setzen Ihre Selbstdisziplin dort ein, wo sie gebraucht wird. So sparen Sie Energie und erreichen Ihre Ziele.

Gesund leben

Ein reflektierter Mensch braucht Kraft und Gelassenheit – Kraft, um seine Ziele zu verfolgen, und Gelassenheit, um die eigenen und die äußeren Grenzen zu respektieren. Es bringt nichts, mit dem Kopf durch die Wand zu wollen. Besser ist es, sich umzuschauen und eine offene Tür zu finden. Sie fördern Ihre Selbstdisziplin und Willenskraft durch einen gesunden Lebensstil, der es Ihnen ermöglicht, mit offenen Augen durchs Leben zu gehen und sich mit Energie und Freude allen Herausforderungen zu stellen. Folgende Tipps helfen Ihnen, körperlich und seelisch gesund zu bleiben:

- ✔ **Schlafen Sie gut.** Ein Erwachsener braucht sechs bis neun Stunden ungestörten Nachtschlaf, um sich zu regenerieren und Kraft zu sammeln.
- ✔ **Machen Sie regelmäßig Pause.** Nach anderthalb Stunden konzentrierten Schaffens sollten Sie sich etwa eine Viertelstunde mit erholsamen Dingen beschäftigen.
- ✔ **Reden Sie mit anderen Menschen über Ihre Sorgen und Nöte.** Wer alles in sich hineinfrisst, wird krank. Geteiltes Leid ist hingegen nur noch halbes Leid.
- ✔ **Lachen Sie viel.** Wenn Sie die Welt humorvoll betrachten und Ihren Herausforderungen gelassen gegenübertreten, bewahren Sie sich eine positive Grundeinstellung und bleiben handlungsfähig.
- ✔ **Ernähren Sie sich ausgewogen und trinken Sie ausreichend.** Nahrung ist lebensnotwendig für Körper und Seele – alles, was Sie sich einverleiben, hat unmittelbare Auswirkungen auf Sie.
- ✔ **Vermeiden Sie Genussgifte.** Tabakrauch, Alkohol, zu viel Koffein, Aufputsch- oder Beruhigungsmittel schaden Ihrem Organismus, mindern auf Dauer die Lebensfreude und verkürzen Ihr Leben.
- ✔ **Nehmen Sie Krankheitssymptome und Körpersignale ernst.** Die meisten Erkrankungen sind umso besser und schneller heilbar, je früher sie erkannt werden.

BEISPIEL

Volker Schütz ignorierte jahrelang, dass sein Blutdruck viel zu hoch ist. Er vermied Arztbesuche und führte Kopfschmerzen auf Stress bei der Arbeit zurück. »Indianerherz kennt keinen Schmerz« war einer seiner Leitsprüche. Mit 62 Jahren erleidet er einen Schlaganfall und ist halbseitig gelähmt. Diese Erfahrung rüttelt ihn auf und er investiert viel Zeit und Kraft in die Rehabilitation. Nach etwa einem Jahr kann er wieder selbstständig gehen und sich weitgehend selbst versorgen. Er hat eine vorzeitige Berentung beantragt und kümmert sich nun bewusst um seine Gesundheit. Er nimmt sich vor, andere Menschen von der Bedeutung der Prävention zu überzeugen, und engagiert sich bei der Deutschen Schlaganfall-Hilfe.

Optimistisch nach vorn schauen

Der innere Kritiker arbeitet oft mit Suggestionen, die pessimistisch gefärbt sind: »Das klappt sowieso nicht«, »Das kostet viel zu viel Kraft« oder »Das kannst du einfach nicht« sind Kommentare, die Ihre Motivation und Selbstwirksamkeitserwartung schwächen. Bekämpfen Sie den inneren Kritiker nicht, denn das kostet Energie, die Sie für wichtigere Dinge brauchen. Treten Sie lieber in Dialog mit ihm und konfrontieren Sie ihn – also letztlich sich selbst – mit optimistischen Einschätzungen, beispielsweise:

- ✔ Wenn ich die Aufgabe erledigt habe, werde ich stolz auf mich sein.
- ✔ Ich lerne bestimmt etwas dazu, wenn ich mich jetzt auf die Herausforderung konzentriere.
- ✔ Was weg ist, ist weg – danach habe ich Zeit für angenehme Dinge.
- ✔ Das hat früher auch schon mal gut geklappt. Warum sollte es diesmal nicht funktionieren?
- ✔ Der Appetit kommt beim Essen. Wenn ich einmal angefangen habe, wird es bestimmt Spaß machen.
- ✔ Ich gönne mir eine Belohnung, wenn ich fertig bin.

So schließen Sie langfristig Frieden mit Ihrem inneren Kritiker. Sie erhöhen Ihre Selbstwirksamkeitserwartung, nutzen Ihre Fähigkeiten und Fertigkeiten und bewältigen auch weniger angenehme Tätigkeiten mit Elan.

Ballast abwerfen

Entrümpeln Sie Ihr Leben und trennen Sie sich von allem, was Sie belastet und beschwert. Wenn Sie anfangen aufzuräumen und Ballast abzuwerfen, schaffen Sie Raum für Entwicklung und Persönlichkeitsentfaltung.

Der erste Schritt braucht auch hierbei die meiste Kraft – doch der Lohn ist ein Zugewinn an Willensstärke. Denn wenn Sie sich zufrieden in einem aufgeräumten Zimmer, einer ordentlichen Wohnung, einem verlässlichen Beziehungsnetzwerk und einer von unnötigem Kleinkram befreiten Arbeitsumgebung umschauen können, dürfen Sie mit Fug und Recht stolz auf sich sein. Sie können alles schaffen, was Sie wirklich wollen! Ihre Willenskraft und Selbstdisziplin sind vorbildlich.

Achten Sie bewusst auf Ihre Gefühle, wenn Sie Ballast abwerfen. Fühlen Sie sich erleichtert, frei, neutral oder entspannt, sind Sie auf dem richtigen Weg. Bemerken Sie Anspannung, Traurigkeit oder Wehmut, halten Sie inne und lassen Sie sich Zeit. Gefühle wollen gefühlt werden – und meist enthalten sie eine wichtige Botschaft.

Je weniger unnötige Belastungen Sie auf Ihren Schultern tragen, desto freier können Sie sich bewegen. Ballast ist ein Energiefresser, den Sie überhaupt nicht brauchen. Räumen Sie Ihr Leben auf und fangen Sie mit einem konkreten Projekt an. Beachten Sie mögliche Hindernisse und versprechen Sie sich eine Belohnung. Konkret könnte das beispielsweise so aussehen:

- ✔ **Setzen Sie sich ein konkretes Ziel**, beispielsweise: »Am Samstag räume ich meinen Kleiderschrank auf und packe alles, was ich länger als zwei Jahre nicht getragen habe, in Altkleidersäcke.«
- ✔ **Definieren Sie Zwischenziele:** »Wenn ein Sack voll ist, mache ich eine Kaffeepause. Nach dem zweiten Sack gehe ich eine Runde spazieren.«
- ✔ **Bereiten Sie sich auf Hindernisse vor:** »Falls ich bei einem Kleidungsstück unsicher bin, ob ich es weggeben möchte, lege ich es aufs Bett. Am Ende der Aktion schaue ich die Sachen auf dem Bett durch und behalte höchstens drei davon.«
- ✔ **Versprechen Sie sich eine Belohnung**, wenn Sie das Ziel erreicht haben: »Wenn der Kleiderschrank tipptopp ist, gehe ich ins Kino.«
- ✔ **Versüßen Sie sich das Aufräumen mit Ihrer Lieblingsmusik**, machen Sie beim Aufräumen Lachübungen oder telefonieren Sie währenddessen über Bluetooth mit einer Freundin. Vielleicht machen Sie sogar eine Gemeinschaftsaktion daraus und motivieren Ihre Liebsten, am kommenden Samstag ihre eigenen Schränke auszumisten. Dann gibt es anschließend zur Belohnung einen Familienabend.

Geduld mit sich haben

Schuldgefühle, Wut oder Enttäuschung sind Gift für die Willenskraft und Selbstdisziplin. Wenn Sie böse auf sich sind, weil Sie etwas nicht geschafft oder einen Fehler gemacht haben, geht Ihre Laune in den Keller und Ihre Selbstwirksamkeitserwartung gegen null. Der innere Kritiker meldet sich lautstark zu Wort und wertet Sie ab, sodass Sie sich noch schlechter fühlen. Geduld und Nachsicht mit sich selbst sind hingegen sehr hilfreich: Dadurch sind Sie in der Lage, aus Fehlern, Scheitern oder Rückfällen zu lernen.

- ✔ Schauen Sie sich die konkrete Situation, in der Sie etwas falsch gemacht haben, in aller Ruhe an, und finden Sie heraus, wie es dazu gekommen ist.
- ✔ Analysieren Sie Ihre Gedanken und Handlungen und überlegen Sie sich, wie Sie künftig vorgehen könnten.
- ✔ Passen Sie Ihre Pläne und Ideen an die Realität an und starten Sie noch mal neu.

So stärken Sie Ihr Durchhaltevermögen und schützen sich vor vernichtender Selbstkritik.

IN DIESEM KAPITEL

Kinder stark machen

Achtsamkeit und Gelassenheit vorleben

Konstruktive innere Kritik fördern

Kapitel 18
Zehn Hinweise für die Kindererziehung

Der innere Kritiker wird in der Kindheit angelegt. Kinder, die in einer wohlwollenden Familie aufwachsen, sichere Beziehungen zu verlässlichen Bindungspersonen erleben und angemessen gefordert und gefördert werden, haben als Erwachsene in der Regel einen konstruktiven inneren Kritiker. Wer hingegen als Kind abgewertet, schlecht behandelt oder ständig kritisiert und bestraft wird, plagt sich ein Leben lang mit einem nörgelnden oder vernichtenden inneren Kritiker herum.

Wenn Sie Verantwortung für Kinder tragen, bedenken Sie: Je früher Kinder ihre Selbstwirksamkeit erleben und merken, dass sie Dinge gestalten können, desto stärker und widerstandsfähiger werden sie. Übertragen Sie dem Ihnen anvertrauten Kind Verantwortung, loben Sie es oft und ehrlich, lassen Sie es seine Fähigkeiten entdecken und ausprobieren.

In diesem Kapitel finden Sie Übungen, die Sie schon mit kleineren Kindern durchführen können. Machen Sie die Übungen gemeinsam mit Ihrem Kind. Je älter es wird, desto selbstständiger kann es allein trainieren. Erklären Sie Ihrem Kind, dass Probleme und Krisen zum Leben dazugehören, und leben Sie ihm vor, wie man damit umgehen kann.

Wenn Ihr Kind von Ihnen lernt, dass Optimismus, Netzwerkpflege und Selbstfürsorge die Krisenfestigkeit erhöhen, wird es mit Zuversicht und Tatendrang an Probleme herangehen.

Der sichere Ort

Diese Übung fördert den Optimismus.

1. Leiten Sie Ihr Kind an, tief und gleichmäßig zu atmen und seine Aufmerksamkeit einige Zeit nach innen zu lenken.

2. Bitten Sie es, sich mit geschlossenen Augen einen Ort vorzustellen, an dem es sich besonders wohlfühlt. Das kann ein realer Ort sein, beispielsweise ein besonderes Zimmer oder ein Ferienort, aber auch ein Fantasieort, etwa eine Höhle oder ein Baumhaus. Diesen Ort kann Ihr Kind in Gedanken nach seinen eigenen Vorstellungen gestalten. Sagen Sie ihm, dass dieser Ort für andere unerreichbar ist und dass es dort immer sicher und geborgen sein wird. Ermutigen Sie es, sich seinen sicheren Ort detailliert vorzustellen.

3. Schweigen Sie eine Weile oder lassen Sie leise Musik laufen, damit Ihr Kind sich entspannt und konzentriert.

4. Dann kann Ihr Kind sich recken und strecken, tief durchatmen und die Augen wieder öffnen.

Wenn es künftig Angst hat, unsicher ist oder sich nicht wohlfühlt, kann es in Gedanken wieder an seinen sicheren Ort gehen und dort Kraft sammeln.

Das Schlimmste ist gar nicht so schlimm

Diese Übung fördert die Akzeptanz. Wenn Ihr Kind ein Problem hat oder eine schwierige Situation erlebt:

- ✔ Überlegen Sie gemeinsam mit ihm, was bei diesem Problem oder in dieser Situation die schlimmste mögliche Konsequenz wäre.
- ✔ Sprechen Sie dann mit Ihrem Kind darüber, wie es mit dieser schlimmsten Konsequenz umgehen und wen es dabei um Hilfe bitten könnte.
- ✔ Sagen Sie Ihrem Kind, dass die schlimmste Konsequenz meistens gar nicht eintritt, sondern dass sich das Problem oder die Schwierigkeit in den meisten Fällen mit weniger schweren Konsequenzen klären lässt.
- ✔ Ermutigen Sie Ihr Kind, sich jederzeit Hilfe zu holen, wenn es nicht allein weiterkommt.
- ✔ Versichern Sie Ihrem Kind, dass es nicht allein ist, sondern dass Sie und andere liebevolle Menschen sich um das Kind kümmern.

Was ich schon alles kann

Diese Übung fördert die Handlungsfähigkeit. Lassen Sie Ihr Kind regelmäßig aufschreiben oder malen, was es neu gelernt hat, was es schon kann und was es gerne tut. Führen Sie ein Fortschrittstagebuch oder legen Sie eine Fotosammlung an. Filmen Sie Ihr Kind und schauen Sie sich die Videos regelmäßig gemeinsam an. Loben Sie es für seine Fortschritte und beobachten Sie gemeinsam, wie seine Entwicklung voranschreitet.

Das Wissen um die eigenen Fähigkeiten und Fertigkeiten, Talente und Stärken ermöglicht den Aufbau eines stabilen Selbstwerts. Kinder lernen voller Freude und Neugier. Wenn sie nicht durch Überbehütung oder Abwertung gehemmt werden, entfalten sie sich und entwickeln eine reife Persönlichkeit.

Jeden Tag eine gute Tat

Diese Übung fördert die Verantwortungsbereitschaft. Ermuntern Sie Ihr Kind jeden Abend, darüber nachzudenken oder Ihnen zu erzählen, was es an dem abgelaufenen Tag getan und erlebt hat. Für den folgenden Tag kann es sich eine gute Tat vornehmen und am nächsten Abend dann überlegen, ob es diese Tat umgesetzt hat. Loben Sie Ihr Kind für seine guten Taten. Vermitteln Sie ihm, dass es stolz auf sich sein darf, wenn es etwas geschafft hat.

Jeder Weg beginnt mit dem ersten Schritt

Diese Übung fördert die Lösungsorientierung. Wenn Ihr Kind Ihnen von einem Problem berichtet:

- ✔ Bieten Sie ihm nicht sofort eine Lösung an, sondern fragen Sie es, welche Lösung es sich wünscht.
- ✔ Überlegen Sie gemeinsam den ersten Schritt, um die Wunschlösung zu erreichen. Ermuntern Sie Ihr Kind, diesen ersten Schritt zu tun.
- ✔ Überlegen Sie gemeinsam den nächsten Schritt.

So bringen Sie Ihrem Kind bei, Lösungswege in einzelne Schritte zu zerlegen. Dies erleichtert die Problemlösung oft erheblich.

Ich bin nicht allein

Diese Übung fördert die Netzwerkpflege.

Gestalten Sie mit Ihrem Kind eine Fotowand oder lassen Sie es ein Bild malen mit allen Menschen, die ihm wichtig sind. Ihr Kind sollte sich selbst in die Mitte der Fotowand oder des Bildes positionieren und seine wichtigen Bezugspersonen um sich herum. Schauen Sie die Fotowand oder das Bild immer wieder gemeinsam an und überlegen Sie, wie es den Personen auf dem Bild gerade wohl gehen mag. Wenn Ihr Kind den Impuls hat, Menschen seiner Umgebung anzurufen oder zu besuchen, unterstützen Sie es dabei.

- ✔ Erklären Sie Ihrem Kind auch, dass es normal ist, wenn Beziehungen lockerer werden oder sich lösen.
- ✔ Ermutigen Sie es dazu, neue Freunde in sein Netzwerk aufzunehmen.
- ✔ Helfen Sie ihm, wenn es traurig über einen Abschied ist.

Gerade Übergänge zwischen Lebensphasen wie etwa ein Umzug, die Einschulung oder der Wechsel auf die weiterführende Schule sind für Kinder oft nicht einfach zu verarbeiten.

Das Leben ist schön

Diese Übung fördert die Zukunftsplanung. Sprechen Sie mit Ihrem Kind über seinen Tagesablauf und fragen Sie es, in welchem Moment es ganz zufrieden und glücklich gewesen ist – vielleicht auf dem Spielplatz, beim Eisessen, mit seinen Freunden oder abends im Bett mit seinen Kuscheltieren. Ermuntern Sie es, Ihnen ausführlich von diesem glücklichen Augenblick zu erzählen. Fragen Sie nach seinen Gefühlen und Gedanken, damit Ihr Kind lernt zu reflektieren. Ermuntern Sie Ihr Kind dazu, das Glück dieses Moments zu bewahren und mit in seine nächtlichen Träume zu nehmen.

Kinder leben im Augenblick und nehmen die Welt mit offenen Sinnen wahr. Ihre Lernerfahrungen werden im Gehirn abgespeichert. Auch negative Erlebnisse hinterlassen Spuren, insbesondere im Unbewussten. Es gilt, Kinder vor Schaden zu bewahren, ihnen aber auch die Möglichkeit zu geben, ihre eigenen Erfahrungen zu machen.

Ich bin mutig und neugierig

Diese Übung fördert das Selbstvertrauen. Jedes Kind hat Angst vor bestimmten Dingen – vor der Dunkelheit, vor Spinnen oder vor Monstern.

- ✔ Nehmen Sie die Ängste Ihres Kindes ernst und stehen Sie ihm bei, wenn es sich mit diesen Ängsten beschäftigt.
- ✔ Finden Sie heraus, was Ihr Kind braucht, um Ängste zu überwinden. Vielleicht möchte es gerne in den Arm genommen werden, wenn es dunkel wird. Vielleicht möchte es mit Ihnen gemeinsam unters Bett schauen, wenn es dort ein Monster befürchtet. Vielleicht möchte es bei Ihnen im Bett schlafen dürfen, wenn es böse Träume hatte.
- ✔ Gehen Sie behutsam mit Ihrem Kind um und ertragen Sie die beängstigenden Situationen gemeinsam. Helfen Sie ihm möglichst konkret, indem Sie beispielsweise nachts ein kleines Licht im Kinderzimmer brennen lassen oder mit Ihrem Kind gemeinsam bedrohlichen Schatten oder Geräuschen auf die Spur gehen.
- ✔ Üben Sie eine Selbstsuggestion mit Ihrem Kind ein, beispielsweise den Satz »Ich bin mutig und neugierig« oder »Ich erforsche meine Umgebung«.
- ✔ Ermutigen Sie Ihr Kind, sich immer mehr zuzutrauen.
- ✔ Machen Sie sich niemals über seine Ängste lustig.

Viele schöne kleine Dinge

Diese Übung fördert die Achtsamkeit. Wenn Sie mit Ihrem Kind in der Natur oder in der Stadt unterwegs sind, lenken Sie seine Aufmerksamkeit auf Details: Zeigen Sie ihm einen Käfer, eine besondere Blüte, ein lustiges Poster, einen bunten Autoaufkleber oder einen Menschen mit ausgefallener Kleidung. Spielen Sie das Spiel »Ich sehe was, was du nicht siehst«, wenn Sie gemeinsam im Auto unterwegs sind. Ermutigen Sie es, auf Kleinigkeiten zu achten und sich Dinge zu merken.

Durch die Aufmerksamkeitsfokussierung auf Details lernt Ihr Kind, sich zu konzentrieren und Kleinigkeiten wahrzunehmen. Seine Merkfähigkeit wird geschult und es entwickelt einen Blick für die Vielfalt der Welt.

Das Kim-Spiel

Hilfreich für den Blick auf schöne Kleinigkeiten ist das Kim-Spiel, das auf den britischen Schriftsteller Rudyard Kipling zurückgeht und in seinem Roman *Kim* ausführlich beschrieben wird:

1. Legen Sie acht oder zehn verschiedene Gegenstände (Spielsachen, Küchenutensilien und Ähnliches) auf ein Tablett.
2. Sagen Sie Ihrem Kind, dass es sich alle Gegenstände merken soll.
3. Decken Sie dann ein Tuch über das Tablett.
4. Entfernen Sie einen Gegenstand, während Ihr Kind die Augen geschlossen hält.
5. Lassen Sie es dann herausfinden, welcher Gegenstand fehlt.

Was die anderen denken

Diese Übung fördert die Fähigkeit, die Perspektive zu wechseln.

Schauen Sie mit Ihrem Kind Bildergeschichten an und überlegen Sie gemeinsam, was die Personen in der Geschichte wohl denken und warum sie so handeln, wie sie handeln. Wenn Ihr Kind Ihnen über Begegnungen mit anderen Menschen aus seinem Alltagsleben berichtet, fragen Sie es, was die anderen wohl gedacht haben, wie Ihr Kind die Mimik und Gestik der Mitmenschen interpretiert und welche Rückschlüsse es aus seinen Interpretationen zieht.

Leiten Sie es dazu an, nicht nur in eine Richtung zu denken, sondern unterschiedliche Interpretationen zuzulassen, indem Sie fragen: »Was könnte der Junge denn sonst noch gedacht/gefühlt/gewollt haben?« oder »Warum schaut das Mädchen jetzt so traurig, was könnte alles passiert sein?«.

Damit erreichen Sie, dass Ihr Kind offen wird für unterschiedliche Denk- und Sichtweisen und seine eigene Realitätsinterpretation nicht für die einzig mögliche hält.

Mit Ihrem Wohlwollen zeigen Sie dem Kind, dass es geliebt und gesehen wird. So lernt es, sich selbst liebevoll anzunehmen und auch anderen Menschen aufgeschlossen zu begegnen. Idealerweise bekommt es einen inneren Wertekompass, der ihm ein Leben ohne vernichtende Kritik an sich und anderen ermöglicht.

Stichwortverzeichnis

L

M

N

O

P

R

S

T

Diese Bücher könnten Sie auch interessieren

E. Kalbheim

Gelassenheit lernen für Dummies SONDERAUSGABE

1. Auflage 2024 **ISBN:** 978-3-527-72336-2

352 Seiten

Format: 140 mm x 216 mm

Ladenpreis: 10,- €*

Gelassenheit ist der Schlüssel zu einem ausgeglichenen Leben. Wer in sich ruht, lebt gesünder. Lernen Sie die unterschiedlichen Möglichkeiten kennen, in verschiedenen Situationen gelassen zu reagieren und es dauerhaft zu bleiben.

M. C. Sponheimer und J. Spiegel

Sich von Perfektionismus befreien für Dummies

1. Auflage 2025 **ISBN:** 978-3-527-72322-5

Ca. 304 Seiten

Format: 140 mm x 216 mm

Ladenpreis: ca. 18,- €*

Erscheinungstermin: September 2025

Leiden Sie an Ihren eigenen zu hohen Ansprüchen? Finden Sie aus Perfektionismus nie ein Ende, prokrastinieren oder setzen sich ständig unter Druck? Dieses Buch zeigt Ihnen, wie Sie Ihre Erwartungen auf ein gesundes Maß herabschrauben und Fünfe auch mal gerade sein lassen können.

E. Kalbheim

Authentisch leben für Dummies

Sei Du selbst!

1. Auflage 2024 **ISBN:** 978-3-527-71913-6

270 Seiten

Format: 140 mm x 216 mm

Ladenpreis: 15,- €*

Dieses Buch hilft Ihnen, sich selbst neu zu entdecken, Ihr volles Potenzial auszuschöpfen und Ihren eigenen Weg zu gehen. Erfahren Sie, wie Sie Beziehungen authentisch leben, sich beruflich als Marke gestalten, charismatisch kommunizieren und Ihr Selbst zum Strahlen bringen.

*Der €-Preis gilt nur für Deutschland. Preisänderungen und Irrtümer vorbehalten.

Diese Bücher könnten Sie auch interessieren

... lernen für Dummies